管理学教程

（第三版）

杨加陆 袁 蔚 林东华 编著

扫一扫，获取导读视频

复旦大学出版社

内 容 提 要

本教程以管理的活动过程和职能为线索安排了6章内容。第1章是学习管理学的入门，介绍了管理的基本问题，第2章是管理理论的产生和发展，介绍了自管理成为一门独立学科以来，管理理论的主要研究成果、具有代表性的流派和观点以及管理理论和实践的最新发展趋势。第3—6章是本教程的主干内容，按照管理活动在组织框架体内开展的逻辑顺序，分别阐释了计划、组织、领导、控制四大职能。

本教程既努力保持了内容的完备性，又尽量避免与教学计划中的相关课程发生过多的重复和交叉，从发展的角度反映管理理论和实践的新趋势。本教程属于组织管理学的范畴，介绍的原理、方法适用于各类组织管理领域，具有普遍意义，体现了通用性的特点，既可以作为各类高等院校的教学用书，也是各类组织的各级管理人员的理想读本。

第三版说明

《管理学教程》于2008年初版。2010年,以本书为文本的网络课程被评为国家开放大学(原中央广播电视大学)的精品课程。此次再版,是为了适应在线课程建设的需要而进行的。由杨加陆对第6章重写,并负责对其他章节内容进行了微调。

新版教材还增加了课程二维码,读者可以通过课程二维码,即可获得课程导读和各章导读的视频;也可以登录课程网站,获取更多的学习资讯。

杨加陆

2016年7月

前　　言

　　本书共6章。第1、2章具有绪论性质，第1章是学习管理学的入门，介绍了管理的基本问题；第2章是管理理论的产生和发展，介绍了自管理成为一门独立学科以来，管理理论的主要研究成果、具有代表性的流派和观点。第3—6章是本课程的主干内容，围绕管理的四大职能展开，第3章计划、第4章组织、第5章领导、第6章控制。这样的安排是按照管理活动在组织框架体内开展的逻辑顺序展开的，但在具体阐述时，我们努力把四大职能作为一个整体，从而使课程主体部分的这块内容能够反映出管理活动在组织框架体系内的完整流程。

　　在教材编写时，我们充分考虑了以下方面的因素。

　　1. 管理学与其他相关分支学科的关系。作为一本教材，它是为课程服务的。由于管理学许多分支学科在各类专业教学计划中都有专门的课程设置，因此，我们既努力保持教材内容的完备性，又考虑到作为一门基础性的管理学教材不能面面俱到、包罗万象，尽量避免与教学计划中的相关课程发生过多的重复和交叉。

　　2. 不同层次的管理学教学应有的区别。我们深感目前管理学教学很少从学习者接受的角度进行教学设计(包括教材)，忽略了对象接受教育的层次和背景。当一个专科层次学员进入本科阶段学习时，或者在职攻读研究生课程时，管理学课程的设置在不同学历层次上应有的区别在哪里？因此，在设计和编写本教材时，我们从管理学的基本概念、基本原理和方法出发，既为学员能够运用管理学的方法和原理服务于管理实践、从而提高管理技能提供帮助，也为他们今后在管理学科作进一步的深造奠定基础。同时，管理学概论属于组织管理学的范畴，本着面向各个管理类专业公共基础课的需要，本教材的内容设计，所介绍的原理、方法适用于各类组织管理领域，具有普遍意义，体现了通用性的特点。

3. 现代的观点和发展的角度。随着管理理论和实践的发展，传统的管理理念和管理模式越来越不适用。本教材一方面以现代的观点传承管理学已有的理论成果，另一方面又从发展的角度反映管理理论和实践的新趋势，从而使学习者有足够的管理理论方面的知识储备，扩大他们的学科视野。

本教材的编著者是：杨加陆（第1,4,5章），袁蔚（第2章），林东华（第3,6章）。全书由杨加陆构思设计并统编定稿。在教材编写过程中，我们召集了长期从事管理学课程面授的专兼职教师举行了教学大纲研讨会，在此基础上，我们还进行了专家研讨会，出席研讨会的校内外专家有：教育部评估专家徐皓副校长和谢森督学、上海财经大学博士生导师王玉教授、上海商学院胡学庆副教授、教务处王国清处长、管理系袁蔚主任，在此一并向他们表示感谢。在教材的编写过程中，我们还参阅了大量的专著、教材和参考文献，我们向相关的作者表示由衷的感谢！

由于编写者的学识有限，加之管理学的许多新观念、新方法还在形成和探索之中，因此，教材中的疏漏之处在所难免。我们热切盼望广大师生对教材的不足予以批评和指教，并就有关问题在教学过程中与我们一起研究和探讨！

杨加陆
2008年5月

第1章 管理的基本问题 ········ 1

第一节 管理的内涵 ········ 3
一、管理学与管理 ········ 3
二、管理的属性 ········ 4
三、管理的职能 ········ 6
四、管理的目标 ········ 8

第二节 管理主体 ········ 9
一、管理主体的含义 ········ 9
二、管理者角色 ········ 11
三、管理者素质 ········ 13
四、管理者技能 ········ 17
五、管理道德与管理人格 ········ 19

第三节 管理客体 ········ 22
一、组织资源的类型 ········ 22
二、组织资源的特性 ········ 24
三、人力资源——组织的核心资源 ········ 25

第四节 管理组织 ········ 28
一、组织的含义与特点 ········ 28
二、组织的分类 ········ 29

第五节　管理环境 …………………………………………… 32
　　一、管理环境"复杂-变化模型" …………………………… 32
　　二、内部环境 ……………………………………………… 33
　　三、外部环境 ……………………………………………… 34

第 2 章　管理理论的发展 …………………………………… 39

第一节　古典管理理论 ……………………………………… 41
　　一、泰勒与科学管理理论 ………………………………… 41
　　二、法约尔与一般管理理论 ……………………………… 46
　　三、韦伯与官僚组织理论 ………………………………… 52
　　四、对古典管理理论的总体评价 ………………………… 55

第二节　行为科学理论 ……………………………………… 57
　　一、早期的行为科学理论 ………………………………… 57
　　二、行为科学理论的发展 ………………………………… 63

第三节　现代管理理论 ……………………………………… 65
　　一、社会系统学派 ………………………………………… 65
　　二、管理过程学派 ………………………………………… 67
　　三、决策理论学派 ………………………………………… 68
　　四、经验主义学派 ………………………………………… 69
　　五、管理科学学派 ………………………………………… 70
　　六、权变理论学派 ………………………………………… 71

第四节　管理理论的新发展 ………………………………… 71
　　一、管理发展的趋势 ……………………………………… 72
　　二、管理理论新思潮 ……………………………………… 74

第 3 章　计划 ………………………………………………… 83

第一节　目标和目标管理 …………………………………… 85
　　一、目标的内涵 …………………………………………… 85

二、目标的确定 …………………………………………… 90
　　三、目标管理 ……………………………………………… 93
第二节　决策 ……………………………………………………… 100
　　一、决策的内涵 …………………………………………… 100
　　二、决策的一般程序 ……………………………………… 106
　　三、决策方法与技巧 ……………………………………… 108
第三节　计划的制订 ……………………………………………… 113
　　一、计划的内涵 …………………………………………… 113
　　二、计划编制的程序 ……………………………………… 119
　　三、计划的方法 …………………………………………… 120
　　四、时间管理 ……………………………………………… 122
第四节　计划的评价与实施 ……………………………………… 127
　　一、计划的评价 …………………………………………… 127
　　二、计划的实施 …………………………………………… 128

第4章　组织 ………………………………………………………… 133
第一节　组织与组织设计 ………………………………………… 135
　　一、组织和组织设计的概念 ……………………………… 135
　　二、组织设计的原则 ……………………………………… 136
第二节　职务设计 ………………………………………………… 139
　　一、基本概念 ……………………………………………… 139
　　二、职务设计的原则 ……………………………………… 140
　　三、职务设计的方法 ……………………………………… 141
第三节　组织结构设计 …………………………………………… 142
　　一、组织结构的内涵、特性和权变因素 ………………… 142
　　二、部门化 ………………………………………………… 147
　　三、管理层次与管理幅度 ………………………………… 151
　　四、组织结构的基本类型 ………………………………… 155
第四节　组织权力 ………………………………………………… 162
　　一、权力与权力来源 ……………………………………… 162

二、职权与职责 163
　　三、集权与分权 165
　　四、授权 169
第五节　人员配备 171
　　一、人员配备的任务和原则 171
　　二、人员配备的主要内容 173
　　三、人员配备有效性的保障措施 176
第六节　组织变革 183
　　一、组织变革的动力和阻力 183
　　二、组织变革的程序 186
　　三、组织生命周期与组织变革 187

第5章　领导 193

第一节　领导概述 195
　　一、领导的含义 195
　　二、领导权力 196
第二节　领导理论 200
　　一、领导特质理论 200
　　二、领导行为理论 203
　　三、领导权变理论 207
第三节　激励 212
　　一、激励的基本原理 212
　　二、主要的激励理论 214
　　三、有效激励的原则和方法 225
第四节　沟通管理 230
　　一、沟通的要素和过程 230
　　二、沟通的类型 232
　　三、沟通障碍及其改善 236
第五节　冲突管理 242
　　一、关于冲突的基本观点 242

二、冲突的根源和类型 …………………………………………… 243
　　三、对冲突的管理 ………………………………………………… 245

第6章　控制 ……………………………………………………………… 251
第一节　控制的基本原理 ……………………………………………… 253
　　一、管理控制的对象 ……………………………………………… 253
　　二、管理控制的特征 ……………………………………………… 254
　　三、管理控制的类型 ……………………………………………… 255
　　四、控制职能与其他管理职能的关系 …………………………… 261
第二节　控制的过程 …………………………………………………… 262
　　一、制定控制标准 ………………………………………………… 262
　　二、衡量实际工作 ………………………………………………… 264
　　三、分析衡量结果 ………………………………………………… 266
　　四、采取管理行动 ………………………………………………… 267
第三节　管理控制的原则和要求 ……………………………………… 268
　　一、管理控制的原则 ……………………………………………… 268
　　二、控制的要求 …………………………………………………… 271

参考文献 ………………………………………………………………… 275

第1章

管理的基本问题

 知识点睛

企业最大的资产是人。

——松下幸之助

杰出公司之所以杰出,很大程度上在于它们比别的公司更善于利用机会。

——詹姆斯·柯林斯

本章导读

　　松下幸之助是松下电器的创始人,曾被人们称为经营之神。松下幸之助认为:"企业最大的资产是人"。从管理的角度来看,人既是组织管理的主体,也是组织管理的客体对象,他告诉人们:人力资源是最重要的核心资源。美国人詹姆斯·柯林斯是一位管理理论与实践的双料大师,他提出:"杰出公司之所以杰出,很大程度上在于它们比别的公司更善于利用机会。"而发现机会,就需要对自身组织的内部实力和外部环境进行综合的分析。

　　松下幸之助和柯林斯的话可谓是至理名言,他们揭示了管理的几个基本问题,就是作为管理主体和客体的人,以及实施管理活动必须进行的对于组织自身以及所处环境进行的分析等等。

第一节 管理的内涵

一、管理学与管理

(一) 管理学的研究对象

管理学研究的是对人类社会活动的管理。就人类社会活动的领域而言,可以分为公共领域和非公共领域。在公共领域,代表社会公共利益,承担社会公共事务的政府组织和非政府公共组织是其主要的组织形式,各种经济组织则构成了非公共领域的主要组织形式。公共组织对社会公共事务的管理,是公共管理学主要的研究对象,非公共组织的管理,则形成了组织管理学。当然,就公共组织而言,它对社会公共事务的管理实质上是围绕公共组织对外实施管理展开的,而公共组织如何进行内部管理,加强自身建设,提高行政效率,也属于组织管理学研究的范畴。因此,管理学可以分为两大类:公共管理学和组织管理学。

由于各种组织的性质、活动内容是各不相同的,不同组织领域的管理工作都有其各自的特殊性,而组织管理学研究的是各种组织管理工作的共性,也就是各个组织领域管理工作所包含的共同的管理原理和管理方法,人们习惯上称之为管理学。因此,我们可以说,管理学是研究组织管理普遍原理和一般方法的科学。

(二) 管理的定义

有关管理的定义,学界众说纷纭。这反映了管理活动的丰富性,以至于人们从不同领域、不同层面和不同视角对管理定义进行概括时不免各有侧重。比较有代表性的定义有下列几种。

1. 协调说

这种观点把管理看作是对组织资源或要素进行协调以达到组织目标的协调活动,如小詹姆斯·H·唐纳德认为:管理是"由一个或更多的人来协调他人的活动,以便收到个人单独活动所不能收到的效果而进行的活动";周三多认为:管理是"为了完成组织的共同目标而从事的对人、财、物等资源的协调活动"。

2. 职能说

这种观点把管理看作是组织的某一专业职能或综合职能,如法约尔认为:"管理,就是实行计划、组织、指挥、协调和控制";西蒙认为:"管理就是决策"。

3. 过程说

过程说把管理看作是一系列活动构成的动态过程,如国家自然科学基金委员会认为:"管理是一个决策、控制和创造自组织学习的过程";乐笑声认为:"管理是一种兼具科学性、艺术性的社会活动,其活动形式表现为决策、计划、组织、控制而达到既定目标的过程";芮明杰指出:"管理是对组织的资源进行有效整合以达成组织既定目标与责任的动态的创造性活动"。

4. 艺术说

这种观点把管理看作是一门艺术,如丹尼尔·雷恩指出:管理是人"对利用自然和人力资源实现目标的指导艺术";戴维·R·汉普顿则认为"管理……是艺术的艺术,因为它是智慧的组织者"。

综合上述各种观点,我们发现管理的核心是对组织资源的有效配置并使之不断地优化组合,而计划、组织、领导和控制等活动则是资源整合不可或缺的手段和方式,它们构成了管理活动的基本过程,体现了管理的基本职能。据此,我们采用以下定义来表述管理的内涵:管理是通过计划、组织、领导和控制等职能,对组织资源进行有效配置,以实现组织目标的活动。

二、管理的属性

管理的属性反映了管理活动的根本性质和特点,管理具有两重性。管理的两重性首先表现为它的自然属性和社会属性,同时也表现在它的科学性和艺术性。

(一)自然属性和社会属性

管理活动起源人类的共同劳动,是对人们共同劳动的协调指挥和监督控制。通过协调指挥表现出来的自然属性,是管理活动与社会生产力要素相联系的；通过监督控制表现出来的社会属性，则是与社会生产关系要素和社会文化相联系的。

1. 自然属性

管理的核心是资源配置，管理过程就是对组织资源进行组合、协调和利用的过程，其中包含着许多客观的、不因社会制度和社会文化的不同而变化的规律。管理理论揭示了这些规律和原理，并创造了与之相适应的管理方法和手段。管理活动只有遵循这些规律，利用这方法和手段，才能保证组织各项活动有序、有效地进行。这种超越了生产关系和社会文化的制约而只与生产力要素相关的属性，就是管理的自然属性。

2. 社会属性

任何组织的管理活动，都是在一定的社会环境中进行的，必然要受到生产关系的制约和社会文化的影响。不同的生产关系、社会文化对于管理价值取向及管理方法的影响使得管理的价值观和管理的方式、方法都表现出一定的差异性，从而使管理活动具有特殊的个性，这就形成了管理的社会属性。管理的社会属性既是生产关系和社会文化的体现和反映，又反作用于生产关系和社会文化。

管理的自然属性揭示了管理的共性，为我们学习、借鉴不同社会制度和社会文化的国家和地区的管理经验和方法提供了理论依据。管理的社会属性则揭示了管理的特殊性，提示我们在学习借鉴一切先进的管理理念、管理经验时，不能照搬照抄，必须考虑具体这些管理理念和管理经验的社会制约性。

（二）科学性和艺术性

管理的两重性也指管理的科学性和艺术性。管理工作既有科学性又有艺术性，管理者既要遵循管理的一般规律和基本原理，又要发挥创造性的艺术。

1. 科学性

管理是一门独立的科学，管理科学是对管理实践的经验概括和理论总结，是大量的学者和实业家在总结了管理工作客观规律的基础上逐步形成的，由最初的零碎研究，到逐渐形成有关管理理论、原理、方法以及系统化的管理知识,最终构建了一个比较完备的理论体系,管理科学经历了一段漫长的历史发展过程。特别是当代,由于数学的方法、运筹学的原理以及电子计算机管理信息系统和网络技术在管理中得到了广泛应用,管理工作在更高程度上实现了科学化和精确化。管理是一门不断发展的科学。

2. 艺术性

管理又是一门不甚精确也很难精确的科学,或者说,它是一门软科学。在管理工作所涉及的众多因素中,人的因素和环境的因素占据了举足轻重的地位,但人的因素和环境的因素具有极大的不确定性,管理人员的主观经验和主客观条件的影响以及对环境发展趋势的判断,需要数学原理、数学模式和数学关系等计量分析的支持,方能显示和规划表达。因此,管理学并不能为管理者提供解决一切问题的标准方法和答案。管理者只能以管理的普遍原理和基本方法为基础,结合实际,对具体情况作具体分析,才能求得问题的解决。从这个角度来说,管理又是一门艺术,管理的艺术性来源于管理实践。

管理者既要学习和掌握管理理论、原理、方法以及系统的管理知识并用以指导管理实践,又要根据实际情况,发挥主观能动性,创造性地解决管理问题,从而有效地去实现组织目标。

三、管理的职能

管理的职能涉及管理的功能、管理的作用以及通过怎样的形式和方式来贯彻和实现组织的目标和要求。对管理职能有不同的分解和描述,比如,管理学创始人之一法约尔认为管理具有计划、组织、指挥、协调和控制五大职能。美国当代管理学家古利克认为管理有七大职能,它们分别是计划、组织、人事、指挥、协调、报告和预算。美国另一位管理学家孔茨则提出管理具有计划、组织、人员配备、指挥和领导、控制五大职能。我国学者周三多则认为管理的职能应该是决策、组织、领导、控制和创新五种。

本书采用罗宾斯的职能划分方法,将管理的基本职能概括为计划、组织、领导和控制,各大职能又可以进一步分解。对管理职能的分类是本书安排章节的依据。

（一）计划

计划是对未来进行分析、预测，并制定对策和行动步骤。计划的重要内容是确定目标。计划在很大程度上包含决策的内容，决策是计划的核心。目标和计划能否得到落实，关键在于实施。

计划工作在组织的全部管理活动中具有首位性和普遍性的特点，为了保证组织、领导、控制等职能活动的有效进行，需要制定它们各自的目标和行动方案，因此，计划是有效进行各项管理活动的必要工具。

（二）组织

作为管理职能的组织工作，实质上是一种配置资源并进行运作的过程。组织活动要求根据组织目标建立一套与之相适应的组织结构，明确规定各部门的职权关系和协作关系，合理地进行人员配备，并根据环境的变化，适时调整组织的结构和人员配备。

组织工作是实现管理目标的重要保证，是实现有效领导的重要前提。组织的作用不仅仅是把个体力量简单地集合在一起，通过组织工作，还可以产生整体大于各部分总和的协同效应。

（三）领导

领导是管理工作的重要职能。领导的重要工作内容以及作为领导者的重要领导艺术是激励和沟通，提升和发挥组织成员的能力，促进和保持组织成员关系的良性循环，最终保证组织的稳定和发展。

领导职能是一门艺术，它贯穿在整个管理活动之中，领导的主要作用是在实现组织目标的同时尽可能地满足组织成员的需要，带领和指引组织成员和整个组织朝向既定的目标前进。

（四）控制

控制作为管理的一项基本职能，包括了为确保组织目标而进行的检查、监督、纠正偏差等一系列的管理活动，只有通过有效的控制，才能监督组织各项计划的落实和执行情况，发现计划与实际之间的差距，找出原因，采取补救措施，从而确保计划不断完善。

控制既是实现组织现阶段目标和计划的保证，也是修正组织发展目标和制定下一轮计划的基础和前提。如果没有有效的控制手段，就无法保证组织的各项管理活动的运行不偏离既定的方向。

四、管理的目标

组织目标并不等同于管理目标。组织目标强调的是组织各项活动的综合结果，体现了组织所要实现的整体价值。管理目标强调的是管理手段和管理过程所要达到的预期结果。管理目标应该服从于并且服务于组织目标。

管理的核心是对组织资源的配置，因此，对组织资源进行有效配置并使之不断地优化组合是管理的根本目标，具体来说它包括以下四方面内容。

（一）服务

管理活动的基本过程和职能是计划、组织、领导和控制等活动，通过管理过程的实施和管理职能的发挥，为组织的各系统和人员提供支持和服务，以实现组织目标。管理的实质在于服务。

（二）效率

效率是一个经常被用来衡量管理水平的指标。它反映了在单位时间内的投入与产出效果之间的比率关系。通过管理，使组织的各种资源投入及时到位，并完成配置，从而确保组织活动能够按照计划的时间安排去完成。

（三）效益

在实际的管理活动中，效率与效益并不一定是统一的。效益是对管理活动效果的价值评价，它反映了组织活动与其产生的利益之间的关系。效率主要侧重于对管理活动效果进行量的方面的评价，效益更强调对管理活动效果的质的衡量。效益指标包括经济指标和社会指标两个方面。效益和效率应该是统一的，而经济效益和社会效益也应该是统一的。

（四）发展

管理的最终目标是为了有效实现组织价值，保证组织的稳定和发展。组织的价值应该包括组织成员的个人价值，管理也要促进和保持成员之间关系的和谐，关注个人的职业生涯发展，关注个人价值和利益的实现和提升,最终实现组织的整体发展。

第二节 管理主体

一、管理主体的含义

管理主体是指组织中负责设计、组织和实施管理活动的方面。管理者和管理机构是管理主体的两个有机组成,换言之,管理主体既可以是以人员形态出现的管理者个人,也可以是以部门形态出现的管理机构。管理者作为管理主体,是组织和管理机构的代表,体现了组织及其管理机构的意志。本章是从管理者的角度来探讨管理主体的。在理解管理主体的含义时,应该明确以下要点。

(一) 阶层性

管理主体的阶层性指的是作为管理者在组织管理中的层次位置。一般情况下,我们可以把一个组织内的管理者(或管理机构)分为高层管理者、中层管理者和基层管理者三个层次,见图1-1。

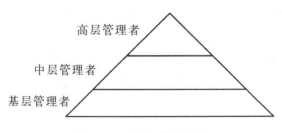

图1-1 管理主体的阶层

1. 高层管理者

高层管理者往往是组织决策层的管理者。高层管理者的主要职责是制定本组织的总目标和发展战略以及保证目标实施的制度和政策,掌握组织的大政方针并评价组织的整体绩效,培育有利于组织持续发展的组织文化,等等。高层管理者必须具备战略能力,体现在对组织发展的战略和大局的把握。对内,高层管理者要关注组织的发展方向、关注组织的文化建设、关注中层和基层管理者的选用;对外,要关注环境的变动,为组织开创良好的发展环境。

2. 中层管理者

中层管理者是组织的执行层。中层管理者的主要职责是分解和落实组织高层的目标和任务,在部门和专业领域调配组织的资源,监督和协调基层管理者的工作,在组织好本部门工作的同时,还要协调好与其他部门之间的关系。中层管理者更重要的工作是执行高层的决策,他们更关注日常的管理事务,与高层管理者的战略能力相比,他们必须具备的是执行能力,把握组织运行的流程和和环节。中层管理者也应该关心和思考组织发展的大局,成为高层管理者某一方面的参谋。

3. 基层管理者

基层管理者是操作层的管理者,他们是负责直接管理组织工作任务的承担者,他们所管辖的是操作人员而不涉及其他管理者。他们的主要职责是具体落实工作计划,给下属作业人员分派具体工作任务,直接指挥和监督现场作业活动,保证各项任务的有效完成。与中层管理者相同,他们同样需要具备执行能力。

组织中的层次一般表现为这样的特点,即高层管理者少,中层管理者多一些,基层管理者更多,从而使得整个组织呈现为金字塔式层次结构。这三个层次的管理者构成了一个有机的整体,保证整个组织的管理工作正常地进行。但不同层次的管理者不仅地位不同,所分担的责任和所发挥的作用也是各不相同的。低一层的管理者既是管理活动的主体,实际上又是更高一层管理主体的管理对象。高层管理应当关注各个层次的管理实施,但又应注意尽可能不轻易跨级干涉下面各层次的工作。中层管理者则处于承上启下的地位。基层管理者可能也从事具体的作业工作,而有些作业人员也身兼一些管理工作,也就是说,管理工作与作业工作可以是并存的。

(二) 部门性

在一个组织中,基层和中层的管理者又有其不同的分属领域,他们仅仅负责管理组织中某一类活动(或职能),比如在一个企业内部,可以具体划分为生产部门的管理者(生产经理)、营销部门的管理者(营销经理)、财务部门的管理者(财务经理)以及研究开发部门的管理者(研究开发经理),这是根据管理者所管理的专业领域性质来划分的。如果我们进一步从管理者所承担的管理工作的领域宽度来看,一些管理者负责了整个组织或组织中某个事业部的全部活动,而不仅仅是某一类活动(或职能),这样的管理者我们称之为综合管理者,比如,对于小企业来说,总经理就是一个综合管理者,而对于大型企业或跨国公司来说,各个事业部的经理要统管所在事业部包括生产、销售、人事、财务等在内的全部活动,事业部经理也就是综合管理者。

部门管理者作为更高一级管理主体的管理对象,可能同时面对许多不同的管理主体。有时,来自不同管理主体的指令和要求甚至是相互矛盾的。因此,对于不同管理部门的管理者来说,从整体着眼,从本职着手是很重要的。高层管理者要建立健全组织的沟通机制,在组织体制上保证组织沟通的畅通,从而使各部门的管理者和管理实施能够彼此协调。

(三)全员性

从更宽泛的视角来理解管理主体,组织的每一个人员实际上都在从事一定的管理工作,他们都具有特定的管理对象。管理实施需要全员的参与。在这个意义上,在这个特定的范围中,每个人都是他本职工作岗位和领域中的管理主体。各级管理者如何发挥全体成员的工作自主性和积极性,是管理实施的重要条件。

二、管理者角色

管理者角色实际上是指作为一般的管理者在组织系统内从事各种活动时的立场、行为和作用等一系列特性的归纳。管理学家亨利·明茨伯格在观察分析了企业经理人员的日常工作之后,把经理人员在实际工作中表现的角色分为三大类,虽然亨利·明茨伯格研究的是企业经理人员,但对于我们理解一般组织中的管理者角色来说,仍然是有参考价值的。

(一)人际关系方面的角色

在人际关系方面,管理者在组织中履行了礼仪性和象征性的角色,包括三个方面。

1. 挂名首脑

挂名首脑是象征性的首脑,挂名首脑是作为作为组织的官方代表,履行许多法律性的或社会性的例行义务,比如迎接来访者、签署文件、出席其他组织安排的会议等。

2. 领导者

领导者的角色是作为组织的领导人,要负责用目标、愿景来激励和动员下属,负责人员配备和培训,奖励和惩戒员工。

3. 联络者

人际关系方面的角色还要求管理者充当联络员,注意开发、建立和维护组织发展所必需的各种关系资源,在与外界联系的同时,对内还要发挥上下级之间的联系作用。

(二) 信息传递方面的角色

信息传递方面的角色意味着管理者作为组织内部和外部信息的神经中枢,要负责组织内部承上启下地接受和传递信息,还要注意与各部门之间的信息沟通。此外,还应该保持与有关外部的组织和机构的信息接受和传递。亨利·明茨伯格把这方面的角色概括为以下三种。

1. 监听者

作为监听者,管理者通过监测环境,从不同的渠道,利用各种方法和手段去收集和处理信息。管理者需要了解和掌握组织内部业务信息、外部相关信息、各种意见和倾向、组织成员方面的士气和动态,等等。

2. 传播者

传播者角色要求管理者应当把从外界和上下级那里得到的信息,按照必要性原则,利用组织规定的沟通渠道和各种非正式渠道,传递给组织的相关成员,以便组织成员共享信息,保持组织信息沟通的畅通。

3. 发言人

管理者有时必须代表组织向外界公布组织的态度、决定、报表、报告和进行演讲等,使组织的政策和信息能够及时为外界所了解和认可。

(三）决策制定方面的角色

管理的一项核心工作是决策，管理者角色中的最为重要的方面是制定决策。亨利·明茨伯格把决策角色具体地分为以下四种。

1. 企业家

企业家的角色要求管理者寻求组织和环境中的机会，避免环境的威胁性因素，帮助组织进行战略决策，制定组织发展方案，推动组织的变革。当一个管理者进行着战略决策并承担相关责任的时候，事实上他充当了企业家的角色。

2. 混乱驾驭者

面对组织发展中随时可能出现的突发事件和危机事故，管理者必须及时反应，并且做出妥善的处理。这种处理危机、化解冲突的能力是一个成熟的管理者必须具备的。一个管理者代表组织解决各种"混乱"事件时，他发挥了混乱驾驭者的作用。

3. 资源分配者

管理职责的核心在于根据组织目标的需要对组织或管理范围内拥有的各种资源进行配置。在很大程度上说，作出管理决策就是对组织资源作出合理有效的配置。

4. 谈判者

当组织在与其他组织商定合作或成交条件时，或者当组织需要与环境的某一方面进行事务进行交涉时，管理者扮演的就是谈判者的角色。

管理者的上述角色既与管理者在组织内的层次地位相关，也与作为管理者自身的技能条件相联系。因此，处在不同层次以及具备不同技能的管理者在任某一角色时所发挥的作用是各不相同的。

三、管理者素质

管理者素质，是指一个管理者应具备的各种条件在质量上的综合。管理者应该具备的素质是多方面的，不同的管理岗位要求的素质又是不尽相同的，但有些素质，是优秀的管理者都应该具备的。一般地，我们可以将管理者素质概括为四个方面，即政治素质、知识素质和能力素质和心理素质。

(一) 政治素质

作为组织管理者的政治素质,表现为管理者在管理实践中的重大而基本问题上所持有的政治品质、思想方法、思想观念和原则立场。

1. 政治品质

优秀的管理者应该具备正确的政治思想和良好的政治品质,对国家和社会要具有高度的责任感和奉献精神。

2. 思想观念

管理者首先应当具有组织观念,把自己看成是组织和群体的一部分,把自己的工作看成是组织运行的一部分,对组织负责、对上级负责;管理者同时还应该具有群众观念,兼听则明,从善如流。管理者还应该要有正确的思想作风,不谋私利、能上能下。

3. 工作方法

管理者要有良好的工作作风,要以身作则、言行一致、严于律己、宽以待人,不拉帮结派;管理者要善于调查研究,注意工作方法,讲求工作实效;管理者要遵循管理规律,分析研究问题要有逻辑性和缜密性,避免主观性和片面性。

(二) 知识素质

管理是一项综合性的工作,涉及多方面的知识。所以,作为一个管理者,要做好管理工作,就需要有较宽的知识面、较高的知识水平和较完备的知识结构。

1. 管理者知识结构的类型

管理者理想的知识结构应该是动态的 T 型知识结构。动态的 T 型知识结构有三个基本标量:一是某一专业知识方面的深度;二是相关知识的宽度;三是与时俱进的时间度。这就意味着对管理者来说相关的知识面要宽,特定的知识面(如与本组织相关的专业知识以及与管理活动相关的管理知识)要深。同时,随着科学技术的迅猛发展,知识废旧率不断提高,知识废旧周期不断缩短,一个现代管理者的知识结构如果缺乏时间标量,没有反映知识更新率的指数,仍然是不完整的。动态的 T 型知识结构要求现代管理者的知识结构随着社会的发展和科学技术的进步而不断更新,要求管理者吸收新鲜事物快、应变能力强,要求管理者的知识结构始终处于动态变化之中。这既是知识经济时代对管理者提出的新要求,也是创建学习型组织的任务之所在。

2. 管理者知识结构的内容

管理者的知识结构应包括以下三个方面。

(1) 专业知识。它要求各级管理者要管什么、懂什么,成为自己所在组织、部门或行业的内行。不过,对于最高管理者,这方面可以有例外。

(2) 管理知识。一个现代管理者,不仅要懂得现代管理学、现代领导学的一般原理和方法,而且要熟悉本行业、本部门、本组织的特殊规律和方法;不仅要懂得现代管理组织的一般结构和功能,而且要熟悉自己主管的组织的特殊结构和功能;不仅要熟悉各种传统的管理方法,而且要掌握各种主要的现代管理技术;不仅要懂得对财、物、信息的管理,而且要懂得对人的管理;等等。

(3) 相关知识。这类知识涉及两个方面,即与专业知识相关的知识领域和与管理知识相关的知识领域两个方面。前者的具体内容视管理者所涉及的专业而定;后者的具体内容包括社会、经济、法律、心理等诸多方面。

(三) 能力素质

不同管理阶层的管理者,都必须具有相应的能力,管理者应该具有以下几种基本能力。

1. 统驭能力

管理者的统驭能力是指管理活动中的决策、组织、协调、指挥和控制等一系列驾驭全局的能力。统驭能力包括决策能力、组织协调能力以及指挥控制能力。其中,组织协调能力是基础,指挥控制能力是关键,决策能力是核心管理者要作出正确决策,必须具有集思广益的能力、正确的判断能力和优化选择的能力;管理者为了有效地实现组织或部门目标,必须善于利用组织或部门的力量,善于授权用人,善于调动所有成员的积极性和创造性;管理者还应该有效进行指挥和控制,要正确下达命令,并做到指令与指导相结合,同时要奖惩分明,令行禁止。

2. 创新能力

创新是一种高层次的思维活动能力。它要求管理者对新事物敏感,思路开阔,富有想象力,不因循守旧、墨守成规;善于发现新问题、总结新经验,善于提出新设想、新方案;善于探索,勇于创新。在知识经济时代,创新是组织发展的灵魂,管理者的创新能力是组织适应环境变局,谋求发展的根本动力。

3. 应变能力

应变能力是指适应主客观条件变化的能力。管理者面对复杂多变的情况,必须审时度势,顺应不断变化的形势。变与不变的关键在于"应",管理者应具有把握变与不变之间的辩证关系的能力,善于在不变中求变以及在变中求不变。唯其如此,组织才能在稳定中求得发展。

4. 社会交往能力

社会交往能力是指妥善处理组织内外关系的能力。包括与周围环境建立广泛联系和对外界信息的吸收、转化能力,以及正确处理组织内部上下左右关系的能力。社会交往能力是一个人情商的重要表现,管理者应该善于交往,善于待人接物,善于兼听不同意见。

(四)心理素质

心理素质是一个人的心理品质,指的是一个人在心理活动过程和个性方面所表现出来的持久而稳定的基本特点。心理素质是影响一个管理者工作作风和管理风格的重要因素,也是选用各级管理者的重要标准。

1. 志向

志向是一个人的追求,表现为管理者的事业心和责任感。一个优秀的管理者,应该有强烈的事业心和责任感,要有较高的成就需要和积极向上的价值观。他的追求不应该主要是个人的金钱、地位和声名,而是执着地追求工作成就和事业。

2. 意志

意志体现为自觉确定目标,并根据目标支配和调节行动、克服困难以实现目标的心理品质。管理者的意志品质首先表现为坚定的信念,他应该具备克服困难的勇气和坚持不懈的精神;其次是非从众主义的个性特征,他应该清醒地辨别周围唯唯诺诺的现象,不盲目随从;再次是胆识,管理者面对风险和压力时,要有胆略和气魄。意志品质是一个管理者走向成功的重要心理条件。

3. 情感

情绪情感是对客观事物的态度体验。在不同的情境下,人们可以产生两种不同性质的情绪,即正性情绪和负性情绪,两者对人们行为的交互作用产生两种不同性质的影响,即积极影响和消极影响。管理者应该具有积极的情绪情感,热情、开朗、情绪稳定,克服冷漠、孤傲、易怒、粗暴、狭隘、嫉妒等消极的情绪情感。情绪情感与性格有关,管理者的情绪情感与性格交互影响,一定程度上决定了管理者的管理风格和管理组织的工作气氛、人际关系和群体气氛。

4. 宽容

管理者必须具备宽容的心理品格,一方面能够接受各种各样与自己性格、风格不同的人,并能"异中求同",与各种类型的人打好交道,建立起良好的人际关系,另一方面能够宽容别人的缺点和闪失,容得下别人的长处和优点。宽容不仅是一种良好的心理品质,而且也是处理各种关系的人际技巧。

四、管理者技能

管理技能是相对于管理者在具体管理方面的能力而言的,是对管理能力的概括和总结。管理是否有效,在很大程度上取决于管理者是否真正具备了作为一个管理者应该具备的管理技能。管理学家卡兹认为这些管理技能包括技术技能、人际技能、概念技能。

(一) 技术技能

技术技能是指使用某一专业领域内有关的工作程序、技术和知识完成组织任务的能力。对于管理者来说,虽然没有必要使自己成为精通某一领域技能的专家(因为他可以依靠有关专业技术人员来解决专门的技术问题),但掌握一定的技术技能,有助于管理者对所管辖的业务范围内的各项管理工作进行具体的指导。相对来说,管理阶层越低的管理人员,特别是处于第一线的管理人员,其技术技能尤为重要。

(二) 人际技能

人际技能是指与处理人际关系有关的技能，或者说是与组织内外的人际和人群打交道的能力。不同层次和领域的管理者可能分别需要处理与上层领导者、同级管理者以及下属的人际关系，中高层管理者还需要与组织外部各种类型的公众进行必要的联系。人际技能首先要求管理者了解他人的信念、思维方式、情感、个性以及每个人对自己、对工作、对群体的态度，并且承认和接受不同的观点和信念，这样才能与别人更好地交换意见。其次，人际技能要求管理者能够敏锐地洞察他人的需要和动机，并判断组织成员的可能行为及其后果，以便预测和引导组织成员行为，促使成员个人目标与组织目标最大限度地一致起来。再次，人际技能要求管理者掌握评价和激励员工的一些技术和方法，最大限度地调动员工的积极性和创造性。人际技能是管理者必须具备的技能中最重要的一种，对各层次的管理人员都具有同等重要的意义。

(三) 概念技能

概念技能是指能够洞察组织与环境相互影响的复杂性，并在此基础上加以分析、判断、抽象、概括而迅速作出正确决断的能力。管理者应当看到组织的全貌和整体，了解组织与环境是怎样互动的，了解组织内部各部分是怎样相互作用的。概念技能具体表现为分析和概括问题的能力以及预测判断的能力。能否快速、敏捷地从混乱而复杂的动态情况中辨别出各种因素的相互关系，抓住问题的起因和实质，预测问题的潜在影响，判断需要采取的措施及其可能产生的后果，这取决于管理者的概念技能。同时，概念技能能够使管理者通过对内、外部环境的分析，预见形势发展的趋势，以便充分利用机会，避开威胁，使组织获得最有利的结果。因此，概念技能对高层管理者来说尤为重要。

需要指出的是，上述管理技能对于不同阶层管理者的重要性是不尽相同的。对于基层管理者来讲，技术技能最为重要。由于基层管理者需要直接和作业工人打交道以及与上级及同事交往，所以人际技能也非常有益，但概念技能的要求则相对较低；对中层管理者来说，对技术技能相对基层管理者而言要求有所降低，人际技能的重要性几乎相等，但在概念技能方面其要求则有所提高；对于高层管理者，概念技能和人际技能特别重要,但技术技能就不像基层和中层管理者那样迫切和重要。一般来说,对于概念技能,管理层次越高,其重要程度也越高(图1-2)。

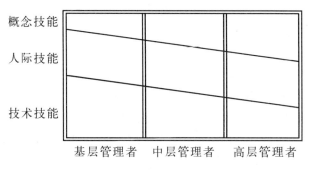

图1-2　不同管理层次的技能要求

五、管理道德与管理人格

管理道德是对管理者的道德要求。管理者应该具有与现代管理活动相适应的道德素养,管理者的行为必须符合管理道德规范,管理者在实施管理的过程中应当努力追求管理人格的实现。早在20世纪初,管理学的先驱法约尔就提出了对管理人员的道德教育,现代管理学越来越重视对管理伦理的研究,显示了管理道德对管理的重要作用。管理道德有助于组织管理人员选择正确的价值取向,增强管理人员的自我约束能力,使管理者的管理活动合乎道德原则所进行的价值评定,最终影响组织的管理行为。

(一) 管理道德

道德是以善恶为标准,依靠内心信念、社会舆论和传统习惯,来评价人们的行为,调整人与人、人与环境以及个人与社会之间的关系的行为准则和规范的总和。职业道德是从事一定职业的人们在职业活动中必须遵循的行为规范的总称,是社会道德在职业领域中的具体表现。职业道德大致包括职业态度、职业纪律、职业作风和职业良心等方面的要求。管理道德则是一种特殊的职业道德,是管理者的行为准则与规范的总和。它通过规范管理者的行为,调整组织内的管理关系,保证管理关系的和谐和稳定,实现管理系统的优化,进而提高管理效益。管理道德评价应该成为组织考察和遴选管理人员不可或缺的重要手段。对于管理者来说,管理道德是由行为规范构成的一个有机的规范体系,基本的管理道德规范,包括以下方面的内容。

1. 遵守纪律,忠于职守

职业纪律是一种基本的行为规范,它要求管理者在管理活动中遵守秩序、执行命令和履行职责,不以权谋私,不收受贿赂;忠于职守,是指管理者有着强烈的事业心和责任感,做好本职工作,具有创新精神。事业心往往表现为远大的抱负和理想,表现为实际工作中孜孜不倦的追求和奉献精神;责任感则表现为对待本职工作的认真细致、兢兢业业、勤勤恳恳;忠于职守就是坚守岗位、尽职尽责;创新精神就是勇于思考,勇于探索,破除陈规陋习,创造性地完成自己工作的活动。

2. 宽以待人,严于律己

宽以待人,就是要求管理者具有宽容的品格。宽容既是一个管理者的心理特质,也是对管理者的道德要求。一方面能够接受与自己性格、风格不同的人,并能"异中求同",与各种类型的人打好交道,另一方面能够宽容别人的缺点和闪失,容得下别人的长处和优点。严于律己要求管理者做到以身作则。作为管理人员不管权力大小,都必须遵守管理系统中的规章制度,尊重法律规定的人的基本权利,尊重下属员工。

3. 实事求是,表里如一

实事求是要求管理者无论是在制订计划、做出决策时,还是处理具体的问题时,都要作周密细致的调查研究,在掌握准确信息、资料和事实的基础上,做出判断;表里如一要求管理者不隐瞒自己的观点,做到光明磊落、胸怀坦荡,对自己工作中的错误,要勇于承认,勇于纠正。

4. 尊重他人,团结协作

管理者在管理工作中要自觉地从团结协作的愿望出发,自觉服从上级领导,严格按照上级指示工作,对下级要平等相待,尊重下级的人格、意见、职权和工作自主性;对同事应真诚相待,理解团结、友好和互助。

(二) 管理人格

管理人格就是管理者的人格,是管理规范在管理者心灵中的内化,表现为管理者的道德心理、道德意志和道德品质的总和。管理人格是管理道德的最高实现,并在管理者的管理行为中表现出来。管理者的管理人格包括这样几方面:责任意识、服务意识、合理的功利意识、公正意识和诚信意识。

1. 责任意识

责任是与管理者拥有一定的管理职权相联系的,是管理者履行职务的必要前提。一个管理者能否正确地、有效地行使职权,关键是看他是否拥有自觉的责任意识,即是否准备积极地承担他的职务义务,是否准备承担行使职权的后果。责任意识要求管理者主动地承担职务义务和职权后果。

2. 服务意识

管理就是服务,管理者行使职权的目的是为了服务于管理目标、服务于管理工作和服务于被管理者。因此,管理者必须真心实意地热爱并尊重自己的服务对象,包括管理过程的所有成员和与组织活动相关的社会服务对象。尽可能合法、合情、合理地满足服务对象的需要。

3. 合理的功利意识

合理的功利意识要求管理者在理解组织目标时能够从组织的整体利益出发,客观地理解组织目标,通过管理者的行为去平衡组织成员的个人利益与管理系统的整体利益、管理系统的利益与社会利益以及管理系统中各部门利益的关系,实现一切合理利益要求的最大化。合理的功利意识还要求管理者具有组织人格,组织人格是指个人为了实现组织的共同目标而采取合理的行动,而个人人格是指为了满足个人的目标而采取合理的行动,管理者应努力克服组织目标和个人目标的背离,使两者得到完好的统一。

4. 公正意识

主持公正、维护正义反映了管理者的价值取向,对于被管理者来说,则决定了他们的基本需要能否公平地实现,这直接关系到组织成员的积极性。所以,对管理者道德评价的一个重要内容是看他能否平等地对待下属以及全部处于他管理职权范围内的被管理者,能否公正地分配权利和义务,能否公正地调节各种利益关系和公正地给以每个人自我发展的均等机会。

5. 诚信意识

管理者必须要讲究诚信。诚是真诚,信是信用。管理者要言必信、行必果,在管理过程中需要在较高的水准上表现出慎用权、重信用,三思而后行。

第三节 管理客体

一、组织资源的类型

管理客体就是管理对象,是管理活动的作用对象,或者说管理的接受对象。管理是通过计划、组织、领导和控制等职能,对组织资源进行有效配置,以实现组织目标的活动。从上述对管理的基本界定出发,我们可以认为管理的对象就是组织资源。

组织资源是组织拥有的、可以直接控制和运用的各种要素,这些要素既是组织运行和发展所必需的,又是通过管理活动的配置整合,能够起到增值的作用,并为组织及其成员带来价值的。

(一) 按资源的内容来分

按照组织资源的内容,我们可以把组织的重要资源分为物质资源、金融资源、人力资源、信息资源和关系资源五大类。

1. 物质资源

物质资源包括组织拥有的土地、建筑物、设施、机器、原材料、产成品、办公用品等物质。一般来讲,物质资源是可以直接用货币单位来计量的,代表了组织拥有的财富。

2. 金融资源

金融资源是指拥有的资本和资金。金融资源最直接地显示了组织的实力,其最大的特点在于它能够方便地转化为其他资源,也就是说它可以被用来购买物质资源和人力资源等。特别对于企业组织来说,融资问题往往是发展中面临的主要问题。

3. 人力资源

从组织角度来看,人力资源是那些属于组织成员、为组织工作的各种人员的总和,进一步说,人力资源是指组织成员所蕴藏的知识、能力、技能以及他们的协作力和创造力。

4. 信息资源

从信息的流向来看,信息资源可以分为"外部内向"和"内部外向"信息资源两种。"外部内向"信息资源是指组织所了解、掌握的,对组织有用的各种外部环境信息。"内部外向"信息资源是指组织的历史、传统、社会贡献、核心竞争能力、信用等信息。这些信息为外界所了解,就会转化为组织谋求发展的重要条件。

5. 关系资源

按现代观点来看,关系也是一种资源,而且是一个组织运行和发展中必备的一种重要的资源。关系资源是组织与其各类公众良好而广泛的联系,组织的关系资源也决定了组织的舆论状态和形象状态,它们构成了组织重要的无形资源。

(二) 按资源的表现形态分

按资源的表现形态分,组织资源可以分为有形资源和无形资源两大类。

1. 有形资源

有形资源通常是指那些具有一定实物、实体形态的资源。如组织赖以存在和发展的自然资源以及建筑物、机器设备、实物产品、资金等。

2. 无形资源

无形资源是指那些不具有实物、实体形态的资源。组织赖以存在和发展的社会人文资源就是无形资源。典型的如信息资源、关系资源、权力资源等。

这里需要指出三个问题。

(1) 有些资源具有复合性。如人力资源既具有实体性又具有无形性。人力资源作为组织成员、或能被组织使用和控制的员工,它是实体的、有形的,而且使用人力资源具有明确的价格费用。但人力资源所蕴含的知识、智慧、积极性和创造性又具有无形的特性。组织形象资源中的视觉识别系统是外显的、有形的,而其内涵则是通过理念识别的,具有无形的特性。

(2) 有形和无形不是绝对分离的,无形资源可以有形化,通过对无形资源的评估,使其具有货币计量的价值,无形资源就具有有形的价值。

(3) 区分资源的有形性和无形性对于组织来说具有重大意义,应该避免管理工作中重"有形"、轻"无形"的倾向,对于现代组织来说,无形资源对其生存和发展具有更为重大的作用。

二、组织资源的特性

组织资源的特性主要包括有限性、客观性和可控性三大特性。

(一) 有限性

资源的有限性,引发了人类可持续发展的议题。组织资源的有限性不仅是因为人类赖以生存和发展的有形的自然资源是有限的,而且组织赖以生存的无形的人文资源也是有限的。比如信息资源,当代社会被称为信息核爆炸的时代,信息既瞬息万变又瞬息可悉。因此从表面上看,信息对组织来说不是有限而是太多。但组织可以获取的有用信息并能够为组织创造价值的信息是有限的,未知的和不可知的信息还很多,这也表明管理者对信息处理和利用的能力是有限的。

(二) 客观性

组织资源的客观性,是指组织资源是一种客观存在,或者说组织资源的存在和作用是一种客观事实,而不是个人的主观臆断。对于无形资源来说,虽然不具备实体性的特点,但无形资源的存在,无形资源为组织所拥有、使用和控制,是一种客观事实和客观状态。需要指出的是,长期以来管理过程中存在着重"有形"、轻"无形"的倾向。对于现代组织来说,无形资源的意义更为重大,如信息资源、权力资源、关系资源等等,在组织的经营管理过程中扮演着越来越重要的角色。

（三）可控性

组织资源的可控性指的是作为管理对象，组织资源是组织实际拥有、并能够使用和控制的。原先不属于组织，但经过合法程序借用的资源，事实上也是在规定的期限内可以为组织所运用和控制的，比如借调的人力和借入的资金等。

三、人力资源——组织的核心资源

（一）人力资源在组织资源中的地位

1. 人力资源是一切组织活动的实践者

在组织的各项资源中，人力资源发挥了统领各项资源的主导作用，处于核心地位。因为组织的一切活动，首先是人的活动，由人的活动才引发、控制、带动了其他资源的活动。

2. 人力资源是组织资源增值的决定性因素

人力资源也可以说是处置、加工、管理其他资源的特殊资源。没有人力资源，组织内部对所有其他资源的管理都是不可能的，组织的其他资源在配置过程中是一个不变的量，只有通过人力资源，才决定了其他组织资源接受加工、处理和管理的效率和效果，从而在配置整合过程中才能有效聚合，发挥增值作用。

3. 人力资源是唯一起创造作用的因素

组织管理的生命在于发展、进取和创新。在组织的各项资源中，人力资源是唯一起创造作用的因素，只有人力资源才能担负起发展和创新的使命，其他任何资源都不具有这样的能力。

（二）管理学中的人性假设

组织的核心资源是人力资源，换言之，人是组织管理的核心对象。这里延伸出管理学的一个基本问题，就是如何看待人的工作动机和工作态度。管理者的管理策略和方法赖以建立的基础是管理者的人性观。有关人性假设的研究，有代表的成果是麦格雷戈的 X - Y 理论和大内的 Z 理论以及沙因的四种人性假设理论。

1. X - Y 理论和 Z 理论

美国社会心理学家麦格雷戈在用组织方法对人进行分析时，提出了 X-Y 理论。

(1) X 理论。麦格雷戈把传统的人性假设都包括在 X 理论之内。X 理论对人性的假设是：人生来就是懒惰的，常常逃避工作，因此，必须由外界的刺激物加以激励；人的目标是与组织的目标背道而驰的，因此他们必须由外界的力量来控制，才能保证他们为组织的目标而工作；由于人们具有非理性的感情，因此他们基本上是不能够自我约束和自我控制的；大多数人都符合上述假设，只有少数人才具有解决组织问题所需要的想象力和创造力。

(2) Y 理论。麦格雷戈认为必须使管理工作建立在对人的特性及其行为动机更为恰当的认识基础上，因此他提出了全然不同于 X 理论的 Y 理论。Y 理论对人性的假设是：人并非天生就是懒惰的，要求工作是人的本能，工作中消耗体力和脑力，正如游戏或休息一样是自然的；外力的控制和处罚的威胁，都不是促使人们为组织目标作出努力的唯一手段，人们在实现他们所承诺的目标任务时，会进行自我管理和自我控制；对目标、任务的承诺，取决于实现这些目标、任务后所能得到的报偿的大小；在适当的条件下，人们不但能够接受而且承担责任，逃避责任并非人的天性，而是经验的结果；在解决种种组织问题时，大多数人而不是少数人具有运用相对而言的高度想象力、机智和创造性的能力；在现代工业社会的生活条件下，一般人的潜在智能只得到了部分发挥，管理的基本任务是安排好组织工作方面的条件和作业的方法，使人们的智慧潜能能够充分发挥出来，更好地为实现组织目标和个人目标而努力。

(3) Z 理论。如果说 X 理论强调外界控制的话，Y 理论则强调自我管理和个人需要与组织要求的结合。但 X 理论的人性观过于悲观，Y 理论对人性的看法又不免过于乐观。美籍日本学者大内经过长期的研究发现，美国式管理是以 X 理论为基础的，而日本式的管理是以 Y 理论为基础的，美国企业必须迎接来自日本的挑战，为此，大内提出了 Z 理论。Z 理论认为 X 理论并非一无是处，Y 理论也并非万能的，应该根据实际情况，灵活地选择运用 X 理论或 Y 理论，以求得个体、组织、工作三者之间的最佳配合。

2. 四种人性假设

美国行为科学专家沙因对人性假设进行了归类,据此提出了四种人性假设。

(1) 理性-经济人假设。理性-经济人假设认为人是由经济诱因来引发工作动机的,人的行为动机就是追求经济报酬,投资者为了追求最大的利润,而工人则追求最大的工资收入。经济诱因在组织的控制下,因此,人被动地在组织的操纵、激励和控制下从事工作。理性-经济人假设,相当于麦格雷戈所说的 X 理论。

(2) 社会人假设。"社会人"的假设认为人类工作的主要动机是社会需要,工业革命和工作合理化的结果使得工作变得单调而缺乏意义,因此,必须从工作的社会关系中寻求工作的意义,通过与同事之间的关系可以获得基本认同感。"社会人"的假设是梅奥等人通过"霍桑实验"提出来的,这种人性观是人群关系学派的主要观点。人群关系学派将管理学对人性的研究课题由经济人转向社会人,是管理学的重大突破。

(3) 自我实现人的假设。自我实现人的假设认为,人们的工作目的是为了达到自我实现的需要,个人的自我实现与组织目标并不冲突,而且是一致的,人们在适当的环境下,都力求工作上的成就、发挥自我的潜能,为此人们能够自我激励和自我控制。自我实现人的假设是马斯洛等人提出来的,麦格雷戈的 Y 理论也指的是自我实现人假设。

(4) 复杂人假设。考虑到人的复杂性,用"理性-经济人""社会人"和"自我实现的人"来解释不同的人在不同条件下的行为很难全面完整地反映人性,所以人们倾向于具体情况具体分析,即在何种条件下人性表现如何,于是便出现了把人看成是"复杂人"的理论。复杂人的假设是沙因提出来的,他认为每个人的需要和能力都是不同的,人的工作动机不但是复杂的而且变动性很大,人可以依据自己的动机、能力和工作性质对不同的管理方式作出不同的反应。复杂人的假设对应了权变管理理论。事实上也不存在一种普遍有效的管理方式。"复杂人"的假设以及权变理论的提出,是管理理论的重要发展。

第四节 管理组织

一、组织的含义与特点

（一）组织的含义

我们可以从静态和动态两个角度来理解组织的含义。在这里我们是从静态的角度来理解的。静态的组织作为一种有形的实体，是为了达到某一特定目标，在分工协作的基础上，经由不同层次的权力和责任制度而构成的人群结合系统。也就是说，静态的组织被视作为一种反映工作者、职位、任务以及它们之间特定关系的工作系统和关系网络，这一系统或网络，可以通过部门和层次来确定它们的分工范围、程度、相互协调配合的关系以及各自的任务和职责等，从而形成组织的框架体系或结构。

（二）组织的特点

作为实体构成的组织，具有以下特点。

1. 组织是有共同的目标的

任何组织，都是为实现某些特定目标而存在的。目标是组织存在的基础和前提。组织的目标不仅要得到组织成员的理解，而且必须为各个成员所接受。因此，组织目标应当是组织成员个人目标和组织团体整体目标的结合，管理活动应努力克服组织目标和个人目标的背离；同时，公众和社会的利益也应纳入组织目标决策的视野，管理者应努力使组织目标和社会利益相容。

2. 组织是有分工和协作的

组织在对其资源进行配置组合时，必须把绝大部分成员划分到具有相异功能的部门，每个部门专门从事一种或几种特定的工作，这是分工的要求。但这种分工在组织内部是相对固定的，为了提高效率，各个部门还必须相互协同和配合，分工必须与协作结合起来。因此，分工协作是实现组织共同目标所必需的，分工协作的关系是根据组织目标而设定的。

3. 组织是有一定框架和相对稳定的规则的

组织内部必须有一定的组织框架、组织规则和组织程序,有不同层次的权力和责任制度。组织框架是组织结构,它决定了组织的管理层次、管理幅度和权限划分;组织规则是组织成员共同遵守的规章和制度;组织程序则规定了组织管理的流程和工作程序,这些都是组织有序运行和有效达成组织目标的必要保证。

二、组织的分类

组织的分类就是对组织的样式、种类进行归纳和组合。其目的在于发现各种组织之间的共性和个性差异,从而有助于人们能够全面地了解组织现象,理清组织结构,搞好组织设计。

(一) 按组织的目标分类

按照组织的目标不同,可以将组织分为公共组织和非公共组织。

1. 公共组织

公共组织是以实现公共利益为目标,以提供公共服务(包括管理公共事务、供给公共产品)为基本职能的社会组织。它一般都拥有公共权力或者经过公共权力的授权,负有公共责任。政府是典型的公共组织。除此之外,以特定的公共利益为目标,提供公共服务的非营利性的非政府组织,也是现代社会公共组织的重要组成部分。

政府作为全体社会成员共同利益的代表,是通过法定的公共程序产生的,其权力得到社会公众的认同,因此政府的公共管理具有典型的合法性和强制性。非政府公共组织是在政府之外组成的,受权于政府而进行公共管理的社会组织,是政府公共管理的重要组织依托,具有利他性、非营利性、自愿性等特点,因此,非政府公共组织的管理不具有最终强制性。这些非政府公共组织包括学校、研究机构、社区服务机构、文化团体、咨询机构、行业协会、消费者协会,等等。

2. 非公共组织

非公共组织一般不以公共利益为组织目标。在市场经济的条件下,作为市场主体的企业是典型的非公共组织,以营利为目的的社会中介组织也属于非公共组织。另外,非公共组织还包括政治生活中服务于非公共利益的特定利益集团、社会生活中基于特定的宗教信仰而形成的宗教组织、基于特定的生活兴趣而形成的组织,等等。

作为典型的非公共组织,经济组织是以营利为目的,以社会经济资源的运用为主要手段,以生产、存储、销售、运输、服务等为主要活动方式的社会组织。经济组织是现代社会最常见的、与社会生活关系最直接的组织形式,具有生产性、营利性和市场性的特点,包括生产组织、商业企业、金融组织、交通运输组织和其他服务性组织等。

(二) 按组织的形成方式分

按组织的形成方式不同,可以将组织分为正式组织和非正式组织。

1. 正式组织

正式组织是为了有效实现组织目标,而明确规定组织成员之间职责范围和相互关系的一种群体结构。在组织内部又称作正式群体。

与非正式组织相比,正式组织具有以下特点:有其特定的结构和固定的工作程序,成员具有明确的共同目标并分担不同的角色任务从而形成成员关系的层次,正式组织内部个人的职位是可以轮换或取代的。

2. 非正式组织

非正式组织是指组织成员关系为非官方规定的,在自发的基础上为满足某种心理需要而有意或无意形成的不定型组织。组织中人与人的长期接触、交往和相互作用,会使某些成员具有一定同质性的心理状态和行为方式,并赋予这种心理状态和行为方式以一定的组织化、体系化的特征。梅奥和他的同事进行"霍桑试验"最早发现了组织内部存在着非正式组织的因素,巴纳德认为非正式组织是任何一种共同在一起的个人活动,这种活动虽然可能产生共同的成果,但却没有自觉的共同目标。

非正式组织虽然是成员之间相互作用的结果,但成员之间的关系是自发的、不定型地具有某种目的的关系。任何正式组织的形成肯定会伴随着非正式组织的产生。非正式组织既可能存在于组织内部(也称非正式群体),也可能独立于正式组织之外。非正式组织的行为规范与组织目标可能一致,也可能不一致,这就会对正式组织目标的实现发生不同的影响。

非正式组织的积极意义,对组织而言,它能为组织功能的发挥起到补充、促进作用,如它能保持组织特定的文化价值,有利于组织沟通,有助于维护正式组织的凝聚力;对组织成员而言,它能为成员提供满足感和解决困难,维护成员个人的人格完整。非正式组织的消极意义表现在对正式组织可能有的牵制甚至破坏作用,如集体抵制正确指示的执行和实施,严重影响工作效率,极易散布谣言,破坏成员的积极性,造成任务上的冲突,等等。非正式组织是一种客观存在,在管理过程中,既要注意非正式组织的积极作用,又要克服其消极作用。

(三) 按组织的社会功能分

按组织的社会功能,帕森斯将组织分为生产组织、政治组织、整合组织和模型维持组织四种,其中:生产组织是指从是物质生产的企业组织和服务组织,如工厂、饭店等;政治组织是指为了保证整个社会达到自己的目标、进行权力分配的组织,如政府部门等;整合组织是指协调各种冲突、引导人们向某种固定目标发展的组织,如法院、政党等;模型维持组织是指维持固定的形式,确保社会发展的组织,如学校、社团等。

(四) 按照组织成员的受益程度分

按组织成员的受益程度,布劳将组织划分为互利组织、商业组织、服务组织和公益组织四种,其中:互利组织是指对其所有成员都有益处的组织,如党派、工会、俱乐部等;商业组织是指那些从事工商活动的组织,如工厂、公司、企业、银行等;服务组织是指为某些社会人士直接服务的组织,如医院、大学、福利机构等;公益组织是指为社会所有人服务的组织,如警察机关、行政机关、军事机关、科研机关等。

(五) 按组织对成员的控制方式分

按组织对成员的控制方式不同,埃桑尼将组织分为强制型组织、功利型组织和规范组织三种,其中:强制型组织是用高压、威胁,甚至暴力等手段控制其成员的组织,如监狱、精神病院等;功利型组织是用金钱或物质媒介来控制下属行为的组织,如各种工商企业;规范组织是用在伦理道德观念或信仰等基础上形成的规范权力来控制成员行为的组织,如宗教团体等。

第五节 管理环境

一、管理环境"复杂-变化模型"

任何组织都不可能孤立地存在,都无法与周围的环境相脱离。组织内部各层次、各部门之间和组织与组织之间都存在着相互作用和相互影响。组织环境对组织的生存和发展,起着决定性的作用,是组织管理活动的内在与外在的客观条件。环境系统有两个根本的特性,一个是复杂性,一个是稳定性。

复杂性是指环境中影响组织及其管理活动因素的多少,它反映了环境的复杂程度。稳定性是指环境变化的快慢程度,稳定的环境是指环境变化很慢,但不是不变化。根据环境系统的特性来分析,可以形成环境的"复杂-变化模型",见图1-3。

图1-3 环境的"复杂-变化模型"

从图中我们可以看出,环境可以分为以下四种类型。

(一) 简单-静态环境

这种环境极少不确定性,是一种最容易处理的管理环境,在这种环境中很少有突发性的重大事件,管理者只需按照既定的常规和程序实施管理,确保组织的有序性。这种情况下,管理者只需一般的在职训练而无需特殊的专门训练就可以胜任。

(二) 简单-动态环境

这种环境具有中等不确定性,在这种环境下,管理者应该具有高度的适应性,但无需具备高水平的决策能力和管理技能。管理者只要具备一定程度的知识和工作积极性,随时了解环境,就能应付各种变化。

(三) 复杂-动态环境

这种环境具有很高的不确定性,是一种最难处理的管理环境。在决策时面临许多重大的不确定因素,遇到的问题都没有先例可循,需要管理者具有高水平的决策能力和管理技能,对环境有深入的洞察力、有丰富的管理知识和经验。在这种情况下,由于没有现成的方法、规范和程序,管理者必须依赖自身的智慧、经验和胆识并借助于决策技术作出分析判断。

(四) 复杂-静态环境

这种环境具有某些不确定性,这种环境中有许多需要决策的问题,管理者对这些问题及其多种解决方案的性质有相当充分的了解,然而各种解决方案可能产生的效果是难以预计的。虽然这种环境无需管理者具有高水平的概念技能,但要求管理者具有较高水平的业务技术能力,并通过专业培训和实践活动来迅速适应这种环境。

二、内部环境

如果以组织的界限(系统边界)来划分,可以将管理环境分为内部环境和外部环境。内部环境是具体的工作环境,外部环境是社会环境。影响管理活动的组织内部环境包括:物理环境、心理环境、文化环境等。

(一) 物理环境

物理环境要素包括工作地点的空气、光线和照明、声音(噪声和杂音)、色彩等等,它对于员工的工作安全、工作心理和行为以及工作效率都有极大的影响。"霍桑实验"开创了这方面研究的先河。物理环境因素对组织设计提出了人本化的要求,防止物理环境中的消极性和破坏性因素,创造一种适应员工生理和心理需求的工作环境,这也是实施有序而高效管理的基本保证。

(二) 心理环境

心理环境指的是组织内部的精神环境,对组织管理有着直接的影响。心理环境制约着组织成员的士气和合作程度的高低,影响了组织成员的积极性和创造性的发挥,进而决定了组织的管理效率和管理目标的实现。心理环境包括组织内部和睦融洽的人际关系、人事关系、组织成员的责任心、归属感、合作精神和奉献精神等等。

(三) 文化环境

组织文化环境至少有两个层面的内容:一是组织的制度文化,包括组织的工艺操作规程和工作流程、规章制度、考核奖励制度以及健全的组织结构等等;二是组织的精神文化,包括组织的价值观念、组织信念、经营管理哲学以及组织的精神风貌等等。组织的精神文化是组织管理的精神支柱,也是管理的灵魂和最高目标。一个良好的组织文化是组织生存发展的基础和动力。

三、外部环境

外部环境是指组织所处的社会环境,外部环境影响着组织的管理系统。组织的外部环境,实际上也是管理的外部环境。外部环境可以分为一般外部环境和特定外部环境。

(一) 一般外部环境

一般外部环境包括政治法律环境、经济环境、社会文化环境、科学技术环境和自然地理环境。这些环境因素对组织的影响是间接的、长远的。当外部环境发生剧烈变化时,会导致组织的重大变革。

1. 政治法律环境

政治法律泛指一个国家的政权性质和社会制度,以及国家的方针、政策、法律和法规等。不同的国家,有不同的政治法律环境。政治法律因素对组织来说是不可控的,带有强制性约束力。通过政治法律环境的研究,组织可以使自己的行为符合国家和政府的方针政策、法律法规的要求并使自己的行为最大限度地得到有关方面的保护和支持。

2. 经济环境

经济环境有宏观和微观两方面因素构成。从宏观经济环境来分析,主要包括国家和地区的经济发展水平、增长速度,国民经济结构,产业结构,社会经济发展战略和发展计划等。微观经济环境包括收入水平、消费偏好、就业问题等。经济环境因素对组织特别是经济组织的经营活动尤其重要。

3. 社会文化环境

社会文化因素主要包括人口的数量与质量,分布与年龄,集中化的程度;地理分布;社会意识形态与价值观念;公民受教育的程度;社会时尚的变化,包括生活方式的变化等。社会文化环境因素直接关系到组织成员的来源和构成、组织人力资源的素质和组织的价值取向等。

4. 科学技术环境

科学技术是组织生存和发展的物质技术保证。主要包括科学与技术的发展水平;创新技术的状况;运用新技术的程度;产品中技术含量的多少;技术变革的速度;科技与生产力之间的转换速度等。研究科学技术环境,除了要考察与组织所处领域的活动直接相关的产品和技术的发展变化之外,还应及时了解政府对科技开发的投资和支持重点。

5. 自然地理环境

自然地理环境主要包括自然资源、地理条件和气候条件等。组织需要根据自然环境的状况,研究原材料供应、能源供应、产品贸易的地理方向以及生产、交通、运输条件等对组织活动的影响,特别是当国家在经济发展的某个时期对某些地区采取倾斜政策时,地理位置对组织活动的影响尤其重要。

(二) 特定外部环境

特定外部环境因素主要是针对企业组织而言的,包括的因素有:供应商、顾客、竞争者、政府和社会团体等。特定外部环境的这些因素,对企业组织的影响是直接的、迅速的。企业要有效地运转,就必须时刻注意这些特定外部环境的变化。特定外部环境在发生变化过程中带有一定程度的不确定性,会导致决策必须要承担一定程度的风险。因此,只有减轻这种不确定性,才能减少决策的风险。

1. 供应商

包括人力资源的供应、原材料的供应、设备和零部件的供应、所需信息的供应等。如果供应商不能提供这些对于企业来说必不可少的资源,企业组织就将处于一种严重的资源短缺状况。

2. 顾客

顾客包括现实的顾客和潜在的顾客。企业组织因为满足了顾客的需求而得以存在,因此顾客的需求是首先应该重视的一个方面。

3. 竞争者

竞争者包括现有生产该产品的所有企业、潜在的进入者以及替代品的制造厂商。没有一个企业可以忽视他们的竞争者。

4. 政府机构和社会团体

政府对一个企业的影响可以通过一系列的政策、法规、条例及规章来实施调节和控制。企业的行为必须要符合政府的有关规定,确认哪些可以做,哪些不可以做。社会团体的影响也是必须要考虑的一个问题。虽然社会团体不是一种政府行为,但是它对现实社会中的很多敏感性问题有独到的考虑。诸如动物保护协会、环境保护团体等,它们对组织所施加的压力也是不可忽视的,它代表了一种民众的意愿。

外部环境从总体上来说是不易控制的,因此它的影响是相当大的,有时甚至能影响到整个组织结构的变动。对外部环境作分析,目的是要寻找出在这个环境中可以把握住哪些机会,必须要规避哪些风险,抓住机遇,健康发展。

 本章小结

学习管理学,首先要理解管理的内涵,包括管理的定义、管理的属性、职能和目标。

管理学是研究组织管理普遍原理和一般方法的,那么,在组织中,有谁来负责设计、组织和实施管理活动的呢?我们把负责设计、组织和实施管理活动的方面称之为管理主体。

在一个组织体系里,有管理主体,就有管理客体。管理客体是管理活动的作用对象即管理对象。

无论是管理主体还是管理客体,他们的活动,他们之间的相互作用,都是有一定的边界范围,这个边界范围就是组织。管理主体和客体的活动都是在组织的框架体内开展的。

一个组织的生存和发展,组织内的管理主体和客体的活动及其相互作用,都要受到许多因素的影响和制约,我们把这些影响制约因素称之为管理环境。对于内部环境因素的分析,有助于管理者确定组织自身的优势与劣势,目的在于确定组织的发展战略和计划目标的时候能够扬长避短;对外部环境作分析,目的是要寻找出在这个环境中可以把握住哪些机会,必须要规避哪些风险,抓住机遇,健康发展。在第三章阐述目标、决策和计划制定以及第四章组织结构设计的时候都会涉及环境分析的内容,我们可以在学习时进一步去领会。

关键概念

管理;组织(静态);管理者角色;管理道德;管理人格;正式组织;非正式组织

基本问题

1. 如何理解管理的两重性?
2. 请比较不同层次的管理者在管理职责方面的差异。
3. 沙因对人性假设是如何归类的?
4. 为什么说人力资源是组织的核心资源?

讨论与交流

1. 请你观察一下自己所在单位的日常管理活动,将这些管理活动按照职能进行归类。

2. 你认为自己具备了哪些管理者素质?在哪些方面还比较欠缺?如何弥补和提高?

3. 如果你想开办一家公司,你认为应该做好哪些准备工作?一家公司开办以后,你认为还应该做好哪些方面的工作?

第 2 章

管理理论的发展

 **知识点睛**

回顾近百年来的企业发展史可以发现,相对于其他任何创新而言,管理创新才是帮助组织寻求突破,获得最优绩效,并将企业发展提升至新阶段的真正动力。

——加里·哈默尔

面对快速变化的经营环境,企业要有效经营,组织必须跟着改变,而这其中,组织最需要具备的两个素质就是:学习和创新。

——欧内斯特·戴尔

本章导读

加里·哈默尔被《经济学人》誉为"世界一流的战略大师",《财富》杂志称他为"当今商界战略管理的领路人"。他认为,相对于其他任何方面的创新而言,管理创新是企业发展的真正动力。而回顾一百多年来的管理实践,我们可以发现管理活动本身就是创新的产物。在这个过程中,管理实践的突破,方法手段的不断推陈出新,推动了管理理论的创新,而管理理论创新成果的运用,又反过来推动了管理实践的发展。欧内斯特·戴尔在"管理理论丛林"中,是经验学派的代表。他认为组织面对快速变化的环境,必须具备"学习和创新"两项基本素质。上世纪80年代末开始,管理理论研究主要针对学习型组织展开,经久而不衰,组织的竞争优势源于比竞争对手具有学得更快更好的能力。学习型组织正是人们从工作中获得生命意义、实现共同愿景和获取竞争优势的组织蓝图。

本章回顾总结了管理理论的发展,要求我们一方面应该以现代的观点去传承管理学已有的理论成果,另一方面又要从发展的角度去了解管理理论和管理实践的发展趋势。这对每个学习管理学的人来说都是非常必要的。

第一节 古典管理理论

古典管理理论是随着工厂制度和工厂管理的发展,在19世纪末20世纪初开始比较系统地形成的。古典管理理论的代表是泰勒的科学管理理论、法约尔的一般管理理论和韦伯的官僚组织理论。

一、泰勒与科学管理理论

(一)科学管理理论的历史背景

科学管理理论是20世纪初在西方工业国家影响最大、推广最普遍的一种管理思想,它包括一系列关于生产组织合理化和生产作业标准化的科学方法与理论依据。而这一系列的科学管理理论是由美国人泰勒首先提出并极力推广的,因此科学管理理论通常被称为"泰勒制"。科学管理理论的历史背景可以从西方工业国家共同的历史条件和美国特殊的历史背景两方面去考察。

从西方工业国家共同的历史条件来看,科学管理理论的产生既是资本主义生产力发展的必然,也是维护资本主义生产关系、实现资本对劳动完全控制的需要。20世纪初,工业革命后的西方资本主义国家的生产力有了迅速的发展,科学技术有了较大的进步,并产生了许多新发明。工业制度日益普及,企业的数量越来越多,生产规模越来越大,复杂程度不断提高,仅凭经验和判断进行的传统管理方式不再适用,迫切要求将以往所积累的管理经验加以标准化、系统化、科学化,用科学管理代替传统的经验管理。同时,资本对劳动的控制也要求改进管理方式。在生产过程广泛运用机器和机器体系的条件下,无论是对工人的作业方法还是作业时间,资本家都不能实现完全的控制。资本家不可能熟悉每一台机器的操作技术,工人所掌握的操作技术可以决定劳动方式、控制作业方法和作业时间,工人技术性的"磨洋工"使资本家难以判断和辨别。

美国是一个移民国家。有冒险精神的世界移民及其后裔开发了北美大陆,推动了美国社会和经济的发展。1851年至1860年期间,即美国南北战争以前,大约有2 300万来自西欧的移民来到美国,到了美国后,他们大部分集中在沿海的一些工业城市。来自农村且能经受在大西洋上数月漂泊的移民一般都身强体壮,是美国资本家理想的雇佣对象。但这些移民大部分没有技术,不能适应广泛运用机器来进行生产作业的工业生产劳动。因此,资本家迫切需要一种新的管理方法,以便迅速地将这些只有力气没有技术的非工业劳动力培训成为适应工业生产要求的熟练工人。于是,泰勒的科学管理理论应运而生。

弗雷德里克·泰勒1856年出生于美国宾夕法尼亚州杰曼顿的一个富有的律师家庭。青年时期考取哈佛法学院。1875年辍学到费城的恩特普里斯液压机厂当学徒工,学徒期满后,泰勒来到大钢铁公司的米德维尔工厂当一名机械工,在1884年被提升为总工程师。泰勒在工厂实践中感到,当时工厂的领导不懂得用科学方法进行管理,不了解工作程序;不了解劳动节奏和疲劳因素对劳动生产率的影响;工人缺乏必要的训练,没有正确的操作方法和使用的工具。为了改变这种状况,泰勒从1880年开始进行实验,系统研究和分析工人的操作方法和作业时间,并且将这些实验逐步加以改进,成为系统的管理制度。1911年,泰勒在早年实践以及后来进一步研究的基础上,出版了《科学管理原理》一书,详细阐述了科学管理理论的内容和体系,此书被看作是管理理论成为一门独立学科的标志。泰勒被誉为"科学管理之父"。

(二) 泰勒的研究与探索

泰勒的研究与探索主要反映在以下两个最著名的试验中。

1. 生铁搬运试验

1898年泰勒到伯利恒钢铁公司工作,并请来了一些助手进行了生铁搬运试验。伯利恒钢铁公司货场里的原材料是由一组计时工搬运的,工人搬运生铁平均数在每天12—13吨之间,工人每天挣1.15美元,这是当时的标准工资。泰勒就是从这里开始他的试验的。首先泰勒从执行同一工作的工人中挑选出身体强壮、技术熟练的一个人,把他的搬运工作过程分解成许多个动作,用秒表测量并记录完成每一个动作所消耗的时间,除去动作中多余的和不合理的部分,最后,把最经济的、效率最高的动作集中起来,确定标准的作业方法和作业程序,进而规定了标准的作业时间。经过仔细研究发现:采用科学的方法对工人进行训练,并把劳动时间与休息时间很好地搭配起来,工人平均可以将每天的工作量提高到47吨,而且负重搬运的时间只有42%,其余时间是不负重的,工人也不会感到太疲劳。而同时采用刺激性的计件工资制,工人每天在达到47吨标准后,工资也可以增加到1.85美元。

泰勒把这项试验归结为四点核心内容:第一,精心挑选工人;第二,诱导工人使之了解这样做对他们没有损害,还可以得到利益;第三,对他们进行训练和帮助,使之获得完成既定工作量的技能;第四,按科学的方法去干活会节省体力。

2. 铁砂和煤炭的铲掘试验

早先铁砂和煤炭的铲掘工人都是自备工具去干活的,用铲子铲铁砂每铲的重量如果太重就容易疲劳,而铲煤又会每铲的重量不足。泰勒发现,当一个工人在操作中的平均负荷量大致是每铲21磅时他就能干出最大的工作量。因此,他在进行试验时就不让工人使用自备的工具,而是准备了8—10个不同的铲子,每种铲子只适合于铲某种特定的物料,这不仅是为了使工人能平均每一铲铲掘达到21磅,也是为了使这些铁铲能适应若干条件。为此,他建立了一间大型的工具房,里面存放着精心设计的各种工具,使得能铲任何一种物料的重量都在21磅。同时他还设计了一种有标号的两张纸卡,一张说明工人在工具房所领的工具和该在什么地方干活;另一张说明他前一天工作的情况,即一份他干活的证明书,上面还记载着前天的收入。在工人们取得白色纸卡的时候就会明白一切正常,而当取得黄色纸卡时就意味着要加油干了,否则就要调离工作岗位。泰勒的这项试验主要表明每一项简单的动作都隐含一种科学的成分。

为了把适合各自工作的铁铲分给600个工人,事先的计划是必不可少的,必须有人对这些工作进行全面的负责,这样就要增加管理人员。但事实上除去支付这些新增人员的经费后,其获得的收益仍然是很多的,据说仅此一项即为公司每年节约8万美元。泰勒的这项试验提出了一种新的管理思想:将试验的手段引进了经营管理的领域;将计划与执行相分离；标准化管理概念的形成；人尽其才、物尽其用是提高效率的最佳方法。

(三) 科学管理理论的主要思想

泰勒认为，当科学管理的原则被正确运用并有足够的时间使它确实生效，无论对资本家还是工人都将产生巨大的效果。科学管理理论的主要思想可以概括为以下三个方面。

1. 科学管理的中心问题是提高劳动生产率

泰勒认为，最高的工作效率是雇主和工人共同达到繁荣的基础，它能够使较高的工资和较低的劳动成本结合起来，从而使雇主得到最大的利润，工人得到最高的工资，进一步提高他们对扩大再生产的兴趣，促使生产的继续发展和雇主、工人的共同富裕。所以，提高劳动生产率是泰勒创建"科学管理理论"的基本出发点，是确定各种科学管理原理和方法的基础。

2. 实现最高工作效率的手段是用科学管理代替传统管理

泰勒认为，管理是一门科学，必须采用科学方法。在管理实践中建立各种明确的规定、条例、标准，使管理科学化、制度化是提高工作效能、达到最高工作效率的关键。泰勒的各项试验对工人操作的每一个动作进行科学研究，用以替代传统的经验方法。管理人员应该有意识地搜集原先存在于工人头脑中和体力技能中的传统知识，并把所有这些传统知识记录下来编成表格，归纳成为法则、规则甚至数学公式。当它们被用于工厂内全体工人的日常工作时，必然会提高每人的平均产量和产品的质量；工人会获得更高的工资，企业会得到更多的利润。

3. 科学管理要求管理人员和工人双方实行重大的精神变革

泰勒认为，科学管理是一种概念性的哲学，其精华不在于具体的制度和方法，而在于重大的精神变革。泰勒指出：科学管理是一种重大的精神变革，他要求工人改变对工作、对同伴、对雇主的责任的观念，同时也要求管理人员改变对同事、对工人以及一切日常问题的态度，增强责任观念。通过这种重大变革，可以使管理人员和工人双方都把注意力从盈利的分配转到增加盈利上来。当他们用友好合作和互助来代替对抗和斗争时，他们就能够生产出比过去大得多的盈利，从而使工人的工资大大增加,雇主的利润也大大增加。

(四) 科学管理理论的具体内容

1. 制定科学的作业方法

通过生铁搬运试验和铲掘试验,将最经济、效率最高的动作集中起来,确定标准的作业方法和标准作业时间,确定工人一天必须完成的标准工作量。

2. 科学地挑选和培训工人

泰勒用科学的作业方法对经过科学选择的工人进行培训,使他们能够按照作业标准进行工作,改变以往仅凭个人经验进行作业的传统,取得了显著的成效。由此,工人的负荷与成效之间的关系更趋科学合理。

3. 实行有差别的计件工资制

按照作业标准和时间定额来规定不同的工资率。对完成或超额完成工作定额的工人,以较高的工资率计件支付工资,一般为正常工资率的125%;对完不成工资定额的工人则以较低的工资率支付工资,一般仅为正常工资率的80%。

4. 将计划职能与执行职能分开

泰勒认为,计划职能实质上就是管理职能,执行职能则是工人的劳动职能。因此,管理人员和工人都必须各司其职,在工作和职责上进行分工。在传统的管理制度下,所有计划都是由工人凭个人经验来制订的,尽管其中不乏非常有经验并能熟练掌握技术操作的工人制订计划,但绝大多数工人是无法做到的。因此,必须把计划职能从工人的工作中分离出来,由专门的计划部门根据标准化的要求来制订计划标准,下达任务。而工人则从事执行职能,按照计划规定的操作方法和指令,使用标准化的工具从事作业的生产。

5. 实行职能工长制

将整个管理工作划分为许多较小的管理职能,使所有的工长尽量分担较少的管理职能,如有可能一个工长只承担一项管理职能。虽然后来的事实表明一个工人同时接受几个职能工长的指挥容易造成管理混乱,但这种思想为以后的职能部门建立和管理专业化提供了有益的思路和理论基础。

6. 在管理上实行例外原则

泰勒指出,规模较大的企业不能只依据职能原则来组织管理,还需要运用例外管理原则。所谓例外管理原则,即企业的高级管理人员把处理一般事务的权限下放给下级管理人员,自己只保留对例外事项的决策权和监督权。

科学管理理论产生之前的企业管理是一种随意性、不规范、经验式的管理。泰勒采用观察、记录、调查、试验等近代科学分析的方法,对管理实践和管理问题进行研究,从而使企业脱离了单凭经验进行管理的方法,并形成了一套科学的方法和严格的管理制度。科学管理理论对以后的管理理论的发展产生了深远的影响。科学管理理论所提出的任务管理是由科学地规定作业标准、实行标准化、实行激励工资等原理构成的,至今仍然是企业管理的重要基础。科学地挑选和培训员工的思想则成为现代人力资源开发的重要观点。

二、法约尔与一般管理理论

(一) 一般管理理论的历史背景

产业革命始于欧洲,而后传到美国。科学管理则始于美国,而后传入欧洲。1911年,泰勒的著作被译成法文,科学管理的理论和方法在法国得到普及。但是,泰勒的科学管理用于工厂管理领域,集中在生产、制造、加工等活动范畴,对于整个企业组织的管理而言,则体现出视野狭窄、观点不够系统等缺陷,科学管理无法解决企业总体的一些重要问题。因此,在当时的欧洲出现了另一种知识体系,它把重点放在高级管理者的层面上,典型代表就是法约尔创建的以大型企业整体为研究对象的一般管理理论。

亨利·法约尔1841年出生于法国中部的一个中产阶级家庭,1860年毕业于圣艾蒂安国立矿业学院,并以一名矿业工程师的身份进入科芒特里—富香博公司担任工程师,后来被任命为总经理。他在担任科芒特里公司总经理时,该公司几乎濒临破产且煤矿的储量几近枯竭,1892年该公司被收购成立了新的科芒博联营公司,法约尔依然是总经理。1916年法约尔出版的代表作《工业管理和一般管理》一书成为最早全面论述一般管理理论的权威著作,法约尔因此而被誉为"经营管理理论之父"。

(二) 法约尔的主要管理思想

1. 区分了经营与管理的概念

法约尔认为,经营与管理是两个不同的概念,管理只是经营的一部分。法约尔把企业的全部活动分为技术活动、商业活动、财务活动、安全活动、会计活动和管理活动。

(1) 技术活动,指生产、制造和加工活动。

(2) 商业活动,包括购买、销售和交换活动。

(3) 财务活动,指围绕资金的筹集和运用而展开的活动。

(4) 安全活动,是维护设备、保护财产和员工安全方面的活动。

(5) 会计活动,指为监督资金的合理运用而对其运动过程中的变化状况进行的记录、归类和分析活动。

(6) 管理活动。指由计划、组织、指挥、协调和控制等一系列职能构成的过程。

上述六组活动被法约尔看作是企业经营的六大基本职能。前五种职能都不负责制定企业的总经营计划,不负责建立社会组织、协调各方面的力量和行动,而管理活动则可以涵盖这些种职能。

法约尔指出,管理既不是一种独有的特权,也不是企业经理或领导者的个人责任。它与别的基本职能一样,是一种分配于领导人与整个组织成员之间的职能。管理职能与其他职能显然又不一样,尤其是要把管理与领导加以区分。领导就是寻求从企业拥有的所有资源中获得尽可能大的利益,引导企业达到它的目标,保证六项基本职能的顺利完成,而管理只是这六项职能中的一项,由领导保证其运行。

法约尔把管理职能与其他职能分离开来是独具慧眼的,这对以后管理思想的发展起着重要作用,并使其成为管理过程学派和组织理论的重要基础。

2. 提出了管理的五项职能

法约尔提出了管理活动应包含五项职能,即计划、组织、指挥、协调、控制。

（1）计划。计划是管理的一个基本部分,包括预测未来和对未来的行动予以安排。预测是计划的基础;行动计划的制定则是计划工作的主要内容,它指出了组织所需达到的结果、应该遵循的行动路线、所要经过的阶段以及所要使用的手段,是人们对组织未来前景的预先安排。

（2）组织。法约尔主要论述了组织职能,他指出,在配备必要的物质资源以后,管理者的任务就是要把本单位的人员合理地组织起来,以完成企业的六种活动。组织工作包括:选择组织形式,规定各部门的相互关系,选聘、评价和培训工人,等等。在组织形式上,法约尔着重分析了等级结构和参谋部门的作用。法约尔认为,组织的结构形式取决于人员的数量。

（3）指挥。指挥的任务是要让已经建立的企业发挥作用。"对每个领导者来说,指挥的目的是根据企业的利益,使其单位里的所有人作出最佳贡献"。法约尔认为,指挥是一种艺术,领导者指挥艺术的高低取决于自身的素质和对管理原则的理解。

（4）协调。法约尔认为,协调作为一项单独的管理要素,是指企业的一切工作都要和谐地配合,以便企业经营的顺利进行,并且有利于企业取得成功。协调就是平衡各种关系;使企业活动和物质资源保持一定的比例;使组织的各个职能部门都意识到自己的工作对其他职能部门可能产生的影响;使收入与支出、生产与销售、材料供应与生产消耗保持正确的比例等等。

（5）控制。控制是保证计划目标得以实现的重要手段,是要正视各级工作是否都与预定计划相符合,是否与下达的指标及预定原则相符合。控制的目的在于指出工作中的缺点,以便加以纠正并避免重犯。

3. 总结了管理的一般原则

法约尔根据自己的管理经验总结出了十四条一般管理原则,他指出,原则虽然"可以适应一切需要",但它们是"灵活的"。这些原则虽然在早期的工厂管理实践中已经不同程度地得到了自觉或不自觉地运用,但把它们进行系统的概括则是法约尔的首创。

(1) 劳动分工。法约尔认为劳动专业化是组织进步和发展的正常方法。借助分工,可以减少每个人的工作目标,提高工作效率。法约尔认为劳动分工属于自然规律的范畴,其目的是"用同样的劳动得到更多、更好的成果"。这条原则"不仅适用于技术工作,而且毫不例外地适用于所有涉及或多或少的一批人或要求几种类型的能力的工作"。

(2) 权力和责任。权力是指挥和要求别人服从的力量。法约尔把权力分为两类:制度权力和个人权力。制度权力是由职务和地位产生的,个人权力则与担任一定职务的人的智慧、学识、经验、道德品质和领导能力有关。优秀的管理者要能用个人权力来补充制度权力。为了保证权力的正确使用,必须规定责任的范围,然后制定奖惩的标准。

(3) 纪律。任何组织活动的有效进行都必须有统一的纪律来规范人的行为。法约尔认为,纪律的实质"是对协定的尊重"。为了保证企业人员都遵守纪律,"协定应当清楚明了,并能尽量使双方都满意"。组织中纪律是否严明,与领导者有很大的关系。为了保证纪律的严肃性,"高层领导和基层人员一样,都必须接受纪律的约束"。

(4) 统一指挥。法约尔认为"无论对哪一件工作来说,一个下属人员只应接受一个领导人的命令。这就是统一指挥的准则,它是一项普遍的、永久必要的准则"。如果这条原则被打破,"权力将受到损害,纪律也将受到危害,秩序将被扰乱,稳定将受到威胁"。

(5) 统一领导。这条原则表示对达到统一目标的全部活动,只能有一个领导者和一项计划。这是统一行动、协调组织中一切努力和力量的必要条件。法约尔认为,统一领导和统一指挥的区别在于:没有统一领导就不可能存在统一指挥;但即使有了统一领导也不足以保证能统一指挥。统一领导是通过建立完善的组织来实现的;而统一指挥则取决于人员如何发挥作用。统一领导是统一指挥的前提。

(6) 个人利益服从整体利益。法约尔认为,在企业中,个人利益和部门利益不能置于企业整体利益之上。这有赖于领导者的坚定性和良好的榜样以及签订公平的协定和经常的监督。

(7) 人员的报酬。法约尔认为,报酬是人们"服务的价格,应该合理并尽量使企业和所有人员满意"。报酬率的高低取决于人员的才能,甚至首先取决于"生活费用的高低、可雇人员的多少、业务的一般状况、企业的经济地位"以及报酬方式等因素。报酬方式可以对企业的生产和发展产生重大影响。合理的报酬方式必须符合三个条件：第一，能保证报酬公平；第二，能奖励有益的努力和激发热情；第三，不应导致超过合理限度的过多报酬。

（8）集中。法约尔认为，集中就像劳动分工一样，是一种必然规律，是客观存在的，它本身无所谓好坏，也不是可以任意取舍的。这条原则讨论了管理权力集中与分散的问题。法约尔认为，分权是"提高下属作用重要性的做法"，而集权则是"降低这种作用重要性的做法"。作为管理的两种制度，集权与分权本身并无所谓好坏，并同时不同程度地存在，"这是一个简单的尺度问题，问题在于找到合适企业的最适度"。法约尔指出，影响权力集中程度的因素主要有：组织规模、领导者与被领导者的个人能力和工作经验、环境的特点等。

（9）等级制度。等级制度是从组织的最高权力机构直至最底层管理人员的领导系列，它是组织内部命令传递和信息反馈的正常渠道。依据这种等级线路来传递信息对于保证统一指挥是非常重要的，但它并不总是最迅捷的途径。如果企业的规模较大、层次较多，这种方法有时会影响行动的速度，而行动速度则往往与组织的效率相关联。因此，应该把尊重等级制度与保持行动速度结合起来。为了解决这个矛盾，法约尔建议在同级之间建立直接联系（被称为"跳板"或"法约尔桥"）来协商解决问题。但有两个条件必须要考虑：一是事先取得各自上级的同意；二是商定的问题要立即向各自的上级汇报，这样便维护了等级制原则。

（10）秩序。秩序包括物的秩序和人的秩序。物的秩序要求"每件东西都有一个位置，每件东西都放在它的位置上"。为此，不仅要求物归其位，而且还要求正确设计、选择和确定物的位置，以方便所有的工作秩序。人的秩序也称社会秩序，要求"每个人都有一个位置，每个人都在他的位置上"以完善社会秩序，让适当的人从事适当工作，要根据工作的要求和人的特点来分配工作。这就要求完成两项最困难的工作：一是建立一个良好的组织；二是进行良好的选拔工作。

(11) 公平。公平是由善意和公道产生的。公道是实现已订立的协定；为了鼓励下属忠实地执行职责，应该以善意来对待他们。企业领导应努力使公平感深入各级人员。

(12) 人员的稳定。人员的稳定对工作的正常进行、活动效率的提高非常重要。一个人要适应新的工作不仅要具备相应的能力，而且还要给他一定的时间来熟悉这项工作。因为经验的积累需要时间。如果这个熟悉过程尚未结束便被指派从事其他工作，那么其工作效率就会受到影响。法约尔特别强调这条原则对企业管理人员尤为重要。

(13) 首创精神。它是指人们在工作中的主动性和创造性。法约尔认为，"想出一个计划并保证其成功是一个聪明人最大的快乐之一，也是人类活动最有力的刺激之一。这种发明与执行的能力就是人们所说的首创精神，建议与执行的自主性也属于这个范畴"。它对企业来说是一股巨大的力量，因此应尽可能地鼓励和发展员工的这种精神。

(14) 人员的团结。全体人员的和谐与团结是企业的巨大力量。为了实现团结，管理人员应该避免使用可能导致分裂的分而治之的方法。此外，法约尔还认识到人员之间的思想交流，特别是面对面的口头交流有助于增进团结。因此他认为应该鼓励口头交流，禁止滥用书面联系的方式。

法约尔认为以上十四条管理的一般原则可以归纳为三大类：第一类是结构性原则，包括第1,2,5,8,9条原则；第二类是过程性原则。包括第3,4,6,7,11条原则；第三类是目的性原则，包括第10,12,13,14条原则。上述十四条原则是灵活的，不是固定不变的。法约尔的十四条原则至今仍然具有重要的实践指导意义。

4. 提出了管理教育的观点

法约尔非常重视管理教育，认为人的管理能力同其他技术能力一样可以通过教育来获得。他指出：每个人或多或少地需要管理知识，大企业高级管理人员最必需的能力是管理能力，单凭技术教育或业务实践是不够的，所以管理教育应该普及。管理教育首先在学校得到，然后在车间的实践中获得。同时他又指出：缺少管理教育的真正原因是缺乏管理理论。因此，他的研究正是弥补这种短缺的有益尝试。

法约尔是古典管理理论在法国的杰出代表，一般管理理论是管理理论发展史上的一个里程碑。他对管理职能的概括和分析为管理学提供了一般性的理论框架，对西方管理理论的发展具有重大影响，成为管理过程学派的理论基础，也是以后各种管理理论和管理实践的重要依据之一。它第一次系统地、全面地概括和阐述了管理的一般原理；第一次明确、系统地划分了管理的职能与原则。人们从他的管理理论中认识到：管理是一种普遍存在于各种组织中的具有共性的活动。人们可以在工作中摸索管理的规律性，并把它上升为管理理论，反过来指导人们的管理实践活动。

三、韦伯与官僚组织理论

（一）官僚组织理论的历史背景

与泰勒、法约尔同一时代的另一位管理学家是马克斯·韦伯。随着工业革命以及工厂制的发展，工厂以及公司的组织管理问题越来越突出，有学者开始注意到很多企业由于缺乏明确的组织机构系统来进行管理，工厂工作时间长，事故不断，效率极低，工人缺乏训练，雇主不懂如何刺激工人提高劳动生产率，使得许多国家的经济发展和企业中的劳动生产率远远落后于当时的科学技术成就。这些问题导致有学者开始关注和思考组织结构在管理中的作用，开始研究究竟怎样的组织结构与形式才有利于企业的经营与成长，怎样进行高效的组织管理才能适应工业革命后不断发展壮大的工厂规模与企业制度。这种强调组织与体系、公共或法定权力的时代特征便是官僚制度的来源，韦伯的组织理论便在这个大环境中得以形成与发展。

马克斯·韦伯1864年出生于德国的一个律师家庭。1882年进入海德堡大学法律系学习，从1892年起长期担任大学经济学和社会学教授。与泰勒和法约尔相比，韦伯主要是一个学者，涉足的研究领域有法律制度、宗教体系、政治制度和权力关系等多个方面，凡他涉足的领域他都提出了许多新的观点，促进了这些学科的形成与发展。韦伯在管理思想上的主要贡献是提出了"理想的官僚组织理论"，对后世产生了最为深远的影响，并因此被后人尊称为"组织理论之父"。

(二) 理想的官僚组织理论的主要观点

韦伯认为,官僚结构的模型,是现代世界中一直发展着的大规模的行政管理最有效的工具。他指出,"纯官僚式的行政组织即各种独裁的官僚模型,从纯技术观点上看,能够取得最高的效率。在这个意义上,它是已知的对人类进行必要管理的最合理的方法。它优于其他形式的表现是其准确性、稳定性、严格的纪律性和可靠性。这样就有极大的可能来估计组织的领导人与其有关执行人员的工作效果;还有,它在效率方面和经营范围方面都比其他形式优越,而且完全可以正式地应用于各种行政管理任务"。韦伯在这里所说的"官僚"是就组织结构的特点和规范而言的,并不是指不负责任、工作效率低下等现象。官僚模型是指能够"既合法又合理"地行使职权的组织结构。

1. 理想的官僚组织体系的层次

韦伯认为,官僚制组织结构可以分为三个层次,即最高领导层、行政官员层、一般工作人员层。最高管理层的主要职能是决策;行政官员层的主要职能是贯彻最高领导层的决策;一般工作人员层的主要职能是从事各项具体的实际工作。

2. 理想的官僚组织体系的基础

韦伯认为,任何组织都必须以某种形式的权力作为基础。他将社会所接受的权力分为三种:法定权力、传统权力、神授权力。

(1) 法定权力。法定权力是建立在"合理基础"上的,它是以一种对正规规则形式的"法律性",以及对那些升上掌权地位者根据这些条例发布命令的权力的信任作为基础的。

(2) 传统权力。传统权力是建立在"传统基础"上的,它是以一种对古老传统的神圣不可侵犯性及对根据这些传统形式权力者的地位合法性的既定信念作为基础的。

(3) 神授权力。神授权力是建立在"神授基础"上的,它是以对某一个人特殊的、超凡的神圣性、英雄行为或典范品格的信仰,以及对这个人所启示或发布的规范榜样或命令的信仰为基础的。

韦伯认为人们对传统权力的服从是在习惯义务领域内的个人忠诚。领导人的作用似乎只为了维护传统,因而效率较低,不宜作为官僚组织体系的基础。超凡权力的合法性完全依靠人们对于领袖人物的信仰，是非理性的，所以，超凡的权力也不宜作为官僚组织体系的基础。只有提供了慎重的公正的法定权力才能作为官僚组织体系的基础。

3. 理想的官僚组织体系内容

韦伯在其代表作《社会组织与经济组织》和《论官僚制度》等著作中，比较系统地阐述了被人们称为理想的官僚组织理论，即官僚制。他认为，理想的官僚组织体系不是凭家族世袭地位、人事关系、个人情感等来进行组织，而是按照严密的行政组织、严格的规章制度来组织管理机构。这种官僚组织体系包括以下六项内容。

(1) 明确的分工。组织是根据合法程序确定的，应有其明确目标，并靠着一套完整的法规制度，组织与规范成员的行为，以期有效地追求与达到组织的目标。也就是说，为了实现一个组织的目标，要把组织中的全部活动划分为各种基本的作业，作为公务分配给组织中的各个成员，即每个职位的权利和义务都应有明确的规定，人员按职业专业化进行分工。组织中的成员应由固定和正式的职责并依法行使职权。

(2) 自上而下的等级系统。组织的结构是由上而下逐层控制的体系。在组织内按照地位的高低规定成员之间命令与服从的关系。组织内的各种公务和职务是按照职权的等级原则组织起来的，每一职位有明文规定的权利和义务，形成一个自上而下的层次体系。

(3) 人员的任用。组织中人员的任用完全根据职务上的要求，通过正式考试或教育训练来实行，务求人尽其才。

(4) 职业管理人员。对成员进行合理分工并明确每人的工作范围及权责，并不断通过技术培训来提高工作效率。管理人员是职业的管理人员，按职位支付薪金并建立奖惩与升迁制度，使其安心工作，培养其事业心。

(5) 规则和纪律。管理人员必须严格遵守组织规定的规则和纪律以及办事程序，使之不受任何人的感情因素影响，保证在一切情况下都能贯彻执行管理意图。

(6) 组织中的人际关系。组织中人员之间的关系完全以理性准则为指导，人与人之间的关系只是职位关系，不受个人感情的影响，只带有机械成分的理性。这种公正不倚的态度不仅适用于组织内部,而且还适用于对待组织与外界的关系。

韦伯认为,这种高度结构的、正式的、非人格化的理想官僚组织体系是人们进行强制控制的合理手段,它依靠单纯的责任感和无个性的工作原则,客观合理地处理各项事务,是达到目标、提高效率的最有效形式,也只有按照规章制度办事,抛弃一切人事关系的感情色彩,企业才可能生存下去。韦伯同时也认识到个人魅力对领导作用的重要性,他所认为的"理想的",不是指最合乎需要的,而是指现代社会最有效和最合理的组织形式。

韦伯的官僚组织理论把官僚制度看作是一种建立在权威和理性基础上的最有效率的组织形式,认为理想的组织应以合理合法的权力为基础,没有某种形式的权力,任何组织都不能达到自己的目标。他的官僚组织理论对传统行政管理学注重正式政府组织以及结构形式的研究产生了重要影响,开创了对公共行政组织进行理论研究的先河。韦伯的这一理论也是对泰勒、法约尔理论的一种非常重要的补充,对后来的组织理论学家影响甚大。他对理想的官僚组织模式的描绘,为官僚组织指明了一条制度化的组织准则,这是他在管理思想上的最大贡献。

四、对古典管理理论的总体评价

(一) 古典管理理论的历史贡献

20世纪初由泰勒发起的科学管理革命导致了古典管理理论的产生。泰勒、法约尔、韦伯分别从三个不同的方面建立了古典管理理论的体系。他们试图从个人、组织和社会三个不同的角度来解决宏观和微观的管理问题,为解决劳动关系、生产效率、社会组织等方面的问题,提供了管理思想的指导和科学理论方法。古典管理理论的历史贡献体现在以下三个方面。

首先,古典管理理论是现代管理理论的基础。古典管理理论所要解决的问题也是现代管理理论所要解决的问题,因此,古典管理理论对现代管理理论的研究仍然有着巨大的指导和借鉴作用。其次,古典管理理论对提高产量,提高效率等方面具有不可替代的作用,其管理方法对今天的企业管理来说仍然是十分重要的。最后,古典管理理论是在当时的生产力发展到一定程度的历史背景条件下建立起来的,这是和当时的生产力发展水平相联系的,或者说古典管理理论是适应于其相应的生产力水平的。

(二) 古典管理理论的历史局限

之所以把泰勒、法约尔、韦伯所创立的管理理论称为古典管理理论,一方面是根据时间阶段的划分,另一方面是因为古典管理理论存在着很大的历史局限性,它与现代管理理论有着重大的区别。

(1) 古典管理理论对人性的研究没有深入进行,对人性的探索仅停留在"经济人"的范畴之内,古典管理理论没有把人作为管理的中心。而"人"的因素,则是现代管理理论研究的中心议题,正是因为对人性的深入研究与探索,才使得现代管理理论更显现出其丰富多彩。

(2) 古典管理理论仅仅把管理的对象看作是一个客观存在,但是没有把管理对象上升到系统来认识。而现代管理的基础就是把管理的对象看成为一个系统,以系统理论的方法来对管理对象进行深入的研究。

(3) 古典管理理论的着重点是放在管理客观存在的内部,即它所研究的是生产部门的内部,把如何提高生产率作为管理的目标。而现代管理理论是把企业赖以生存的市场作为研究的对象,把消费者作为考虑的重点,企业的经营管理主要研究的是人和市场,而这两点都是古典管理理论研究未涉及的。

(4) 古典管理理论很少考虑企业的发展环境。根据现代系统理论,任何一个企业系统都是在一定的环境下生存发展,而且环境是在不断变化的,这样,企业的生存发展也是在不断地与环境变化进行相互作用下前进的,这是一个动态的过程,正因为这样的动态过程才使得现代管理理论呈现出学派林立的局面。

古典管理理论为现代管理理论的建立提供了必要的基础,而且还为现代企业管理在方法上提供指导,应该说古典管理理论是不朽的。

第二节 行为科学理论

行为科学理论是继古典管理学派之后管理学发展的一个重要阶段。行为科学的管理学家们将有关人性的研究课题由"经济人"转向"社会人",是管理学的一个重大突破。

一、早期的行为科学理论

在古典管理理论的代表人物中,泰勒的影响远远大于其他人的影响。而泰勒制的广泛运用,导致了企业管理人员严重忽视对人的尊重和对人的主观能动性的调节,从而导致工作效率不仅难以持续提高,甚至有所下降。于是,有人开始思考:人的工作效率究竟受到哪些因素的影响?为什么在同样的组织环境中,不同的人即使体力和技术能力相当,但从事相同的工作却会产生差异很大的结果呢?为什么同一个人从事同样的工作,而在不同时期具有不同的工作效率呢?这些问题已经不能通过古典管理理论来解决。在这种情况下,行为科学理论应运而生。

早期行为科学的创始人是梅奥。乔治·埃尔顿·梅奥是美国管理学家,由梅奥主持的霍桑实验的研究结果否定了古典管理理论对人的假设,实验表明工人不是被动的、孤立的个体,其行为不仅受工资的刺激,影响生产效率的最重要因素不是待遇和工作条件,而是工作中的人际关系。梅奥认为:工人是"社会人"而非"经济人";企业中存在着非正式组织;新的领导能力在于提高工人的满意度。梅奥据此创立了人际关系学派。

(一)霍桑实验的主要内容

20世纪20年代,西方许多国家的资本家采用了泰勒的科学管理,但劳资纠纷和罢工依旧此起彼伏,这种情况促使研究者们深入研究决定工人劳动效率的原因。在美国国家科学委员会的赞助下,霍桑实验开始进行。这一实验持续了8年之久,取得了意想不到的成果。

实验是在位于美国芝加哥城郊的西方电气公司的霍桑工厂中进行的。霍桑工厂是一家制造电话机的专用工厂，有25 000名工人，它设备完善，福利优越，具有良好的娱乐设施、医疗制度和养老金制度。但是，工人依然愤愤不平，生产效率也很不理想。到底是什么原因使得生产效率不能提高？为此，1924年美国国家科学院组织了一个包括各方面专家在内的研究小组，对该工厂的工作条件与生产效率的关系进行了全面的考察和多种实验。

1. 照明实验

照明实验的目的是为了弄明白照明的强度对生产效率所产生的影响。这项实验前后共进行了两年半的时间。实验的假定条件是：照明强度会影响工人的视觉和情绪，从而影响生产效率；同时假设增加照明都会使生产率得以提高。

实验在被挑选的两组绕线工人中间进行，一组是实验组，一组是参照组。在实验过程中，实验组不断增加照明的强度，而参照组的照明度始终保持不变。结果发现，不仅实验组的产量随着照明度的增强而提高，参照组的产量也出乎意料地提高了，其增长率大致与实验组相同。后来实验者又采取了相反的措施，逐渐降低实验组的照明强度。根据假设，此时实验组的生产率会随照明度的降低而下降，然而结果却是相反，实验组的生产率仍然保持在一个较高的水平上，甚至仍有上升，参照组的情况也是如此。只有当实验组的照明度降低到接近月光亮度水平时，生产率才开始下降。

研究人员对上述结果困惑不解，于是放弃把照明作为一个重要的可变因素，而在其他方面进行实验。第一，改变工作时间的长度，让工人提前下班；第二，增加休息时间；第三，改变工资制度，变集体刺激工资制为个人计件工资制；第四，休息时提供茶点。所有这些改变都使产量有所提高。当实验组的工人适应了这些新的工作条件后再取消这些福利待遇，除了保留个人计件工资制外，研究人员预期工人的情绪会遭受打击而导致产量受到严重影响，但是他们却发现日产量和周产量都达到前所未有的水平。

研究人员对上述结果感到困惑，实验的结果是两组的产量均大大增加,而且增加的量几乎相等,两组的效率也几乎没有太大的差异,虽有一些小的差异但也是在条件许可的误差之内。这项实验从1924年持续到1927年,却得不出任何明确的结论。1927梅奥受邀参加了霍桑实验,并组织了一批哈佛大学的教授会同西方电气公司的人员成立了一个新的研究小组,霍桑实验的第二阶段研究由此展开。梅奥来到霍桑工厂,对当初尚未完成的初步结果很感兴趣,他敏锐地指出,解释霍桑实验秘密的关键因素是"小组精神状态的一种巨大变化"。他认为在实验室中的工人成为一种社会单位,对于受到实验者越来越多的关心而感到高兴,这样就使得被实验者有一种参与实验的感觉,这是一个很重要的原因。

2. 继电器装配实验

梅奥带领哈佛大学的研究小组来到霍桑工厂后,立即试图解释照明实验的最终结果。他们列出了一系列可能导致产量变化的假设,并用照明实验的结果加以验证。这些假设是:第一,在实验中改进物质条件和工作方法可以导致产量的增加;第二,安排工作休息和缩短工作日可以解除或减轻疲劳;第三,工间休息可减少工作的单调性;第四,个人计件工资制能促进产量的增加;第五,改变监督与控制的方法能改善人际关系,从而能改进工人的工作态度,促进产量的提高。然后,研究人员逐个检验和分析这些假设的真实性,结果是:否定了第一种假设,因为有意识地使生产场所的物质条件变化,但产量却依然增加。第二种假设也不能成立,因为虽然增加了休息时间,缩短了工作日而使产量增加,但取消这些条件后并未见产量下降。第三种假设更缺乏说服力,因为单调性是一种心理认识,不能仅根据产量的变化来加以估计。在增加休息的实验中,工人的态度确实改变了,这可能是因为他们被挑选参加实验而感觉自己受到了重视和关注。即便如此也不能因而得出结论,认为它是产量增加的唯一原因。只有第四种假设值得认真关注。

为此,研究小组选择了继电器装配进行实验。继电器装配小组由5个有经验的女工组成,实验之前实行的是集体计件工资制,实验时改为个人计件工资制,产量连续上升,最后产量稳定在原来的112.6%的水平上。9个月以后又恢复了先前的集体计件工资制,实验进入第7

个星期,小组的产量下降到实验前的96.2%。哈佛研究小组由此得出结论,工资制度的变化与产量的提高并无太大的直接关系。

究竟是什么原因导致了产量的增加?研究人员认为是由于管理方式的改变带来了士气的提高和人际关系的改善。在实验中,工人的劳动场地发生了变化,由现场转移到特殊的实验室中,由研究人员担任管理者,他们力图创造一种"更为自由愉快的工作环境"。这些管理者改变了传统的严格命令和控制方法,就各种项目的实验向工人提出建议,征询意见。工人的意见得到倾听和认可,工人的身体状况和精神状况成为研究人员极为关心的事情。这种可以自由发表意见、得到关心的工作环境使工人感觉到受到了重视,士气和工作态度也随之改变,从而促进了产量的提高。这个结论正好验证了前面的第五种假设。

3. 访谈实验

既然前面的实验表明管理方式与工人的士气、劳动生产率有密切关系,那么就应该了解工人对现有的管理方式有什么意见,为改进管理方式提供依据。于是,梅奥带领的哈佛研究小组制定一个旨在征询工人意见的访谈计划,在1928年9月至1930年5月不到2年的时间里,哈佛研究小组的人员与霍桑工厂20 000名左右的工人进行了访问谈话。

按预定计划,在访谈过程中要求工人就管理当局的规划与政策、监工的态度和工作条件等问题做出回答。但在计划执行中访谈人员惊异地发现,工人想就提纲以外的问题发表意见。显然,工人认为重要的问题与企业或研究人员的认识并不总是一致。于是研究小组对访谈计划进行了调整,每次访谈不规定谈话的内容和方式,工人可以就任何一个问题自由地发表言论,访谈人员的任务就是让工人说话。有了这样一个自由发表意见、泄愤的机会以后,虽然工作条件或劳动报酬实际上未有任何改变,但工人们却普遍认为自己的处境比以前好多了。

通过访谈实验,研究人员认识到,工人由于关心自己个人的问题而会影响其工作效率,所以,管理人员应该了解工人的这些问题。为此,需要对管理人员特别是基层管理管理人员进行训练,使他们成为能够倾听并理解工人的访谈人员,能够重视人的因素,与工人相处时更为热情、更关心他们,这样才能够促进人际关系的改善、工人士气的提高以及产量的提高。

4. 电话线圈装配实验

研究人员在实验中感觉到工人中似乎存在一种非正式组织。为了证实这种非正式组织的存在及其对工人态度的影响,研究小组进行了电话线圈装配实验。他们挑选了 14 名工人组成生产小组,采用集体计件工资制,目的是要求他们加强协作。

在实验中研究人员观察到两个事实:第一个事实是工人们对"合理的日工作量"有明确的概念,且这个工作量低于管理当局估计的水平和他们的实际能力。工人们认为,如果产量超过这个非正式的定额,工资率就有可能降低;而如果产量低于这个水平,则可能引起管理当局的不满。所以他们在产量水平上达成了某种默契,并运用团体压力来加以维护,使人们共同遵守。这些压力包括冷遇、讽刺、嘲笑等。每个工人都自觉地限制自己的产量,以避免自己的"形象"在同伴眼中受到伤害。即便是某个工人在某天的产量有所提高,他也只会上报符合"合理工作量"的部分,其余产量则会隐藏起来,以供第二天放慢生产速度后的补缺。

第二个事实是在正式组织中存在着小团体,即非正式组织。在工作结束后,工人们跨越正式组织的界限相互交往,形成相对稳定的非正式团体。这种非正式团体有自然形成的领袖和自己的行为规范,如果违反这些规范就会受到某种形式的攻击。

(二)霍桑实验的结论

在总结霍桑实验的基础上,梅奥于 1933 年出版了《工业文明中人的问题》一书,提出了与当时流行的泰勒科学管理理论不同的新观点,阐述了人际关系学派的主要内容。

1. 社会人假设

泰勒的科学管理把人当作经济人来看待,认为金钱是刺激人的积极性的唯一动力。霍桑实验则证明了人是社会人,影响人的劳动积极性因素除了物质利益之外,还有社会的与心理的因素。每个人都有自己的特点,个体的观点和个性都会影响个人对上级命令的反应和工作表现。因此,应当把人作为不同的个体来看待。

梅奥社会人的假设认为:重要的是人与人之间的合作,而不是人们在无组织的人群中相互竞争;所有的个人主要是为保护自己在团体中的地位,而不是为自我的利益而行动;从霍桑实验的结果可以发现,人的思想和行动更多的是由感情而不是由逻辑来引导的。

2. 企业中存在非正式组织

非正式组织是相对于正式组织而言。所谓正式组织,是指为了有效地实现企业目标,依据企业成员的职位、责任、权力及其相互关系进行明确划分而形成的组织体系。科学管理只注重发挥正式组织的作用。通过霍桑实验发现,工人在企业内部共同劳动过程中必然会发生一些工作以外的联系,这种联系会加深他们的相互了解,从而达成共识,建立起一定程度的感情并逐渐发展成为一种相对稳定的非正式组织。

这种非正式组织对工人所起的作用有:第一,保护工人免受内部成员疏忽所造成的损失,如生产过多以致提高生产定额,或生产过少引起管理当局不满,加重同伴负担;第二,保护工人免受非正式组织以外的管理人员干涉所形成的损失,如降低工资或提高生产定额。非正式组织与正式组织相互依存,而且通过影响工人的工作态度来影响企业的生产效率和目标的达成。

3. 新型的领导能力在于提高工人的满意程度

科学管理认为生产效率主要取决于作业方法、工作条件和工资制度,因此,只要采用恰当的工资制度,改善工作条件,制定科学的作业方法,就可以提高工人的劳动生产率。而霍桑实验却得到这样的结论:生产效率的高低主要取决于工人的士气,而工人的士气则取决于他们感受到的各种需要满足程度。在这些需要中,金钱与物质需要只占了很小一部分,更多的是获得友谊、得到尊重或保证安全等社会需要。因此,要提高劳动生产率就要提高工人的士气,而要提高工人的士气就要努力提高工人对各种需要的满足程度。新型的管理人员要认真分析工人需要的特点,不仅要解决工人生产技术和物质条件方面的问题,还要掌握他们的心理状况,了解他们的思想情绪,采取相应的措施,适时、合理、充分地激励工人,达到提高劳动生产率的目的。

(三)霍桑实验的理论贡献

早期行为科学的出现不仅缓和了 20 世纪 20 年代末至 30 年代初美国经济危机的劳资关系,而且在管理学理论方面作出了重要贡献。

1. 工作重点由对事和物的管理转向对人的管理

传统的古典管理理论把重点放在对事和物的管理上,它强调的是使生产操作标准化、材料标准化、工具标准化,建立合理的组织结构、有效的组织系统和明确的职责分工等,忽视了个人的需要和个人的目标,忽视了人的主动性和积极性。

行为科学与此相反,它强调要重视人这一因素的作用,它显然认识到一切事情都要靠人去完成,一切产品的生产都要靠人去实现,一切的组织目标都需要人去实现。因此,应当把管理的重点放在人及其行为的管理上,管理者可以通过对人的行为的有效控制来达到对事和物的有效控制,实现管理的预期目标。

2. 管理方法由监督管理转变为人性化管理

随着对人性的认识和管理对象重点的变化,管理方法也发生了重大变化,由原来的监督管理转变为人性化管理。传统的古典管理理论强调自上而下的权力和规章制度的作用,在管理活动中施以强大的外界压力,由工头进行严格的监管,造成工人心理上的压力而产生对立情绪,忽视了人的社会关系和感情因素的作用以及人的主动性和创造性。

行为科学与此相反,它强调人的欲望、感情和主动性的作用,在管理方法上强调满足人的需要和尊重人的个性,采用激励和诱导的方式来调动人的主动性和创造性,挖掘人的潜力。与此相对应的"以员工为中心的"、"弹性的"管理理念应运而生,出现了参与管理、目标管理、工作内容丰富化等各种新的管理方式。

二、行为科学理论的发展

行为科学理论的研究基本上可以分为两个时期,早期的行为科学从梅奥的霍桑实验开始,以人际关系学派为标志。1949 年在美国芝加哥召开的一次跨学科的世界性会议上,正式将人际关系学派定名为行为科学。因此,行为科学真正的发展是在20世纪50年代以后。

行为科学有广义与狭义之分。广义的行为科学是运用自然科学的实验和观察方法,研究在自然和社会环境中人的行为,已经公认的行为科学的学科有心理学、社会学、社会人类学等。狭义的行为科学是指关于工作环境中个人和群体的行为的一门综合性学科。进入20世纪60年代后,为了避免同广义的行为科学相混淆,出现了组织行为学这一名称,它专指管理学中的行为科学。后期行为科学研究主要集中以下几个方面。

(一) 个体行为理论

个体行为理论是行为科学的主体内容。行为科学认为人的行为是由动机导向的,而动机则是由需要引发的。当人的某种需要尚未得到满足,就会产生行为的驱动力,寻找能够满足需要的目标,就会去从事某种活动并表现出一定的行为。个体行为理论主要围绕行为动机、行为过程和行为结果的研究,而人行为过程又与如何激励关系甚密。因此,行为科学对个体行为的研究主要是激励理论,并形成了三大激励理论:内容型激励理论、过程型激励理论和行为改造型激励理论。

(二) 群体行为理论

由于人的行为都是发生在一定的组织和群体中,在一定主管人员的领导和控制下表现出来的,因此它不仅与个体的行为基础有关,还与群体环境和组织环境有关。群体介于组织与个体之间。组织是由群体构成的,群体是由个体构成的。群体行为理论除了包括对正式群体(组织)与非正式群体(组织)的特征、相互关系及其作用等方面的继续探讨外,着重研究群体的相互作用,如群体的规范、群体的压力、从众行为、群体的凝聚力和士气、信息沟通和冲突,近年来又开始注重团队建设的问题。

(三) 组织行为理论

组织行为理论侧重研究组织的设计、组织的变革与发展以及领导理论。领导理论的研究主要有三大块,即领导特质论、领导风格论和领导权变论。近年来对组织环境的研究和组织变革的研究是组织行为研究的重点。组织文化以及跨文化研究、公共关系与CIS等的兴起体现了这方面研究的成果。

第三节　现代管理理论

现代管理理论的发展呈现出分立和综合并存的特点。环境对企业影响越来越重要,它已经成为企业经营与管理不可忽视的重要变量,而传统的管理理论已经无法适应企业应对环境变量的需要。因此,许多学者就企业如何在变化的环境中经营进行了多方面的探索,管理理论得到了普遍的重视和发展,出现了许多新的管理理论和管理学说,并形成了众多的学派;各种管理理论和学派在历史渊源和内容上又相互影响和联系,越来越注意综合各种学派之所长。学派的分化和综合,形成了各种学派盘根错节的局面,孔茨把这种现象称为"管理理论丛林"。孔茨在1961年发表的《管理理论丛林》和1980年发表的《再论管理理论丛林》归纳了各种学派理论上的差异。

一、社会系统学派

社会系统学派从社会的角度来研究管理,把企业组织及其成员的相互关系看成是一种协作的社会系统,其创始人是美国管理学家巴纳德,他的代表作是1938年出版的《经理人员的职能》。巴纳德研究了系统的特征及其构成要素,并分析了经理人员的任务和作用。

(一) 组织是一个协作系统

巴纳德认为,"组织是两个或两个以上的人有意识协调活动和效力的系统"。对这个系统要作为整体来看待,因为其中每个组成部分都以一定方式与其他部分相联系。个人对是否参加组织的活动可以做出选择。这种选择是以个人的目标、愿望等作为依据的,即要受到个人动机的影响,组织中的管理人员就是通过改变个人动机来影响他们的行为,从而促进组织目标实现的。为了影响个人的动机和行为,管理人员就必须研究作为组织成员的个人特征,要力图通过改变环境条件、提供恰当的刺激手段来影响和引导组织成员的行为。

（二）协作系统包含三个基本要素

巴纳德认为，作为正式组织的协作系统，不论其规模的大小或级别的高低，都包含三个基本要素，即协作意愿、共同目标和组织成员之间的信息沟通。

1. 协作意愿

组织是由个人组成的，组织成员愿意提供协作条件下的劳动和服务是组织存续所必不可少的。协作的意愿意味着个人自我克制、交出对自己行为的控制权、个人行为的非个性化，其结果是将个人的努力结合在一起。没有这种意愿，就不可能有对组织有用的持续的个人努力，也就不可能存在不同组织成员的个人行为有机地结合在一起协调的组织活动。但是，不同组织成员的协作意愿的强度是不同的，同一成员在不同时期的协作意愿也是可以改变的。个人协作意愿强度的高低取决于自己提供协作而导致的"牺牲"与组织因自己的协作而提供的"诱因"这两者之间的比较，由于"诱因"与"牺牲"的尺度通常是由个人主观决定的，而不是客观的，比如有些人重视金钱，另一些人则可能重视威望，因此组织为了获得和提高成员的协作意愿，一方面要提供必要的客观的刺激，另一方面要通过说服来影响成员的主观态度，培养他们的协作精神。

2. 共同目标

共同目标是协作意愿的必要前提。没有共同的目标，组织成员就不知道需要他们提供何种努力，同时也不知道自己能从协作劳动的结果中得到何种满足，从而就不会有协作活动。由于组织成员对共同目标（即组织目标）的接受程度影响他们对组织提供的服务，同时还由于个人之所以愿意对组织目标作出贡献，并不是因为组织目标就是个人目标，而是因为他们意识到实现组织目标有助于实现自己的个人目标，因此，要避免组织目标与个人目标在现实中或理解上的背离。

3. 信息沟通

组织的共同目标和不同成员的协作意愿只有通过信息沟通才能相互联系，形成动态的过程。没有信息沟通，不同成员对组织的目标就不可能有共同的认识和普遍的接受；没有信息沟通，组织就无法了解其成员的协作意愿及其强度,也就无法将不同成员的努力形成协作的活动。因此,组织的存在及其活动是以信息沟通为条件的。信息沟通构成了协作系统的基础。

(三) 经理人员的职能

巴纳德认为,经理人员在组织中的作用就是通过信息的沟通来协调组织成员的协作活动,以保证组织的正常运转,实现组织的共同目标。具体来说,经理人员的职能主要有三项:第一,建立和维持一个信息系统。巴纳德指出,组织活动的复杂性以及协调不同成员劳动的重要性决定了有必要建立一个正式的信息沟通系统,即经理人员(或管理人员)组织,这项工作包括确定和阐明经理人员的职务,并找到合适的人来担任这些职务。第二,从不同的组织成员那里获得必要的服务包括招募和选聘能够提供合适服务的工作人员,维持组织的"诱因"和员工的士气,以保证协作系统的生命力。第三,规定组织的共同目标,并用各个部门的具体目标来加以阐明。巴纳德认为,经理人员的上述职能是由协作系统的组织性质和特征决定的。

二、管理过程学派

管理过程学派从管理实践出发,总结了管理的基本规律,提出了具体的管理职能,并对管理职能进行逐项研究。管理过程学派的主要特点是将管理理论与管理人员所执行的管理职能联系起来。他们认为,无论组织的性质多么不同,组织所处的环境多么不同,但管理人员所从事的管理职能却是相同的,管理活动的过程就是管理的职能逐步展开和实现的过程。因此,管理学派把管理的职能作为研究对象,先将管理工作划分为若干职能,再对这些职能进行研究,阐明每项职能的性质、特点和重要性,论述实现这些职能的原则和方法。

对管理过程、管理职能的研究开始于法约尔,以后有许多管理学家从事这方面的研究,最著名的代表人物是孔茨。孔茨认为管理工作具有计划、组织、人事、指挥、控制等职能。管理过程学派具有广泛的影响。从法约尔到孔茨的研究,不断丰富了各项管理职能的内容。管理过程学派着重研究和说明管理的过程和职能,对管理工作发挥着说明和启示的作用。由于管理过程学派无论从理论基础还是研究方法都与自然科学的研究方法类似,因此它的科学性比较容易被人们接受,在现代管理理论中占有相当重要的地位。

三、决策理论学派

决策理论是以社会系统论为基础,吸收行为科学和系统论的观点,运用计算机技术和运筹学的方法而发展起来的一种理论。这个学派的主要代表人物是西蒙。由于在决策理论的研究中做出了杰出的贡献,西蒙于1979年获得了诺贝尔经济学奖。他的决策理论的主要观点具体如下:

(一)管理就是决策

决策学派认为,决策是组织及其活动的基础,组织是由作为决策者的个人所组成的系统。组织之所以存在,是因为所有组织成员作出了参加组织这一决策,这也是任何组织的任何成员的第一个选择(决策)。在这之后,组织成员还要作出其他决策。组织的全部活动都是集体活动,对这种活动的管理实质上是制定一系列的决策。制订计划的过程是决策,在两个以上的可行方案中选择一个,也是决策;组织设计、机构选择、权力的分配属于组织决策;实际与计划标准的比较、检测和评价标准的选择属于控制决策;等等。总之,决策贯穿于管理的各个方面和全部过程,管理就是决策。

(二)决策过程

管理是由一系列相互联系的工作构成的一个过程。这个过程包括了四个阶段的工作:一是情报活动,其任务是收集和分析反映决策条件的信息,为拟定的选择计划提供依据;二是设计活动,其任务是在情报活动的基础上设计、制定和分析可能采取的行动方案;三是抉择活动,其任务是在各种可行方案中选择一个适宜的行动方案;四是审查活动,其任务是对已做出的抉择进行评估。

(三)令人满意的决策准则

决策的核心是进行选择,而要进行正确的选择,就必须利用合理的标准对各种可行方案进行评价。人们在决策时不可能作出"完全合理"

或"最优"的决策,常常只能满足于"足够好的"或"令人满意的"决策,因为人们没有求得"最优解"的才智和条件,所以只能满足于"令人满意的"这一准则。

(四)程序性决策和非程序性决策

西蒙把组织活动分类为两类:一类是例行活动,有关这类活动的决策是经常重复的,而且有一定的结构,因此可以建立一定的决策程序。每当出现这类工作或问题时,就可以利用既定的程序来解决,而不需重新研究。这类决策被称为程序性决策。另一类是非例行活动,不重复出现,处理这类问题没有一成不变的方法和程序。因为这类问题在过去尚未发生过,或因为其确切的性质和结构捉摸不定或极为复杂,再或因为其十分重要而需用个别方式加以处理。解决这类问题的决策被称为非程序性决策。西蒙对非程序性决策的方法进行了详细的研究。他用心理学的观点和运筹学的手段,提出了一系列指导管理人员处理非例行活动、非程序性决策的技术,从而产生了重要影响。

四、经验主义学派

经验主义学派强调从管理的实际经验出发,而不是从一般原理出发来研究管理,他们认为成功的组织管理者的经验是最值得借鉴的,因此,他们通过比较的方法研究和概括成功企业的管理经验,试图从中发现和总结具有共性的内容,并将其系统化和理论化。这个学派包括许多管理学家、企业高级管理人员和咨询人员,其主要代表有德鲁克、戴尔等。

德鲁克认为,管理学是由管理工商企业的理论和实践的各种原则组成的,管理的能力、技巧、经验不能移植到其他机构中去,即管理的性质、方式都取决于具体的管理活动的特征。德鲁克认为管理的任务主要有两个:合理配置资源,协调组织的当前利益和长远利益。

经验主义学派认为概括了企业管理的组织结构模式,并且认为,不能决定哪种组织结构最佳,而应该根据企业的性质、特殊条件和管理人员的特点来确定自己的组织结构,矩阵制的组织结构是由经验主义学派提出来的。

德鲁克最早提出了目标管理的思想,他认为一个组织中的上级和下级管理人员应该共同制定一个目标,目标应该同每一个人的工作成果相联系,通过确立目标,规定每一个成员的主要职责范围,并用这些目标作为经营一个单位和评价每一个成员贡献的标准。在目标管理中,每一个成员都应由他所要达到的目标进行控制和指挥,而不应该由他的上级来指挥和控制,应该把对事的管理和对人的管理结合起来。

五、管理科学学派

管理科学学派实际上是泰勒的科学管理理论的继承和发展,在第二次世界大战之后形成并广泛应用于企业管理。该学派通过制定和运用数学模型与程序的系统,对管理领域中的各种资源进行系统和定量的分析,以实现最优的规划和决策。

管理科学包括了运筹学、统计应用、最优化模型、计算机模拟、管理信息系统等多种技术和工具,所以也可以称为管理的数量学派或运筹学派。

管理科学学派认为,组织是一个追求经济效益的系统。组织追求的是以最小的成本求得最大的收益,而且是整个系统的最大收益,不是局部的最大收益;是"整体优化"而不是局部优化。因为局部最大收益有时反而会妨碍整个系统的最大收益。同时,组织也是由作为操作者的人和物质技术设备所组成的人机系统。这个人机系统对投入的各种资源进行加工并转变成产品的输出。工作过程能明确地规定,其结果也能用定量的方法准确地衡量和评价。组织还是一个决策网络。决策是一个符合逻辑理性的程序,并遍布于组织活动的各个方面,构成一个网络。许多管理决策都具有结构性,可以应用计量模型。

管理科学理论的发展极大地方便了管理决策,提高了管理效率,促使管理者去检查和改进组织的信息源和信息系统,为管理者提供了解决问题的方法。但管理科学理论过分强调数学和计算机的方法,甚至把它看成是唯一的逻辑,而忽视了管理人员的经验和主客观条件影响以及对环境发展趋势的判断,并非所有的管理问题都是能定量化和运用模拟予以分析和解决的。

六、权变理论学派

权变理论学派是 20 世纪 70 年代在西方形成的一种理论流派。由于外部环境越来越复杂多变,组织外部的不确定性风险增大,管理的重心从强调内部管理转移到如何增强对外部环境的应变能力和自我调节能力,因此人们开始认识到管理方法应该根据外部环境的变化而选择相应的、不同的、相对适当的管理方法,于是便开始出现了权变理论。

权变理论认为,由于组织内部各个部分之间的相互关系和外界环境的影响,不存在普遍适用的、一成不变的管理理论和方法,采用哪种理论和方法要视组织的实际情况和所处的环境而定。因此,管理要根据内外条件随机应变,没有一成不变的、普遍适用的、"最好的"技术和方法。

权变理论实际上是一种情势理论。权变理论所要研究的是组织管理中的各种变量以及它们之间的相互关系,它强调的是组织的多变性,并力图了解组织在变化的条件下和在特殊的情境中的运营情况,最终目的是寻求最适合具体情况的组织设计和管理行为。它的实质是要求组织能够尽可能地做到具体情况具体分析,因人、因事、因不同的情境而采取不同的组织模式和管理方式,而绝非是千篇一律或因循守旧。

第四节　管理理论的新发展

20 世纪 80 年代以来,随着组织内外环境的深刻变化,管理领域出现了许多前所未有的新情况、新问题,随之出现了许多新的理论和新的方法。这些新的理论和方法既是上述三个阶段发展演进的必然产物,又符合了时代的特征和现代组织的发展状况,既具有继承性,又具有开拓性与创新性。

一、管理发展的趋势

(一) 管理理念的人本化

理性化和人性化一直是管理发展中两条重要的线索。泰勒及其管理制度是理性主义的典型代表。但泰勒的理性主义存在着机械主义的倾向,把人看作是机器的一部分,颠倒了人与机器的关系,暴露出极大的局限性。20世纪20—30年代的人际关系理论以及在此基础上发展起来的行为科学,标志着人文主义在管理思想中的抬头,人性和个人价值得到了普遍的认同。

随着行为科学的问世,人本管理的思想和方法一直在探索和实践着,但由于工业经济时代人的观念、生产方式、技术条件、市场需求特点等的局限,制约了人本管理的真正实现。信息时代,一方面知识日渐成为组织经营活动中的最重要的资源,人对知识的掌握和驾驭以及由此而带来的管理创新使得人在经济活动中的地位和作用比以往任何时候都变得更加突出和重要;另一方面,人的思维方式、价值观念也发生了巨大的变化,人的自主性、个性化、自我价值实现的愿望等都将得到充分的尊重。这些都促使组织在管理中把对人的关注、人的个性和能力的释放、人的积极性的调动推到了空前的中心地位,以人为本的管理得到了空前的强化。

人本管理的思想要求在管理活动中,始终把人放在中心的位置。在手段上,着眼于所有成员工作积极性的发挥和人力资源的优化配置,在目的上,追求人的全面发展以及由此带来的组织效益的最优化。人本管理不仅体现在组织价值理念的深刻变化,同时也必将反映在组织管理方法、管理手段乃至组织建构上的一系列的变革,管理方式将更加多元化和人性化。

(二) 管理手段的柔性化

人本管理主要是一种管理思想和经营理念,必然会促进管理手段和方法上的变化,这种变化主要体现为管理手段的柔性化。

柔性管理的实施是以人的心理和行为的规律为依据,在研究人们心理和行为规律的基础上采用非强制方式,从而把组织意志变为人们自觉的行动。它侧重于非强制性的方式和方法的运用,它对人的影响是潜在的,其目的是让人自觉行动。管理的最基本职能是"控制",柔性管理的特点是在顺应了人的心理和行为规律的基础上的"软"控制,它不单是靠制度和纪律来实现对人的管理的,它强调的是对管理对象的心理沟通、人际协调、教育引导和精神激励,因而它是难度很大的管理,也是一种更加深刻、更加高级的管理。

柔性化不仅体现在管理的方法和手段上,同样也体现在组织结构上。柔性化的组织结构重新构建了组织,使得组织的业务流程和管理流程发生了变化,提高了组织结构的弹性,组织结构既保持了相对的稳定性,又具有了变革性,使组织得到充分的利用,并增强了组织对环境的适应能力。

(三) 管理运作的虚拟化

信息化和网络化对组织运营的重要影响是虚拟化运作。虚拟运作是将组织的外部资源和内部资源整合在一起,以增强自身的竞争优势。虚拟运作的直接表现形式是虚拟企业,但虚拟企业并没有固定的虚拟形态,本质上它只是一种虚拟运作。

虚拟运作实际上体现了一种从外部运筹资源的思路和能力。实施虚拟运作,是为了借用外部力量,诸如设计、生产、营销网络等,通过对外部资源的利用,拓展自身可优化配置资源的范畴,使内外部各种资源得以整合,聚变成更强大的综合的竞争优势。

虚拟运作使组织界限变得模糊。虚拟运作在获取外部资源以弥补自身在某一领域的不足和人才的缺乏时,并不一定拥有与外部资源相对应的实体组织。它突破了组织有形的、自然的界限,使得组织界限模糊化。一些具有不同资源及优势的企业为了共同的利益目标走到一起组成所谓的虚拟企业,这些企业可能是供应商,可能是销售商,也可能是同行业中的合作者或竞争者。

虚拟运作使组织内部的结构发生了深刻变化。这种变化主要表现在组织结构的扁平化和网络化。原有的职能过于细分、中层管理人员过于庞杂的金字塔结构不再适应虚拟运作的要求,内部的管理层级将因对信息的高度应变性而相应地变得扁平化。同时,基于高效的信息传输和对环境变化的快速反应,组织还必须建立一种以信息网络为依托的新型的网络组织结构。

二、管理理论新思潮

(一)组织文化

组织文化是 20 世纪 80 年代出现的新理论,它着重研究组织的文化特性对经营管理的影响。随着世界经济一体化的发展趋势,又有学者开始采用文化因素分析组织行为的差异,出现了跨文化管理理论。

1. 组织文化的内涵

组织文化是组织成员在较长时期实践中逐步形成的共同价值观、信念、行为准则及具有相应特色的行为方式、物质表现的总称。在企业中通常称它为企业文化。组织文化在经营管理中发挥着重要的功能,主要表现在以下五个方面。

(1)导向功能。组织文化能够对组织整体和组织成员的价值取向和行为取向起引导作用。组织文化一旦形成,就会建立起自身系统的价值和规范标准,当组织群体及其成员的价值取向和行为取向与组织文化系统的标准出现悖逆现象时,组织文化将发挥导向功能,组织文化能够使人们在潜移默化中接受组织的共同的价值观念,自觉地将个人的目标融入组织的目标之中。

(2)约束功能。组织文化对成员的约束是一种软约束,组织文化氛围、群体意识和舆论、共同的习俗和风尚等文化内容,可以形成强大的群体心理压力和动力,使成员产生心理共鸣,继而实现自我控制。

(3)凝聚功能。组织文化寄托了成员对组织的理想和期望并由此产生了对组织的认同感和归属感,组织文化建设能够使组织成为全体成员的命运共同体,使他们与组织荣辱与共、休戚相关。

(4)激励功能。组织文化具有使组织成员从内心产生一种高昂情绪和发奋进取精神的效应。积极向上的组织精神和文化传统,是成员自我激励的标尺,通过它,可以对照成员自身的行为,找出差距,产生改进工作的驱动力。

(5)辐射功能。组织文化不仅在组织内部发挥积极的作用,而且会通过各种渠道对社会产生影响。一方面,组织文化可以优化组织的环境,从而塑造组织的良好形象;另一方面,通过组织文化的传播,可以优化社会的经济环境、精神文明环境和社会互动环境。

2. 组织文化的结构

组织文化的结构一般分为三个层次:物质层、制度层和精神层。

(1)物质层。物质层是组织文化的表层部分,是形成制度层和精神层的条件,它能折射出组织的经营思想、经营管理哲学、工作作风和审美意识。对企业来说,它一般体现在企业面貌、产品的外观和包装、技术工艺设备特性、纪念物等方面。

(2)制度层。制度层是组织文化的中间层次,又称为组织文化的内层。它集中体现了组织文化的物质层及精神层对员工和组织行为的要求,主要是指对组织员工和组织行为产生规范性、约束性影响的行动准则,主要包括工作制度、责任制度、特殊制度、特殊风俗等。

(3)精神层。精神层是组织文化的深层,主要是指组织的领导和员工共同恪守的基本信念、价值标准、职业道德及精神风貌,它是组织文化的核心和灵魂,是形成组织文化的物质层和制度层的基础与原因。它是评价一个组织是否形成了自己组织文化的主要标志和标准,一般包括组织经营哲学、组织精神、组织风气、道德规范等。

组织文化的物质层、制度层和精神层是密不可分的,它们相互影响、相互作用,共同构成组织文化的完整体系。

3. 组织文化的内容

从组织文化的形式看,其内容可以分为显性和隐性两大类。

(1)显性内容。所谓显性内容,就是指那些以精神的物化产品和行为为表现形式的,通过直观的视听器官能感受到的、又符合组织文化实质的内容。它包括组织标志、工作环境、规章制度和经营管理行为等几部分。它们是组织文化的重要组成部分,是组织精神的外化形式,但还不是组织文化的根本内容。

(2)隐性内容。组织文化的隐性内容是组织文化的根本。它虽然隐藏在显性内容的背后,但它直接表现为精神活动,直接具有文化的特质,在组织文化中起着根本的决定性作用。它包括组织哲学、价值观念、道德规范、组织精神等方面的具体内容。这些内容都是组织在成长、变革和发展的长期实践中，在社会文化与组织文化的长期渗透中形成的，这些内容的整合使组织文化呈现出独特的精神个性，使组织显示出自身的生机和活力。因此，在建设组织文化时，要以这些隐性内容作为根本点和出发点。

4. 跨文化管理

跨文化管理是在企业跨国经营的背景下提出来的。德鲁克曾经指出：跨国经营的企业是一种多文化的机构，其经营管理的思想基本上是一个把政治、文化上的多样性结合起来而进行统一管理的哲学思想体系。跨文化管理实质上是一种基于文化差异的管理方法。

跨文化管理的关键是通过文化融合，克服地方狭隘主义和种族中心主义，基本的方法是实施本土化策略。由于跨国经营面临的政治法律环境更具有复杂性、多变性和不可控制性的特点，为了降低政治法律风险，跨国公司可以有计划地实行本土化的策略，一个重要的举措是主动采取渐进的程序，逐步鼓励当地人参控投资，以公平合理的价格，向当地人出售股份，同时培养当地厂商为原料供应的来源，鼓励当地公司参与公司的国际营销项目；另一个举措是聘请当地人出任重要的管理职务，使他们在主要的控制大权仍然操纵在母公司的情况下掌握一部分经营管理权，这样的当地人才能够超越"国土本位主义"或"民族中心主义"，具有更强的公司意识，他们更能够以专业的眼光，以公司的观点来理解和处理问题。确立本土化管理的观念，对于跨国公司的管理具有极大的意义。

（二）企业再造

企业再造理论是20世纪80年代末、90年代初出现的，主张对企业的生产工艺流程、管理组织系统进行重组和再造，它既是一种新的管理理论，又是一种新的管理技术。

传统的组织结构都是以分工理论及在分工理论基础上形成金字塔式组织结构为依据，体现了统一领导、分级管理的组织原则，并在组织内部分设不同的部门，每一部门只负责其职能范围内的工作。这种组织结构过多地强调了专业分工，导致了任何一项任务都被不同的职能部门分解,这不仅造成了部门之间在衔接、协调上的困难,还形成许多重复劳动,影响了完成任务的质量,降低了工作效率。

企业再造理论的实质就是业务流程的再造。业务流程就是组织为了实现其目标和任务的工作路径,它表现为各类工作之间的顺序关系。实现组织目标和任务的流程往往是多种多样的,最佳的业务流程是实现目标、技术、人员之间的动态均衡。美国管理学者迈克尔·哈默与詹姆斯·钱皮首先提出了业务流程再造的思想,它强调用流程导向来代替传统的职能导向的组织形式,追求流程的改造与创新,首先以组织的生产作业或服务作业的流程为审视对象,从多个角度重新审视其功能、作用、效率、成本、速度、可靠性和准确性,找出其不合理之处;然后以效率和效益为中心对作业流程和服务流程进行重新构造,以达到业绩上的质的飞跃和突破。

企业流程再造的目的是提高竞争力,从业务上保证组织能以最小的成本、高质量的产品和优质的服务提供给市场。

企业再造的实施方法是以先进的信息系统和信息技术为手段,以顾客中长期需要为目标,通过最大限度地减少对产品增值无实质作用的环节和过程,建立起科学的组织结构和业务流程,使产品质量和生产规模发生质的变化。

企业再造是组织的再生策略,它需要全面检查和彻底翻新原有的工作方式,把被分割的业务流程合理地"组装"回去。通过重新设计业务流程,建立一个扁平化的、富有弹性的新型组织。

(三) 学习型组织

20世纪80年代以来,随着信息革命和知识经济时代进程的加快,如何使组织适应知识经济环境,增强自身竞争能力,延长组织寿命,成为企业界和理论关注的焦点。在这样的背景下,有关学习型组织的理论开始盛行。

1. 组织学习的内涵和类型

阿吉里斯和舍恩在其合著的《组织学习:一种行动透视理论》一书中,最早界定了组织学习的概念。在这本著作中组织学习被定义为:"组织成员充当组织的学习者,发现并纠正组织应用理论中的错误,还将探索的结果深深印入个人意象和组织的共享图式中。"组织的生存要不断地适应外部和内部环境,组织学习便由此激发。

不应当仅仅从个体层面而应该从组织层面来理解学习。组织学习并非个人学习,也并非简单的员工培训,组织学习首先应该是组织的适应性活动,同时组织学习并非仅仅是思考,更重要的在于实践。学习需要采取行动,而不仅仅是建议行动。

阿吉里斯提出了三种组织学习的类型。

(1) 单环学习。单环学习是组织学习的起步阶段,是一种适应性学习。单环学习是在组织内部设计一个诊断、监视错误并纠正错误的机制,它是针对组织的行动策略,是在现有的组织框架内修正导致目标没有实现的错误。这种学习机制的设计容易产生刺激反应的行为特征,较适用于稳定的组织。

(2) 双环学习。双环学习是组织学习的发展阶段,是一种创造性学习。双环学习除了进行单环学习模式之外,还要更进一步去监视组织规范、目标及可能存在的错误假设,并予以纠正。学习结果不仅可以产生表面上的变革,还可以引发组织深层结构的改变。通过双环学习,在组织中塑造一种创造性学习的环境,提高人们的反思性学习能力,从而促进组织的不断发展。

(3) 再学习。再学习是上述两种学习经验的转化和再应用,并借此过程内化成组织的能力。组织学习经过单环和双环的过程后所产生的学习经验,可以成为组织未来自我解决问题的基础,通过再学习来提高组织解决问题的能力。再学习质疑学习的整个过程,被称为"学习如何学习"。

2. 组织学习的方法

1990年,美国麻省理工学院斯隆管理学院的彼得·圣吉教授在《第五项修炼——学习型组织的艺术与实务》中提出了学习型组织的五项修炼技能,即:自我超越、改善心智模式、建立共同愿景、团队学习和系统思考。通过修炼,管理者与员工不断改变其思维方式,并形成学习型组织。

(1) 自我超越。自我超越要求成员形成创造性张力,把"工具性"

的工作观转变为"创造性"的工作观;自我超越是一种愿景和实现愿景的过程,最终将不断地突破极限并深化为组织成员的潜意识。

(2) 改善心智模式。心智模式是植根于人们内心的思维逻辑。改善心智模式的修炼就是不断检视、修正成员和组织认识周围世界的思维模式,增加组织的适应能力。

(3) 建立共同愿景。共同愿景是由组织的共同目标和价值观组成,建立共同愿景就是要在鼓励成员个人愿景的基础上,塑造组织的整体愿景。组织在持续不断地鼓励发展个人愿景的同时,将个人的愿景整合为组织的共同愿景,驱使人们为之而奋斗与奉献。

(4) 团队学习。团队学习是培养和发展组织成员整体合作与实现共同目标能力的过程,只有将个体力量整合为整体力量,才能提高集体的智商,达到组织学习的目的。团队学习的目的是使成员个人的力量汇集,发挥团队整体运作的效应。

(5) 系统思考。系统思考的关键在于应用系统的观点和动态的观点,不仅要学习思考方法,更重要的是在实践中反复运用。系统思考是五项修炼的核心,其他四项修炼都必须结合系统思考而进行,它要求整体地、动态地看清问题的本质,避免孤立地、静止地、表面地看待问题。

3. 学习型组织的创建

彼得·圣吉提出的五项修炼涉及个人思维模式的转变以及与此相适应的组织系统的变革,因此,修炼是一个比较漫长的过程,要有组织、有计划地去构建学习型组织的框架与实施内容。在此过程中,不可能全部照搬五项修炼的整个模式,但是,五项修炼所倡导的思想无疑会给我们创建学习型组织提供有益的借鉴与帮助。

(1) 利用五项修炼开展组织学习。通过改善组织成员的心智模式和组织成员的团队学习,夯实组织发展与创新的基础;通过建立组织的共同愿景与目标,形成组织发展的动力系统,系统思考组织问题。

(2) 努力营造有利的学习环境。要营造乐于学习的组织环境,通过改变领导方式和各种有效激励来调动组织成员的学习积极性,营造浓厚的学习氛围。

(3) 学习内容和形式的改变。学习内容要结合组织自身的现状,结合组织学习的相关理论加以设计，引导组织成员从自身的日常工作中去发现问题，并将问题分类，学习和运用相关理论，对问题提出解决的思路与方案。学习形式可以多样化，报告会、团队学习、个人学习等均可作为学习型组织的学习方式，目的是通过有效的学习掌握相关知识，真正能学以致用。

本章小结

  1911年，泰勒发表了《科学管理原理》，这是管理开始形成一门独立学科的标志，如果从1911年算起，管理学已经经历了一百多年的发展，人们通常将管理学从20世纪初到20世纪中后期的发展概括为古典管理理论、行为科学理论和现代管理理论三个发展时期。到了现代管理理论阶段，现代管理理论的发展呈现出分立和综合并存的特点，出现了许多新的管理理论和管理学说，并形成了众多的学派；各种管理理论和学派在历史渊源和内容上又相互影响和联系，越来越注意综合各种学派之所长。学派的分化和综合，形成了各种学派盘根错节的局面，管理学家孔茨把这种现象称之为"管理理论丛林"。孔茨归纳总结了现代管理理论六大流派：社会系统学派、管理过程学派、决策理论学派、经验主义学派、管理科学学派和权变理论学派。在这六大理论学派中，系统管理理论和权变管理理论是最重要的。

  系统管理学派综合运用以往各个学派的知识，又突破了他们各自的局限，它以整个组织系统为研究的出发点，从整体出发来阐明管理的本质。权变理论更是把各个学派的理论和方法都作为权变关系中管理变量，通过"权宜应变"，融各学派于一体。在管理环境越来越复杂多变的情况下，为组织管理探索出更多的切实可行并且是行之有效的管理方法。因此有人断言它能够将管理理论带出"丛林"。但是这种断言未免过于简单，因为20世纪80年代以来，随着组织内外环境的深刻变化，管理领域出现了许多前所未有的新情况、新问题，随之出现了许多新的理论和新的方法。因此，本章在将管理理论发展的三个阶段安排了三节学习内容之外,增加了一节"管理理论的新发展"。

关 键 概 念

人本管理;柔性管理;组织文化;企业再造

基 本 问 题

1. 霍桑实验的主要内容有哪些?霍桑实验得出什么结论?
2. 权变理论学派的主要观点是什么?
3. 试述组织文化的结构和内容。
4. 企业再造对企业的意义何在?
5. 组织学习的方法有哪些?如何创建学习型组织?

讨 论 与 交 流

请通过互联网调查一家企业是如何创建学习型组织、如何开展企业文化建设的。要求:

1. 总结该企业的经营范围、企业文化建设的经验。
2. 分析该企业创建学习组织的目标、方法和途径。

第 3 章

计　　划

知识点睛

　　我几乎整天地没有几件事做,但有一件做不完的事,那就是规划未来。

——杰克·韦尔奇

　　凡事豫则立,不豫则废。言前定则不跲,事前定则不困,行前定则不疚,道前定则不穷。

——《礼记·中庸》

本章导读

杰克·韦尔奇是通用电气董事长兼 CEO,他被誉为"全球第一 CEO"。他所说的规划未来其实就是计划。而中国古训所谓"凡事豫(预)则立,不豫(预)则废",则告诫人们:不论做什么事,事先有准备,就能得到成功,不然就会失败。《左传》里说"居安思危,思则有备,有备无患",意思也是说:在安定的时候,要想到未来可能会发生的危险;想到了,就会有所准备,有所准备,就不会发生祸患。所有这些无不说明了计划的重要性。

计划职能在管理过程中居于首要地位,这是因为管理的其他职能工作只有在计划确定了目标之后才能进行,并且随着计划和目标的调整而改变。为使其他的管理职能有效,就必须先做好计划工作。

第一节 目标和目标管理

一、目标的内涵

目标是期望的成果,这些成果可能是个人的、部门的或整个组织努力的结果。组织的目标决定了组织存在的理由以及组织发展的路线,是管理者和组织中一切成员的行动指南。目标规定了每个人在特定时期内要完成的具体任务,从而使整个组织的工作能充分地融合成一体。如果没有目标,组织就失去了其存在的价值。因此,组织目标是组织存在的前提,是组织开展各项工作的基础,在管理中起着重要的作用。

(一) 目标的特征

1. 层次性

目标的层次性与组织的层次性有关。当组织规模扩大了以后,限于管理者的能力,不得不在组织内部进行分工,于是有了组织层次和部门的划分。组织的层次性决定了必须将组织目标逐步分解成一个与之相适应的层次体系,即将组织总目标具体化到组织中的每一个层次、每一个部门和每一个员工,使他们都有具体的目标,这样就形成一个目标层次体系,如图3-1所示。

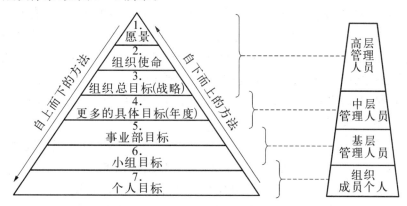

图3-1 目标层次与组织层次的关系

从图 3-1 中我们可以看到,处在目标层次体系最高层的是组织愿景和组织使命。组织愿景是对组织前景和发展方向的高度概括和描述,组织使命是管理者为组织确定的较长时期的总方向、总目的、总特征和总的指导思想。目标是组织宗旨、使命的具体化,是组织活动所要达到的结果。组织的宗旨和使命首先要转换为组织的总目标和发展战略,然后层层分解为更具体的目标、部门目标、小组目标以及个人目标。

组织目标层次分解或展开有两种常见的方式:一种是自上而下的方法,一种是自下而上的方法。这两种目标体系形成的方法各有优缺点,具体选择哪一种分解方法,要考虑组织成员的素质和自我管理能力。

2. 多样性

目标的多样性是指一个总目标可以用不同的指标来反映。现代组织是一个复杂的社会机构,它需要在多重目标和需要之间求得平衡。过分强调某一个目标,会忽视其他目标,而这些其他目标又是实现长期目标所不可或缺的。例如,对于企业组织来说,就不能一味地追求利润目标,利润对于企业组织固然非常重要,但利润不是唯一的目标,甚至我们可以认为,利润只是实现目的的一种手段。

目标的多样性说明,任何目标都应该有不同侧面的反映,组织目标作为衡量组织履行其使命的标志,单一指标是无法胜任的。组织应该从多方面来使得总目标具体化。当然,多样性的具体目标不能相互矛盾,否则总目标就变得不可理解。例如,某一企业组织的总目标是在某一产品市场上占有绝对优势的地位,那么这一目标可以从不同侧面来表示:如获得一定的利润率和利润;市场占有率;重点研究和开发适当产品;达到行业中占优势的地位;资金筹措和偿债能力好;成本降低具有价格竞争力;员工福利改善;企业内凝聚力增强,等等。

3. 动态性

组织的发展必须与组织外部环境和自身内部条件的变化相适应。因此,组织目标的内容和重点应随着外界环境、组织自身优势的变化而变化。例如,20 世纪初期,企业组织的目标更多是单纯的利润目标;而行为学派的出现又使得组织的目标开始关注人的要素;第二次世界大战以后,随着卖方市场向买方市场的转变,顾客至上的理念使得组织目标开始关注顾客的利益;70年代以后,组织目标开始强调社会责任,而90年代以来,环保意识的增强使得组织更多地关注生态效益,绿色生产、绿色营销等开始盛行。

4. 激励性

当总目标逐层分解到具体的部门和个人时,这些具体目标既指明了组织各个部门及其成员行为的努力方向,又是组织对其部门及其成员进行考核的依据,这种考核的结果反过来又可以激发人们行为的努力程度。因此,目标具有激励的功能。

(二)目标的类型

任何一个组织都有各种不同的目标,只有协调处理好各级各类目标之间的关系,才能保障组织更有效、更有序地发展。

1. 经济性目标和非经济性目标

根据经济性来划分,组织目标可以划分为经济性目标和非经济性目标。

(1) 经济性目标。对于每一个组织而言,经济性目标是其存续的根本。营利性组织的经济性目标主要包括利润目标、产品目标、市场目标、竞争目标等。其中利润目标是企业的基本目标,因为企业作为一个经济性实体,必须获得经济效益,才能够生存和发展,常用的利润目标是:利润额、资本利润率、销售利润率、投资收益率、每股平均收益率等。产品是企业组织赖以生存的基础,产品的水平、档次、质量等反映了企业的实力。具体的产品目标通常用产量、质量、品种、规格、产品销售额、优质品率、产品盈利能力、新产品开发周期等来表示。市场是企业组织竞争的战场,市场目标是企业组织竞争的重要目标,常用的指标有:市场占有率、市场覆盖率、产品销售额、产品销售量、新市场的开发和已有市场的渗透,等等。竞争目标表现为企业在行业中的竞争地位、企业的技术水平、产品质量水平、企业在消费者心目中的形象等。

对于非营利性组织,其经济性目标主要是费用的控制及资金的有效运用。

(2) 非经济性目标。非经济性目标主要是指组织为了更好地实现经济性目标而需要设置的一些基础性的、保证性的目标,具体包括职工福利目标和社会责任目标等。其中职工福利目标,如工资水平的提高、福利设施的增加、住房条件和教育条件的改善等。而社会责任目标反映了组织对社会贡献的程度,如合理利用自然资源、降低能源消耗、保护生态环境、不造成环境污染、积极参与社会活动、支持社会和地区的文化、体育、教育、慈善事业的发展等。

2. 战略目标、长期目标和年度目标

根据影响程度和时间跨度的不同,组织目标可以划分为战略目标、长期目标和年度目标三个层次。

(1) 战略目标。战略目标是指组织在其战略管理过程中要实现和改善长期市场地位和竞争能力,取得满意的战略绩效的目标。其中包括组织如何在行业中占据领先地位,如何提高公司的市场份额,如何比竞争对手提供更好的产品和服务,如何更好地树立组织的形象与提高顾客的忠诚度等。例如,通用汽车公司的战略目标是成为世界上最具有竞争力的企业。

(2) 长期目标。长期目标是指组织为提高自己长期业务地位而制定的目标,计划期一般为5年。组织一般从以下六个方面考虑建立自己的长期目标,即获利能力、生产能力、竞争地位、技术领先、职工发展和公共责任等。

(3) 年度目标。年度目标是指实施组织长期目标的年度作业目标,它可以说明目标进展的速度和实现的效益水平。年度目标与长期目标之间存在着内在的传递与分解的关系,即年度目标将长期目标的信息传递到主要职能部门,并将长期目标按各职能部门需要分解为更具体的年度的短期目标,使之便于操作和落实。

年度目标与长期目标的区别在于:长期目标一般要考虑未来5年或5年以上的情况,而年度目标只考虑1年的情况;长期目标着重确定组织在未来环境中的地位和发展方向,而年度目标则着重考虑各个职能部门或其他下属单位下一年度具体要完成的任务;长期目标内容广泛,年度目标内容比较具体;长期目标一般用相对数衡量,年度目标多用绝对数衡量。

3. 组织目标和个人目标

根据是否具有组织性,组织目标可划分为组织目标和个人目标。

(1) 组织目标。任何一个组织为了自身的生存与发展,都会制定自己的组织目标。组织目标表现为组织为实现其宗旨所确定的一些正式指标,主要涉及组织的贡献、效率、市场、福利等方面,它是组织的基本目标。

(2) 个人目标。在任何一个组织中,除了组织目标之外,还存在着个人目标。因为组织是由不同的个体集合而成的群体,作为一个群体,有其共同的组织目标;作为个体,成员们有着各自不同的个人目标。个人目标主要表现为组织成员希望通过他们在组织中的努力所要达到的预期结果,主要包括:职位升迁、增加工资、改善工作环境、实现抱负、被社会承认等。

组织目标反映了组织成员的共同利益,而个人目标则是组织成员之所以愿意留在该组织中工作的主要原因,组织目标的实现是个人目标得以实现的基本前提。在一般情况下,这两者之间是一致的。但有时,组织目标和个人目标之间也会产生不一致或不相容。在这种情况下,个人目标无法得到承认和实现,这就给组织目标的顺利实现带来了困难。因此,管理者要努力寻求组织目标和个人目标之间的结合点,创造机会,使每一个人在完成组织目标的同时其个人目标也能得以实现,从而为组织目标的实现提供保证。

4. 定量目标和定性目标

根据是否可以定量化,组织目标可划分为定量目标和定性目标。

(1) 定量目标。定量目标是可以用数量表示的目标。如增加产量100万件、市场占有率达60%、实现利润50万元,等等。

(2) 定性目标。定性目标是不用数字,而用文字来表述的目标。如提高组织的知名度和美誉度、提高企业的竞争能力,等等。

在组织制定目标时,应尽可能以定量目标为主,定性目标为辅,这样才能充分保证目标的可测量性与易考核性,从而进一步保证目标其他特性的发挥。

二、目标的确定

(一) 目标确定的原则

1. 可行性

目标的确定要建立在对组织内外环境进行充分分析的基础上,并通过一定的程序加以确定,既要保证目标的科学性又要保证其可行性。这就要求组织在制定目标时,要全面分析组织各种资源条件和主观努力能够达到的程度,最终制定切实可行的目标。

2. 关键性

任何组织都具有多重的发展目标。组织必须保证以有关大局的、决定经营成果的内容作为组织目标的主体,面面俱到的目标往往会使组织无所适从。

3. 可考核性

目标要实现由上至下的逐级量化,使其具有可考核性。一方面,通过对量化目标完成情况的监控,保证组织总目标的实现。另一方面,通过具体目标与组织总目标的衔接,使成员更容易感受到自身工作对组织目标的贡献,从而有利于激发他们的积极性和创造性。

4. 权变性

目标并不是一成不变的,应根据内外环境的变化而及时调整与修正,使其更好地实现组织的宗旨。比较而言,组织的长期目标应保持相对的稳定性,短期目标要保持一定的灵活性。

5. 激励性

目标既要有实现的可能性,又要有一定的挑战性,从而使之具有一定的激励性。目标太低难以起到激励作用,目标过高又容易使人们失去信心。合理的目标应当略高于当前的能力,既不是唾手可得,也并非高不可攀,而是经过一定的努力可以实现的。

(二) 目标确定的过程

确定组织目标是一项复杂的工作。目标确定的一般过程主要包括以下几个步骤。

1. 环境分析

组织目标的确定首先要进行内外环境分析,即全面收集、调查、分析、掌握组织外部环境和内部条件的有关资料,在大量调研的基础上,对组织内外环境的现状、发展趋势、对组织的影响程度作出客观的分析和判断,以此作为确立组织目标的依据。

(1) 外部环境分析。通过对影响组织目标制定和组织生存发展的外部环境因素的分析,明确组织在未来若干年中可以为社会做什么,不可以做什么,即明确组织生存发展的机会和威胁。

(2) 内部环境分析。通过对组织所拥有的资源情况以及以往组织目标执行和完成情况的分析,明确组织能够做什么和不能做什么,即确定组织的实力。

2. 拟订总体目标方案

在对上述环境进行系统分析的基础上,制定出若干组织总体目标方案。为了保证组织目标的切实可行性,所提出的各目标方案必须是在外部环境允许(可以做)且内部条件具备(能够做)的范围之内。外部环境不允许(不可以做)或组织力量难以实现(不能做)的都不能列为组织目标方案。

在每一个总体目标方案中,都要明确服务方向(做什么)和服务对象(为谁做),以及贡献率(做到何种程度)。例如,对于企业来说,就是要明确经营方向、目标市场、财务指标;对于行政部门来说,就是要明确其功能、服务对象及职责。

3. 评估并选择决策方案

即对拟订的目标方案进行分析论证,从中选出一个满意的目标方案。评估主要从以下几方面进行。

(1) 限制因素分析。分析实现目标的各项条件是否具备。

(2) 综合效益分析。对每一个目标方案,要综合分析其所带来的种种效益,包括社会的和本组织的效益。

(3) 潜在问题分析。对实施每一目标方案时可能发生的问题、困难和障碍,进行预测分析。

通过评估,进一步明确组织的优势与劣势,最后根据发扬优势、规避威胁的原则,确定组织总体目标(应该做什么、为谁做、做到何种程度)。

4. 目标的具体化

拟订出组织总体目标以后,还需要将组织目标进行细化和分解,从而形成一个完整的目标体系。

要根据组织总体目标制定出相应的战略目标和行动目标,即为了实现总体目标必须做些什么、怎么做、做到何种程度等。例如,一个企业为了获取更多的利润(总体目标),决定要在某一市场投放新产品(战略目标),为此还要制定出生产该新产品的有关资金筹备、生产规模、营销方式等方面更具体的行动目标。只有通过这一系列的行动目标,组织总体目标和战略目标才能付诸实施。

将总体目标分解成部门目标和岗位目标,明确各级人员在组织总体目标中应承担的责任和拥有的权利,并规定相应的评价与奖罚制度,使组织目标落实到人,成为组织中所有成员的行动指南。

5. 目标的优化

多层次、多部门的目标一般是按网络的方式相互连接的,因此如何保证这些目标相互之间的协调,便成为目标制定过程中必须解决的一个问题。

如果目标体系中的各目标互不支援、互不协调,就会在目标的制定及实施中出现对本部门有利而对其他部门不利或有害的做法。例如企业组织的生产部门希望以大批量、长周期、重复生产为目标,而销售部门则希望以小批量、短周期、多品种为目标,两者之间若不加以协调,就会影响相互间的合作与配合。组织目标的协调,包括以下几个方面。

(1) 横向协调。即处于组织同一层次的不同目标之间相互协调,如扩大生产和提高福利,生产、营销、财务各部门之间的目标要有机联系,相互配合。

(2) 纵向协调。即组织中不同层次的目标之间的相互支持,如岗位目标与部门目标之间、部门目标与总体目标之间要保持一致。

(3) 综合平衡。要明确各目标的优先顺序和重要程度,以突出重点,避免滥用资源而因小失大。

三、目标管理

(一)目标管理的产生和发展

1954年,美国管理学家彼得·德鲁克在他的《管理实践》一书中首次提出了目标管理的概念。他强调,组织的各级管理人员必须以目标来领导其下级,并衡量下级的贡献,以实现组织的总目标。如果没有计划好的、并且方向一致的目标来指导每个成员工作,则组织规模越大,人员越多,发生冲突和浪费的可能性就越大。所以,组织的目的和任务必须转化为目标,各级管理人员只有通过这些目标对下级实现领导,并以目标衡量每个人的贡献,才能保证总目标的实现。

彼得·德鲁克认为,古典管理学派以工作为中心忽视了人的一面,而行为科学又以人为中心忽视了同工作结合的一面,目标管理则是一种以工作为中心和以人为中心相结合的系统管理方式。具体地说,它是一种通过科学地制定目标、实施目标,依据目标进行考核评价来实施组织管理任务的过程。目标管理的目的是通过目标激励来调动成员的积极性,从而保证实现总目标。目标管理的核心是重视成果评定,提倡个人能力的自我提高。目标管理的特点是以目标作为各项管理活动的指南,并以实现目标的成果来评价其贡献的大小。

许多学者继德鲁克后,对目标管理的具体运作提出了各自的观点,其中比较具有代表性的有道格拉斯·麦格雷戈,他提出了新的业绩评价方法。传统的评价下属人员的焦点是其个性特征。麦格雷戈提出下属人员承担为自己设置短期目标的责任,也承担起同其上司一起检查这些目标的责任。上级对这些目标具有最后的否决权,但在一般的环境里,这种否决权不需要使用。各级人员对照预先设立的目标来参与评价自己的业绩。这种评价强调的是业绩而不是个性,有利于激励成员积极承担任务。

(二)目标管理的特征

1. 目标管理是一种系统管理

组织是由相互联系、相互作用的若干要素组成的错综复杂的有机整体。目标管理运用系统论的思想,通过目标体系对组织这个开放系统进行动态管理。组织管理工作主要就是协调总目标之间、总目标与分目标之间以及分目标之间的关系，并考核监督目标的完成情况。目标管理使组织管理更为规范化、程序化，使组织高层领导能总揽全局，实现组织管理的整体化优势。

2. 目标管理是一种参与管理

目标管理强调目标的实现者同时也是目标的制定者，即由上级与下级在一起共同确定目标。所以，目标管理是一种民主的、强调员工自我管理的管理制度。目标管理的各个阶段都非常重视上下级之间的充分协商，让员工参与管理，实行管理的民主化。在目标制定过程中，让员工广泛参与意见，在相互尊重中实现信息交流，把个人目标与组织目标相统一。在目标完成中，员工有权在组织政策范围内自行制定具体行动方案。这样让员工在充分参与的过程中发现自己工作的兴趣和价值，使员工在自我控制中实现个人与组织的目标。

参与管理还体现在组织成员实现目标过程中的自我控制。目标管理方式是建立在 Y 理论基础上的，因此，目标管理用自我控制的管理代替压制性的管理，它使管理人员能控制他们自己的成绩。这种自我控制可以形成更强烈的动力，推动他们尽自己最大的力量把工作做好，而不仅仅是"过得去"就行了。

3. 目标管理是一种结果管理

目标管理是一种重视"结果"的管理，而不仅仅是一种计划的活动式工作。这种管理迫使组织的每一层次、每个部门及每个成员首先考虑目标的实现，尽力完成目标，因为这些目标是组织总目标的分解，所以当组织的每个层次、每个部门及每个成员的目标完成时，也就意味着组织总目标的实现。在目标管理方式中，一旦分解目标确定，且不规定各个层次、各个部门及各个组织成员完成各自目标的方式、手段，这样监督的成分少了，但控制目标实现的能力却增强了，因此能有效地提高组织管理的效率。

4. 目标管理是一种分权管理

目标管理促使管理者下放权力，以便于组织成员更好地进行自我控制与自我管理。集权和分权的矛盾是组织的基本矛盾之一，推行目标管理有助于协调这一对矛盾，促使权力下放，有助于在保持有效控制的前提下，建设以人为本的组织文化。

目标管理的分权，在一定程度上可以提高组织成员的工作积极性。当目标成为组织的每个层次、每个部门和每个成员自己未来时期内欲达成的一种结果，且实现的可能性很大时，目标就成为组织成员们的内在激励。特别是如果还有相应的报酬作为实现结果的奖励时，目标的激励作用就更大。

（三）目标管理的过程

不同的组织、不同的应用领域，目标管理的实施步骤也不尽相同。就一般而言，目标管理的过程主要包括：制定组织的整体目标和战略、在经营单位和部门之间分配主要目标、各单位的管理者和他们的上级一起设定自己的具体目标、部门的所有成员参与设定自己的具体目标、管理者与下级共同商定实现目标的行动计划、实施行动计划、定期检查目标的进展情况并向有关单位和个人反馈、基于绩效的奖励，等等。这里，我们把它归纳为目标设立、目标分解、实施控制、目标评定与考核四个阶段。

1. 目标设立

目标的设立是目标管理的第一步，也是最重要的一步，因为组织目标体系是整个目标管理的依据、前提和保证。

传统的目标设立过程是单向垄断的，即由组织高层管理者单方完成，然后分解到各个部门以及具体的每一个人。目标管理提倡组织员工参与组织目标的设立，具体包括自上而下的目标制定法和自下而上的目标制定法。自上而下的目标制定法，先由高层管理者提出组织目标，再交给职工讨论，最后修改形成组织目标。自下而上的目标制定法，由下级部门或职工讨论，提出目标，再由上级批准，形成组织目标。这两种目标制定法各有自己的优缺点，具体的选择应视组织的实际情况而定。但它们都有共同的特点，就是既有利于集思广益，保证目标的科学性，又有利于激发职工参与组织决策、关心组织发展的热情。所以如果能把两者结合起来那就更理想，但究竟侧重哪一种方法，主要要考虑这样一些因素，如组织的规模、组织文化、管理人员所喜欢的领导方式和计划的紧迫性等。

为了确保目标设立得更科学、更有效,在目标设立过程中还应注意这样几个问题:目标应略高于组织当前的能力,使之具有一定的激励作用;定性目标向定量方面转化,确保目标考核的准确性;长期目标的短期化,有利于目标的监督考核,也有利于保证组织长期稳定发展。另外,目标的数量要适中,目标少而精,有利于在行动中保证重点目标的实现。

2. 目标分解

目标分解就是把组织的总目标分解为组织中各部门单位、各管理者及员工的目标,也就是将总目标具体化,从而使总目标的实现得到保证。目标的分解必须以组织的管理层次为基础进行分解,最终形成目标体系。这样能使得目标体系更为清晰,也能使得目标体系中的每一成员都可以清楚地知道自己的位置,知道为更好地完成任务应与哪些方面进行配合、协调。应强调的是,分解后的各个子目标之间应相互关联,彼此呼应,而不能相互矛盾。另外,在分解的过程中,应鼓励职工积极参与目标的分解工作,这是保证目标管理效益的重要一环。

3. 实施控制

目标管理强调自我控制、自我管理、自我评价,但不能因此在目标体系建立后就放手不管。目标体系的内在逻辑关系使得组织中的任何部门或个人的目标完成一旦出现问题,都将牵一发而动全身。因此组织管理者必须进行目标控制,随时了解目标实施情况,及时发现问题、解决问题。必要时,可根据环境的变化对目标进行一定的修正。积极的自我控制和有力的领导控制相结合是实现目标动态控制的关键。

4. 目标评定

目标管理是一种严格的精确的责任管理,它注重结果,因此必须对部门、个人的目标进行自我评定、群众评议、领导评审。通过评定,肯定成绩,发现问题,并与经济责任制挂钩,奖优罚劣,及时总结目标执行过程中的成绩与不足,以此完善下一个目标管理过程。

目标评定中应注意以下问题:上级的评定要全面公正;评定的结果要与经济责任制和人事管理相结合,奖优罚劣要及时和分明;及时反馈信息。

（四）目标管理的优越性和局限性

目标管理方法一诞生,就被美国企业界视为一种起死回生的有效手段,并迅速获得了推广。

1. 目标管理的优越性

目标管理方法提出的前提是假设组织中的成员是完全能够自我管理、自我控制的,通过明确目标等来实现激励作用,从而提高管理效率。目标管理的优越性表现在以下几个方面。

（1）提高管理效率。目标管理最大的优点就是可以极大地提高管理效率。目标管理是一种结果管理,它迫使管理人员考虑根据结果来拟订工作计划,并进一步思考完成目标所涉及的人员以及其他所需的各项资源等。同时,在目标管理方式中,由于目标是逐层分解到每个层次、每个部门以及每个组织成员的,而且又不具体规定完成各自目标的方式、手段等,这就赋予成员一个自由创新空间去实现目标,从而有效地提高了组织管理的效率。

（2）完善组织文化。目标管理对完善组织文化起到不可忽视的作用。组织文化的核心内容是组织整体价值观,它是组织的基本信仰、追求和经营管理的基本理念。积极的组织价值观能促进组织更好地发展,而消极的组织价值观则阻碍组织的发展甚至导致组织的灭亡。目标管理将有利于形成积极的组织价值观的形成,因为它鼓励员工对其目标承担义务,并努力地自我实现。在这个过程中,员工不再只是简单地完成所分配的工作,而是积极参与目标的制定,同时努力将自己的想法加入到计划中;他们有更多的权限来更好地实现目标。这样的过程是令人愉快的,当员工掌握了自己的命运之后,他们就会充满热情,从而有利于组织文化的进一步完善。

（3）完善组织体系。目标管理的另一个主要优点是它促使管理人员进一步明确组织的总目标、组织的结构体系、组织的分工与合作等。这些方面职责的明确,使得管理人员明白,为了完成目标必须给予下级相应的权力,而不是大权独揽。有效实行目标管理的组织会经常发现它们所在组织的缺陷,这种缺陷的发现有助于帮助组织对自己的体系进行改造。

（4）加强有效控制。目标管理不仅提高了计划工作的有效性，而且有助于形成有效的控制。控制包括衡量结果，并采取措施纠正偏差以保证目标的实现。组织高层管理人员在目标管理过程中要经常检查、对比目标，如果发现偏差就及时纠正。从另一个方面来看，一个组织如果有一套明确的可考核的目标体系，那么其本身就是进行监督控制的最好依据。

2. 目标管理的局限性

尽管目标管理是目前运用最广泛的管理方法之一，但是在实际运用中，也存在许多问题，有些组织把目标管理当作一种机械的方法来运用，只强调目标的分解，而忽视了其中最为重要的民主参与和自我控制等特性，或是仅仅把目标管理集中于管理过程中有选择的几个方面，而不是将其有机地纳入一个系统中；更有一些组织由于管理者的聘任期限等问题，而导致目标管理缺乏延续性，等等。目标管理的方法的局限性具体表现在以下几个方面。

（1）对管理人员的专业水平要求高。虽然目标管理可能看起来简单，但是管理者对它必须有详尽的了解和认识。管理者必须向下级人员做详细的解释，说明目标管理是什么，它怎样发挥作用，为什么要这样做，它在评价工作绩效时起些什么作用。除此之外，还必须说明参加目标管理的人员能得到什么好处等。这些都要求管理人员应具备更高的专业化水平。否则，可能会导致目标管理在实施过程中由于参与人员对其理解的偏差而导致其有效性的降低。例如，有的管理者认为目标管理就是目标的制定和分解，因此，只注重对目标的制定和分解，而不注重人的积极性的发挥和在执行过程中对下属提供指导和帮助。

（2）难以确定真正可考核的目标。真正可考核的目标是很难确定的，尤其组织实际上是一个产出联合体，它的产出是一种联合的不易分解出谁的贡献大小的产出，即目标的实现是大家共同合作的成果，因此可度量的目标确定也就十分困难。一个组织的目标有时只能定性地描述，尽管我们要求目标是可度量的，但实际上定量有时是很困难的。例如一些后勤服务部门，它们本身没有实体化的产品，所以很难量化地考核他们的工作量以及工作效率。

（3）过分强调短期目标。在多数实行目标管理的组织中，管理人员所确定的目标一般都是短期的，很少超过1年，通常是一个季度或更短。其中的原因很简单，因为短期目标比较易于分解，而长期目标比较抽象、难以分解，另一方面短期目标易迅速见效，长期目标则不然。但是，强调短期目标的危险性是显而易见的，它有可能以牺牲长期目标为代价，这将对组织发展没有好处。

（4）缺乏弹性、难以权变。面对变化万端的外部环境，大多数管理者的第一反应是以变应变。但是，目标管理执行过程中目标的改变是不可以的，因为这样做会导致组织的混乱。事实上目标一旦确定就不能轻易改变，因为如此就使得组织运作缺乏弹性，无法通过权变来适应变化多端的外部环境。但是，如果原先目标制定的前提条件发生了变化，或政策发生了变动，而管理人员仍坚持过时的目标，那么这种做法毫无疑问也是有害的。所以，到底是以不变应万变，还是以变应变，这一直是困惑很多管理者的现实问题，也是目标管理难以克服的一个缺点。

（五）目标管理的实施条件

1. 高层领导的高度重视与大力支持

组织高层领导对目标管理应该有清醒而深刻的认识，并且能够向其下属及员工非常清楚地阐述目标管理对组织发展的意义，尤其要说明参与目标管理实施的所有组织成员将随着组织的发展也得到共同的发展。组织高层领导的重视并不是说他们只要认识到目标管理的重要性，下令推行便可。还需要组织高层领导的大力支持，在目标管理实施的过程中，不仅给予精神上的大力支持，而且要提供必要的物质资源保障。特别是在目标结果考核后，一定要给予实质性的激励，这样才能保证目标管理更为有效地开展。

2. 适宜的组织文化氛围

目标管理方式中有一个重要的特征是自我管理与自我控制，这说明它对所有参与人员的精神状态与觉悟境界要求很高，它要求所有的参与人员都应该在实现组织共同目标的同时努力达到自我实现。这些都需要一个健康的、积极向上的组织文化氛围加以保障。组织文化氛围由物质氛围、制度氛围和感情氛围等三部分构成,其中感情氛围是核心。良好的感情氛围,表现为组织成员之间相互尊重与信任,工作配合默契,工作中追求更高的成就,于是目标管理中不同层级的目标实现就更有保障。

3. 充分的调研活动

目标管理并不是简单的"一揽子"交易,它的成功取决于在既定情况下对具体问题进行充分深入的调查研究。然后利用这些调研数据设计出一个计划来说明工作的试行范围、包括的层次、方法的复杂程度、时间等。这个阶段的错误会影响计划的成功。所以,充分的调研活动对目标管理的有效实施也是必不可少的。

第二节 决 策

一、决策的内涵

决策是指为了达到一定的目标,制定两个或两个以上的备选方案并从中选择一个合理方案的分析判断过程。管理者在管理过程中要履行计划、组织、领导、控制等职能,这些工作一旦开展,都需要作出决策。决策贯穿于组织的各项管理活动中。组织的兴衰存亡,常常取决于管理者特别是高层管理者的决策正确与否。决策正确,可以提高组织的管理效率和经济效益,使组织兴旺发达;而决策一旦失误,则一切工作都将是徒劳的,甚至会给组织带来灾难性的损失。

(一)决策的特点

1. 目标性

决策总是为了达到某一特定目标的,没有目标的决策从一开始的行动就是盲目的,并会导致决策无效甚至失误。决策目标就是决策需要解决的问题。只有在存在问题的情况下,而且决策者认为这些问题必须解决的时候才会有决策。决策是通过解决问题来实现目标的。

2. 选择性

决策是在两个或两个以上的可行方案中,通过比较评定来选择一个满意方案。如果无法制定方案或只有一个方案,无法进行比较和选择,那就无所谓决策了。

3. 可行性

决策所制定的各种备选方案应该是可行的,这样才能保证决策方案的切实可行。这里的"可行"是指:能解决预期问题,实现预定目标;方案本身具有可行的条件,比如技术上、经济上都是可行的;方案的影响因素及效果可进行定性或定量分析。

4. 科学性

每个备选方案都有其优缺点,决策者必须掌握充分的信息,运用科学的方法进行逻辑分析判断,才能在多个备选方案中选择一个较为理想的合理方案。

5. 过程性

决策既非单纯的出谋划策,也非简单的拍板定案,而是一个多阶段、多步骤的分析判断过程。虽然由于决策的重要程度、决策的条件等因素的不同,这个过程的繁简程度会有所不同,但任何决策都具有过程性,没有这个过程就很难有合理的决策。

(二) 决策的选择标准

决策必须是对多种方案进行比较分析后作出判断和抉择的过程,选择是决策的关键的步骤。关于选择的准则,有两种典型的观点,即最优化准则和令人满意的准则。

1. 决策的最优化标准

这是一种规范决策理论。这种理论认为:决策可以趋于完全合理,决策者能够全面掌握有关决策环境的信息情报,决策者能够意识到所有可能的备择方案,决策者有能力完成作出最优决策所需的十分复杂的计算,也就是说,决策者是完全理性的,决策者具备完全的理论知识,追求效用最大,通过冷静客观的思考,决策者能够作出最优选择。

事实上,规范决策理论仅仅描述了一种理想状态,对现代决策行为的描述不够真实。管理既是科学,又是艺术,决策包含相当大的艺术成分,不可能像规范决策那样,对全部已知的效用函数求解,用解析的办法找出最大值,这样的做法只是对纷繁复杂的现实的一种简化,因而简单地用它来进行实际决策往往是行不通的。但是由于该理论对最优的追求和采用定量方法,一些管理者仍用此进行决策,不过他们往往对该模型用自己的知识、经验和分析进行一定的修正。

2. 决策的令人满意标准

规范决策理论只是一种理想模式,不一定能指导实际中的决策,西蒙提出了决策的令人满意标准。西蒙认为:决策者追求理性,但又不是最大限度追求理性,决策者是有限理性的。这是因为人的知识有限,决策者既不可能掌握全部信息,也无法认识决策的详尽规律;人的计算能力有限,即使借助计算机,也没有办法处理数量巨大的变量方程组;人的想象力和设计能力有限,不可能把所有备择方案全部列出;人的价值取向并非始终如一,目的时常改变,人的目的往往多元,而且互相抵触,没有统一的标准。因此,西蒙认为决策者在决策中追求令人满意的标准,而非最优标准。在决策过程中,决策者定下一个最基本的要求,然后考察现有的备择方案,如果有一个备择方案能较好地满足定下的最基本的要求,决策者就实现了满意标准,他就不愿意再去研究或寻找更好的备择方案了。这是因为一方面人们往往不愿发挥继续研究的积极性,仅满足于已有的备择方案;另一方面决策者也由于种种条件约束,本身也缺乏这方面的能力。

(三) 决策的类型

不同类型的决策,需要采用不同的决策方法。为了正确进行决策,必须对决策进行科学分类。

1. 战略决策、战术决策和业务决策

按决策的重要程度不同,可将决策分为战略决策、战术决策和业务决策。

(1) 战略决策。战略决策是指直接关系到组织生存发展的全局性、长期性、战略性问题的决策。如组织中经营目标与经营方针的确定或调整、新产品的开发、新技术的采用、企业兼并等的决策。这种决策对于组织的发展具有重要意义,一般涉及的时间比较长、范围较宽。由于所要解决的问题大多是内容比较抽象、复杂且常常是以前没有遇到过的,因此管理者常常还要借助于自己的经验、直觉和创造力进行判断,此类决策更多是定性决策。战略决策一般由高层管理者作出。

(2) 战术决策。战术决策又称管理决策或策略决策,是为了保证战略决策的实现所作的决策,它具有局部性、中期性、战术性的特点。此类决策所面临的大多是实施方案的选择、资源的分配、实际业绩的考评等。这些问题大多可以定量化,可以进行系统分析。如组织中销售计划的确定、新产品设计方案的选择、人事调整、资金的筹措与使用等。这类决策大多由中层管理人员来进行。

(3) 业务决策。业务决策是指在日常业务活动中为了提高效率所作的决策,它具有日常性、短期性、琐碎性的特点。如组织中工作定额的确定、每天车间的产量、职工食堂饭菜花色品种及数量的确定等。这类决策所要解决的问题常常是具体而明确的,一般由基层管理者进行。

2. 程序性决策和非程序性决策

按决策的重复程度不同,可将决策分为程序性决策和非程序性决策。

(1) 程序性决策。程序性决策又称常规决策或例行决策,是指经常发生的、能按规定的程序和标准进行的决策,多指对例行公事所作的决策。这类决策的决策过程通常是标准化的、程序化的,可通过惯例、已有的规章制度、标准工作流程等加以解决。如员工请假的批准、顾客退货的处理、每天车间领取的原材料数量等。一般说来,绝大多数的业务决策和部分的战术决策都是属于程序性决策。

(2) 非程序性决策。非程序性决策又称非常规决策或例外决策,是指具有极大偶然性、不确定性且无先例可循的决策。这类决策的决策过程是难以标准化、程序化的。因为所要解决的是前所未有的新问题,所以它不能依据已有的业务常规来进行决策,而很大程度上需要依赖于决策者的知识、经验及逻辑思维判断能力。如企业新产品的研发、新市场的开拓、新项目的投资等。一般说来,绝大多数的战略决策和部分的管理决策属于非程序性决策。

3. 确定型决策、风险型决策和非确定型决策

按决策条件的不同,可将决策分为确定型决策、风险型决策和非确定型决策。

(1) 确定型决策。确定型决策是指各种可行方案的条件都是已知的,结果只有一个,是比较易于分析、比较和抉择的决策。事实上,确定型决策在组织的大量决策中并不多见,它是一种理想化的决策活动。例如不少生产型的企业利用盈亏平衡点法来确定企业生产的保本点。

(2) 风险型决策。风险型决策是指各种可行方案的条件大部分是已知的,结果有多个,且每个结果发生的可能性即概率是已知的一种决策。这类决策的决策结果需按概率来加以确定,因此存在着一定的风险。例如组织准备新建一个项目,有三个可行方案待决策:直接建一个大项目;先建小项目,等相对成熟后再扩建;不建。这时组织必须对未来的市场行情作出预测,并测算不同市场行情出现的概率,然后借助决策树等方法来进行决策。

(3) 非确定型决策。非确定型决策是指各种可行方案的条件大多未知,结果有多个,但每个结果发生的可能性即概率是未知的一种决策。因为已知的条件太少,且无概率可言,因此这类决策的决策结果更多取决于决策者个人的经验、直觉和性格等。还是以前面的组织准备新建一个项目为例,同样有三个待决策的可行方案,若组织无法对未来的市场行情作出预测,也就是概率无法获得,这时就只能进行非确定型决策。

4. 群体决策和个人决策

按决策的主体的不同,我们可将决策分为群体决策和个人决策。在实际工作中,可能经常碰到这样的问题:参与决策的人数到底多少为好?由一个人来完成决策好呢,还是由包括两个人以上的集体来完成好?这实际上是集体决策与个人决策的选择问题。集体决策与个人决策各有利弊,因此,应在不同的条件下选用不同的决策方式。

(1) 集体决策的优点。集体决策的优点表现在以下三个方面。

① 有助于集思广益。集体决策可以利用不同人的思路、知识、信息,相互启发、弥补、促进,可以产生乘数效应,从而获得更完整的信息,

产生更多的方案,有利于方案的创新。

② 提高了对决策方案的接受性。集体成员不可能参与制定违背自己意愿的决策。因此,如果让实施决策的人们参与了决策的制定,他们将更可能接受决策,并更可能鼓励他人也接受它。

③ 增强了决策的合理性,提高决策效果。集体的信息交流,集体的讨论沟通,可以使决策更接近客观事实,采用合理的决策程序和决策方法,使决策更加理性化。

(2) 集体决策的缺点。集体决策的缺点主要有以下几个方面。

① 浪费时间。组成一个集体需要花费时间;同时,集体内部各成员之间的相互影响也常常导致低效,结果是造成集体决策总比个人决策花费更多的时间。

② 屈从集体压力。一个集体中的成员永远不会是完全平等的,他们之间存在着诸如职位、资历、自信心等方面的差异。于是,那些年纪轻、资历浅的人在决策时不得不更多地考虑那些比他们年长的、资历深的人的观点,甚至抑制了自己的不同观点。这样最终的结果是形成群体思维,但正是群体思维削弱了集体中的批判精神,降低了最后决策的质量。

③ 责任不清。在个人决策中,谁负责任是明确具体的。而在集体决策中,这一点却很难做到。因为表面上是集体成员都分担了责任,实际上到底谁对决策的结果负责却不清楚,这也就是通常所说的罚不责众的现象。

组织中的许多决策,尤其是对组织有极大影响的重要决策往往不是由个人做出的,而是集体工作的结果。集体决策适用于组织所有的决策活动,特别是组织中重大的关键问题的决策,例如组织的战略目标、资本运作等。个人决策适用于组织的业务决策或程序性决策。个人决策与集体决策相比,能明显地提高决策的效率,而集体决策会使决策的效果更精确。

5. 定量决策与定性决策

按照决策的量化程度,我们可以把决策分为定量决策与定性决策。

(1) 定量决策。定量决策,是指运用数学模型、借助于电子计算机进行的决策。定量决策的决策目标与决策变量等可以用数量来表示，要有一定的量化指标，一般都能够运用数学方法寻求答案。

（2）定性决策。定性决策，是指依据专家的智慧、经验等进行的决策。这类决策目标与决策变量等不能用数量来表示，在决策过程中一般难于用数学方法来解决，更多地发挥专家集体的智慧、经验和分析判断能力。

除了以上几种分类外，决策还可以根据时间的长短分为长期决策、中期决策和短期决策；根据决策层次的不同，决策可以分为高层决策、中层决策和基层决策；根据决策目标的多少，决策可以分为单目标决策和多目标决策，等等。

二、决策的一般程序

决策的制订过程是指从识别问题开始，到选择能解决问题的方案，最后结束于评价决策效果。决策是一项复杂的活动，它有其自身的规律性，需要遵循一定的科学程序。一般来说，决策过程大致包括以下几个环节。

（一）识别问题

决策的制订过程始于一个存在的问题，这个问题就是现实与期望状态之间的差异。通过调查、收集和整理有关信息，发现差距，识别问题，这是决策的起点。没有问题，不需要决策；问题不明，则难以做出正确的决策。所以，识别问题在整个决策过程中是最为重要也是最为困难的环节。

问题的识别是主观的，不同的管理者在具体识别问题的方法上或许不一样，但首先他们都必须意识到差异是否存在，这是识别问题的前提条件，而差异是管理者将现状与标准进行比较的结果。标准的来源很多，它既可以是过去的绩效、预先设定的目标，也可以是其他组织中类似单位的绩效。在识别问题上还必须给管理者一定的压力，如解决问题的截止期限、上司的期望等，这样才能使问题准确、及时地被识别出来。

(二) 确定决策目标

根据所识别的问题,管理者就可以确定决策目标了。目标的确定十分重要,同样的问题,由于目标的不同,可采取的决策方案也会大不相同。

目标的确定,需经过系统的调查与研究,在掌握充分准确的数据和事实的基础上,综合平衡组织总目标和资源来进行。在确定决策目标时,需注意目标的可行性与明确性,并尽可能将目标量化,以便于决策实施效果的衡量;同时,若存在多个决策目标,应分清主次,明确主要目标,并保证主要目标的最终实现。

(三) 拟订备选方案

决策目标确定以后,就应拟订能够达到目标的各种备选方案。备选方案的拟订,首先需要对组织的内外部环境进行科学的分析,并对决策事物未来的发展趋势有个比较准确的预测;其次,在前面分析与预测的基础上,综合组织外部环境存在的机会与威胁、组织内部条件的优势与劣势,以及未来的发展趋势等,进行排列组合,拟订出适量的能实现决策目标的方案;最后,结合组织的资源条件对这些方案进行粗略的分析比较,权衡利弊,从中选择若干个利多弊少的方案作为最后正式的备选方案。

在拟订备选方案时,应广开思路,积极寻找各种可行方案,而不要被经验所束缚;同时应时刻记住,在某些特定时候,不采取任何行动也是备选方案之一。

(四) 评价备选方案

备选方案拟订后,随之就是要对备选方案进行客观的、批判性的评价。评价工作的关键在于评价标准的选择,而这又取决于决策者最关心什么,如实施决策方案需付出的成本、目标的达成程度、目标达成后为组织带来的价值等。评价标准可以是单一的,也可以有多个。在实际工作中,一般是列出多个评价标准,但每个评价标准的主次不同。有了评价标准,就可以进行评价工作了。常用的评价方法通常有三种,即经验判断法、数学分析法和实验法。每种方法都有各自的优缺点和适用对象,决策者应根据实际情况加以选择运用。

评价的步骤一般有三步：第一步是依据已准备好的评价标准对备选方案一一进行评价，于是每个备选方案都相应获得各自的评价值；第二步是将这些评价值从低到高进行排队；最后，根据排队的结果，各个备选方案的令人满意的程度也就一目了然，即评价值最高的方案就是最满意的方案。

（五）选择满意方案

在上述分析评价的基础上，决策者就可以从中选择一个最满意的方案。在方案的选择时，决策者应注意以下问题：第一，任何方案都是有风险的。因为未来的不确定性只能是尽可能减少到最低限度，而不可能完全消除。因此，在决策时，决策者要将预感、直觉、经验与事实、逻辑、系统分析紧密结合起来进行抉择。第二，任何方案都只是满意方案，而非最优方案。因此，在实际工作中，决策者只能做出一个相对令人满意的决策。第三，在某些特殊的情况下，决策者也可以不作任何的选择。如外部环境突然发生了巨大的变化，原先的备选方案已不再适用；或可能早在识别问题时就已经出错了等。在这些情况下，与其贸然选择，不如不采取任何行动，以免不必要的风险。

（六）实施方案

决策的最后一个步骤就是进行方案的实施。决策的正确与否及其效果如何，要以执行结果来验证。决策执行结果，不仅取决于决策方案的选择，而且取决于执行过程中的工作质量。因此，必须制定相应的实施办法，如明确责任、制定考核标准、建立有关的激励机制等。

另外，决策的实施过程实际上也是个信息反馈的过程。通过在决策的实施过程中建立信息反馈系统，及时检查实施情况，发现差异，查明原因，就可以对已有的决策进行不断的修正和完善，直至解决问题、实现目标甚至是做出新的决策。

三、决策方法与技巧

（一）决策方法

在实际工作中，具体的决策方法很多，按照其性质，可以将各种决策方法概括为两大类：定性决策与定量决策。定量决策是一种计量决策方法,通常要应用数学模型并借助于电子计算机所提供的各种决策软件进行,其技术性因素更强,一般由职能部门的技术专家进行。定性决策是一种主观决策的方法,在决策过程中要借助于组织内外专家的集体力量。作为集体决策的方法,需要充分必要的组织工作。这里主要介绍这类决策方法。

1. 德尔菲法

德尔菲是古希腊传说中的神谕之地,传说中的太阳神阿波罗神殿所在地,而阿波罗又是预言之神。因此,美国著名的兰德公司借用其意,最早将它用于预测和决策中。德尔菲法是指按规定的程序,匿名征询各专家的意见后进行决策的方法。一般包括以下具体步骤。

(1) 确定课题。就是确定所要解决的问题,要求所确定的课题应适应实际的需要。

(2) 选择专家。这是关键步骤,因为决策结果的可靠性取决于所选专家对决策课题了解的深度和广度。所选专家的人数和专业范围根据课题的大小和课题的需要而定。对重大问题的决策,专家的人数可相应增加。一般而言,人数太少会限制决策的代表性和权威性,人数太多则难以组织。在所选的专家中,既要有来自理论界的、在学术上具有一定权威的专家,又要有来自实业界的、具有丰富实践经验的专家;同时应注意专家在不同专业方面的互补,并将组织内部专家和外部专家进行组合,以提高决策效果。

(3) 准备背景材料。即向各专家提供有关课题的背景资料,使他们有共同的起点,避免由于不了解全面情况而影响决策。

(4) 设计调查表。根据决策目标,拟订提纲,并形成调查表,针对性地提出若干问题以让专家作答。

(5) 具体决策过程。这是主要环节。即将调查表寄给各专家函询其决策意见,决策组织者则将反馈回来的决策结果加以综合、整理、归纳,再匿名反馈给各专家,据此提出新的修改意见;如此反复循环,直至专家意见趋于一致。循环的轮数以问题的大小区分,一般问题需2—3轮,重大问题则需5—6轮才可趋于一致。

(6) 确定决策结论。将趋于一致的专家意见进行统计处理,整理后,即得到决策结论。

由此可见,德尔菲法具有如下特征:匿名性、反馈性和统计性。

2. 头脑风暴法

所谓头脑风暴法,就是由一群人通过相互启发以尽可能地形成多种方案的一种方法。运用这种方法进行决策或预测时应特别注意:在讨论过程中,应鼓励参加者积极发言、提出各种建议;并禁止对他人的想法进行任何批评,以克服阻碍创造性方案产生的遵从压力,目的是引起思维共振,激发并导致创造性思维。

这种方法只是思想的产生过程,提出的很多意见和方案有待以后的讨论和分析,当时不会取得决策的具体方案和途径。

在头脑风暴法的基础上,又派生出反向头脑风暴法,即让人们对某个方案只提批评意见,甚至吹毛求疵,最后根据批评意见修改这个方案,使之趋于完善。

3. 名义群体法

与头脑风暴法不同,名义群体法是在决策过程中限制讨论,参加会议的全体成员必须出席,但每个成员是独立思考的,且每个成员都被赋予相同的参与机会。它的基本步骤包括:第一,每个参与者独立地把自己对问题的看法写下来,这些看法一般都是解决问题的建议。第二,每个成员把自己的意见提交给群体,为了便于观看,这些意见都被记录于黑板之上。在所有的参与者充分表述自己的看法和所有的想法被记录下来之前,不允许进行讨论。第三,所有的意见提交上来之后,开始进行开放性的讨论,目的是充分了解所有的意见,并对其进行分级和评价。这一阶段的讨论是自发的。第四,讨论之后,每个成员通过不公开投票,把各种想法进行排序,最后的决策方案是综合排序最高的方案。

这种方法强调各成员的平等参与、独立思考,具有一定的优点。由于讨论受到限制,不会像头脑风暴法一样产生一系列的意想不到的创新思维,但可以通过讨论取得最终决策的具体方案和途径。

(二)决策技巧

决策既是一门科学,又是一项艺术。我们虽然无法排除不确定因素和各种风险的干扰,但完全可以通过学习增强识别它们的能力。决策能力可通过两条相关的途径得到提高：一是通过对科学决策理论和方法的学习；二是学以致用，通过反复实践以提高决策技能。

在实际决策时，要特别注意以下几点技巧。

1. 克服决策过程中的心理障碍

在面临决策问题时，有些管理者会表现出以下两种典型的心理。

（1）优柔寡断。有些管理者在实践中惯于采用"回避决策的战术"，包括决策前过于强调信息的不足；决策时希望问题会自生自灭，拖延决策；让他人代为决策或不到万不得已不采取决策行动等。他们考虑最多的常常是如何避免风险，明哲保身，如何把个人承担风险的可能性降低至最低限度，而不是考虑如何解决问题，因此面临决策时总是犹犹豫豫，唯恐出错。

（2）急于求成。与优柔寡断者相反，有些管理者不愿意忍受问题的煎熬，希望问题能迅速得到解决。因此在决策时，他们几乎从不考虑问题的根源，而只是穷于应付。他们常常采用应急管理和直观管理方法，处理一问题时仅凭条件反射，在考虑还不周到的情况下就贸然决策，强行采取行动。这些管理者实际上常常只是在同问题的表面现象打交道。"欲速则不达"，就事论事只会导致同一问题的一再发生。

2. 学会处理错误的决策

决策者在决策时，或因为知识面窄，处理某些问题感到力不从心，或由于决策能力的限制，或由于只凭经验来看待问题，难免会出现决策差错。通过自我反省认识错误，并采取适当方法予以弥补，必然可提高决策者的决策能力。因此，一旦发生决策错误，应当采取以下积极的行动。

（1）承认。要有勇气承认客观事实，错误已经发生，就应当承认过失，以集中精力分析原因，及时加以弥补，而不要忙于追究责任或推卸责任。

（2）检查。由于决策过程中包含了很多步骤，因此要追溯决策的全过程，逐一检查，以找出到底在哪一步上犯了错误。此外，还要分析一下决策的时间、方式和方法。通过检查反思，可以学到一些决策的技巧，并避免重蹈覆辙。

（3）调整。若一个决策总的来看是可行的，而只是在贯彻执行上发生了问题，则可通过发现薄弱环节予以调整，使这一决策趋于完善。

（4）改正。若一项决策经过检查和调整仍无法修正，则要针对原因拟定一个较为复杂的修正计划，以改正决策错误，减少由于决策失误而可能造成的损失。

3. 明智地把握决策时机

应该懂得，在不适当的时候作出正确的决定乃是一项低劣的决策。轻率浮夸是工作的大敌，过早作出决策或在时机尚未成熟的情况下草率作出决策，很可能得不到应有的效果；而拖延决策，可能会进一步扩大矛盾，带来不可收拾的后果。因此，在工作中要明确各类问题的核心和关键，分清轻重缓急，以准确把握决策时机。

4. 准确地收集、利用信息

信息是决策的基础。为了保证迅速、准确地掌握有关的信息，必须对各种信息作认真的分析和研究，避免因疏忽而误入陷阱。在收集、利用信息时，管理者要注意：

（1）不要轻信别有用心或与该决策有根本利害关系的人提供的信息。偏见会导致信息的扭曲。

（2）要注意平均水平与实际情况的差异。平均水平往往掩盖了实际存在的特殊情况。如果50%以上的实际情况与平均水平相比，要相差25%以上；或25%以上的实际情况与平均水平相比相差50%以上，则可认为这种平均水平很值得怀疑。

（3）不要轻易放弃相互矛盾或截然相反的意见。既然有不同意见，就必然存在着一些问题，要注意深入调查，在搞清事实的基础上作出决策。

（4）对专家意见要避免盲从。对同样的一组事实或信息，可作出种种不同的解释，专家的解释和建议为决策者以同样的方式去理解信息提供了便利，但盲从专家的意见就错了。无论何时，只要有可能，就应当根据专家提供的有关信息得出自己的结论。

（5）要注意信息的时间性和获取信息的代价。不要指望在收集到所有的信息后再作决策。

第三节 计划的制订

一、计划的内涵

(一) 计划的含义与任务

计划有广义和狭义之分。广义的计划是指组织根据环境的需要和自身的特点,确定组织在未来一定时期内的目标,并通过计划的编制、执行和控制来协调、组织各类资源以顺利达到预期目标的过程。狭义的计划是指制定组织目标并确定达成组织目标所需的行动方案。它包括了计划的编制过程(计划工作)和行动方案。这里我们主要指的是狭义的计划。

一个完整的计划应该能够解决"5W+H"的问题。

Why——为什么要做?即明确计划工作的原因及目的。

What——做什么?即明确活动的内容及要求。

Who——谁去做?即规定由哪些部门和人员负责实施计划。

When——何时做?即规定计划中各项工作的起始时间和完成时间。

Where——何地做?即确定计划的实施地点。

How——如何做?即制定实现计划的手段和措施。

(二) 计划工作的基本特征

计划工作的基本特征可以概括为以下几个方面。

1. 首位性

管理的其他职能只有在计划确定了目标之后才能进行,并且随着计划和目标的改变而改变。这就意味着计划在所有的管理职能中是处于首要地位。因此,为使其他的管理职能有效,就必须先做好计划工作。计划和决策是密不可分的,计划在很大程度上是决策的载体,决策的结果体现在计划中;对于控制工作,计划的首位性则更突出。如果没有计划,没有事先制定好的一套标准,就不可能进行衡量、发现并纠正偏差,无法保证活动的既定方向。控制工作也就无法进行。

2. 普遍性

计划工作的普遍性包含两层含义:一是组织中的每一位管理者都或多或少地拥有制定计划的部分权力和责任,尽管不同层次的管理者所从事的计划工作的侧重点和内容有所不同;二是由于社会资源的有限性,使得人们在从事各种活动时,都需要事先进行计划,以保证资源得到充分有效的利用。

3. 目的性

计划工作旨在有效地达到某种目标。具体地说,计划工作首先就是确立目标,然后,使今后的行动集中于目标,并预测和确定哪些行动有利于达到目标,哪些行动不利于达到目标,从而指导今后的行动朝着目标的方向迈进。没有计划和目标的行动是盲目的行动。

(三) 计划的类型

计划的种类很多,按不同的标准可以划分为不同的类别。下面是几种常见的分类方法。

1. 长期计划、中期计划和短期计划

按计划期的长短,我们可以将计划分为长期计划、中期计划和短期计划。一般地,人们习惯把 5 年以上的计划称为长期计划,1 年以上、5 年以内的计划称为中期计划,而把 1 年及 1 年以内的计划称为短期计划。

(1) 长期计划。长期计划规定组织在未来较长时期的目标以及为实现目标所应采取的措施和步骤,一般具有战略性、全局性的特点。如企业的发展规模、企业产品的发展方向等,都属于长期计划的范围。

(2) 短期计划。短期计划通常是指年度计划,它是根据中长期计划所确定的目标和组织当前的实际情况,对计划年度的各项活动所做出的总体安排。它一般具有具体性、可操作性等特点。如企业的年度生产计划、销售计划、利润计划等,都是常见的短期计划。

(3) 中期计划。中期计划介于长期计划和短期计划之间,它是长期计划的具体化,又是编制短期计划的依据。它主要以时间为中心,具体说明组织在未来各年应达到的目标和应开展的工作。

2. 战略计划和战术计划

按计划性质的不同,可以将计划分为战略计划和战术(行动)计划。

(1) 战略计划。战略计划是确定组织在未来一段时间内总的战略构想和总的发展目标的规划,包括确定企业的经营方针、目标、市场发展战略、产品发展战略、经营结构的调整等。战略计划具有长期性、全局性和指导性的特点,它决定了在相当长的时间内组织资源的运动方向,涉及组织的方方面面,并将在较长时间内发挥其指导作用。

(2) 战术计划。战术计划是战略计划的具体化,其内容包括战略目标的分解、任务和指标、具体的对策、手段和措施等。战术计划具有具体性、详尽性、可操作性的特点,它是确保战略目标的落实和实现,确保资源的取得和有效运用的具体计划;它描述了如何实现组织的整体目标。

3. 综合计划、部门计划和项目计划

按计划对象的不同,计划可以分为综合计划、部门计划和项目计划。

(1) 综合计划。综合计划一般是指具有多个目标和多方面内容的计划,它关联整个组织或组织中的许多方面,如企业的年度生产经营计划。

(2) 部门计划。部门计划是在综合计划的基础上制定的,它主要局限于某一特定的部门或职能,一般是综合计划的子计划,是为了达到组织的分目标而制定的。如企业销售部门的年度销售计划、生产车间的生产计划等。

(3) 项目计划。项目计划是针对组织的特定活动所做的计划,包括活动的内容、所需的技术支持,如企业某新产品的研发计划等。

4. 具体性计划与指导性计划

按照计划内容的明确性程度,可以将计划划分为具体性计划和指导性计划。

(1) 具体性计划。具体性计划具有明确规定的目标,它具有可衡量的具体指标和一套可操作的行动方案。具体性计划一经制定下达,计划执行部门必须坚决遵照执行,并尽一切努力保证完成计划。具体性计划具有明确性的特点,但是它要求的明确性和可预见性条件在现实中未必都能够满足,因此在管理工作中,必须根据实际问题和组织所面临的环境特点,在灵活性和明确性之间进行权衡,选择制定不同类型的计划。

(2) 指导性计划。指导性计划是由上级主管部门下达的起导向作用的计划。指导性计划对计划的制定和计划要素的确定,只规定一定的原则和方法,并不确定相关的计划指标或只确定一定的范围。与具体性计划不同,指导性计划只规定一些一般性的方向,它指出行动的重点但并不限定在具体的目标上,也不规定特定的行动方案,因此,指导性计划具有内在灵活性的优点。当组织面临环境的不确定性很高,要求计划的执行保持相当的灵活性以预防意料之外的变化时,指导性计划可能更有效些。

此外,我们还可以按计划所包含的职能的不同,将计划划分为生产计划、财务计划、供应计划、人员培训计划、销售计划等。这些计划通常与组织结构中相应的职能部门相对应。

(四) 计划的表现形式

计划的表现形式很多,主要有宗旨、使命、目标、战略、政策、程序、规章、规划和预算等几种类型。这几类计划从抽象到具体,形成了一个有机联系的层次体系(见图 3-2)。

1. 宗旨

宗旨是组织的基本目标,它指明了组织在社会上应有的作用和所处的地位,决定了组织的性质。例如,方太的企业宗旨是"不断为人类提供更新更好的家居(厨房)生活方式和文化,达到与社会共同进步"。组织宗旨无非有两大类:一类是服务于人类和社会;另一类是为了实现组织自身的价值。这两类宗旨是相辅相成、相互影响的。组织是为其宗旨而存在的。

2. 使命

使命是组织所选择的服务领域或事业。例如,学校和医院的宗旨都是服务于社会,但学校的使命是教书育人,而医院的使命却是救死扶伤;同样都是为了营利而存在的企业,化妆品厂向人们提供了用于美容的化妆品,而电影公司却提供了能给人们带来快乐的影片。需强调的是,使命只是组织实现其宗旨的手段,而不是组织存在的理由,即同样的宗旨可以选择不同的使命。

3. 目标

目标是指一个组织在一定时期内预计要达到的具体成果,它是为实现组织的宗旨而提出的。如果说使命指出了组织所从事的事业的话,那么目标则进一步说明了组织从事这项事业的预期结果。在现实经济活动中,任何一个组织都拥有不止一个的目标,一般都有自己的一个较为合理的目标体系。

4. 战略

战略是组织为实现自身目标而选择的发展方向,它同时也是组织资源分配优先顺序的总纲。只有在战略制定和实施之后,组织才能由一个抽象的概念变成具体的形态。需强调的是,在制定战略时,要特别重视对其他相关组织,尤其是竞争对手的研究,尽可能地做到"人无我有、人有我优",以获取竞争优势。

5. 政策

政策是指处理各种问题的一般规定,它是人们进行决策时思考和行动的指南。在现实工作中,政策更多以书面文字的形式发布。政策一般比较稳定,一旦制定,就要持续到新政策出台为止。它对管理人员的工作起到指导和制约作用。

6. 程序

程序是对处理组织活动例行方法的规定。它规定了处理那些重复发生问题的方法和步骤。程序是行动的指南,而不是思想的指南。程序是通过对大量经验事实的总结而形成的规范化的日常工作过程和方法,它是提高组织工作效率的重要保证。20 世纪初,福特通过建立生产流水线来提高企业生产效率,最终取得了美国汽车业老大的位置。在这里,生产流水线上的操作程序应该是立了大功。

7. 规则

规则是为落实政策而制定的强制性的行为准则。它是指导行动的是非标准,是一种简单的计划。规则是需要强制执行的,而政策有较多的商量余地。规则与程序的异同在于：两者的共同点是都直接指导行动本身，都抑制思考；两者的区别是，规章只是对具体情况下的单个问题的规定而不涉及程序所包含的时间序列，或者可以说程序实际上就是多个规章按照一定时间序列的组合。

8. 规划

规划是综合性的计划，它的作用是根据组织总目标或各部门目标来确定组织分阶段目标或各部门的分阶段目标，其重点在于划分总目标实现的进度。因此，一个规划可能需要很多支持计划。除了分阶段目标外，规划的具体内容还包括实现该目标所需的政策、程序、规则、任务分配、执行步骤、涉及的资源等。通常情况下，规划需要预算的支持。

9. 预算

预算是一种数字化的计划，把预期的结果用数字化的方式表示出来就形成了预算。一般说来，组织中最重要的预算是财务预算，它勾勒出未来一段时期组织的现金流量、投入、产出等的具体安排。预算还是一种重要的控制手段，是计划和控制工作的连接点。因为计划的数字化产生预算，而预算又将作为控制的衡量标准。

图 3-2　计划的层次体系

二、计划编制的程序

虽然计划的种类很多,但计划的编制具有一定的普遍性。计划的编制过程一般需经过以下步骤。

(一) 分析环境

组织在正式编制计划之前,需要对组织的内外环境进行认真的调查分析。对组织外部环境的分析,是为了识别哪些因素对组织的影响是有利的,哪些因素对组织的影响是不利的,即识别机会和威胁各有哪些。对组织内部环境的分析,是为了看清楚组织自身最擅长什么,最薄弱的环节又是什么,即识别组织的优势和劣势分别是什么。通过以上的分析,组织可以做到知己知彼,从而能更好地利用自己的优势来把握住可能存在的机会。严格地说,这个环节是计划工作的真正起点。

(二) 确定目标

在分析的基础上,组织就可以选择并确定自己的可行性目标。计划工作的目标指明了组织所要做的工作有哪些,重点在哪里,以及运用策略、政策、程序、预算等计划形式所要完成的任务。目标的选择是计划工作中极为重要的环节,因此它必须做到:首先,所选择的目标必须确保与组织的发展战略目标相一致;其次,在有多个目标可供选择时,应分清主次,以保证将组织有限的资源用于关键目标的实现上;另外,目标应尽可能量化,这是保证目标有效、高效实现的关键。

(三) 确定计划的前提

确定计划的前提,就是要确定整个计划活动所处的未来环境。既然是一种未来的环境,其中必然充满着许多的不确定性。因此,不可能要求管理者能够百分百地预见未来,而只能通过对现有资料的分析预测计划将要涉及的未来环境。未来环境包含的内容很多,管理者不可能也没必要对它的每个方面、每个环节都做出预测,而只需对其中对计划内容有重大影响的主要因素作出预测就可以了。例如,管理者应尽可能地预测出组织未来的市场状况、竞争状况、资源保证情况,甚至政府的政策、宏观经济环境等。

(四) 确定备选方案

一个计划往往有几个可供选择的方案。在这个环节中,具体要完成两件任务:第一,通过集思广益来发掘多种高质量的备选方案;第二,通过初步筛选,减少备选方案的数量,以便对最有希望的方案进行仔细的分析。

(五) 比较备选方案

确定了备选方案后,就要根据计划的目标和前提条件,对各种备选方案进行分析比较。比较的关键在于比较标准的选择以及各标准权重的确定。例如,比较的标准既可以是利润的多少,也可以是投资额的大小,当然还可以是对组织形象的影响程度等。在实际工作中,一般是多重标准共同使用,因此还需要确定各标准的权重。这样才能进行有目的性的比较。

(六) 选择方案

选择方案是计划的关键。为了保持计划的灵活性,选择的结果往往可能是选择两个或以上的方案。这时,应明确首先采取哪个方案,并将其余的方案也进行细化和完善,作为后备方案。

(七) 制定派生计划

派生计划就是总计划下的子计划。完成选择之后,就必须帮助涉及计划内容的各个下属部门制订支持总计划的部门计划,即派生计划。完成派生计划是实施总计划的基础。

(八) 编制预算

计划的最后一步就是编制预算。预算实质上是资源的分配。它既是汇总各种计划的工具,又是衡量、控制计划进度的重要标准。

三、计划的方法

计划的方法很多,不同的计划方法将在很大程度上决定了计划工作效率的高低和质量的好坏。下面简要介绍三种常用的计划方法。

(一) 滚动计划法

滚动计划是编制长期计划的一种形式。计划的期限越长,未来的不确定因素就越多,计划的前提条件就越难确定。为提高计划的有效性,可以采用滚动计划法。所谓滚动计划法,就是采用近细远粗的方法,近期的计划订得较细、较具体,远期的计划订得较粗、较概略,在近期计划完成后,再根据执行结果的情况和新的环境变化逐步细化并修正远期的计划。此后便根据同样的原则逐期滚动,每次修正都向前滚动一期,具体情况见图3-3。

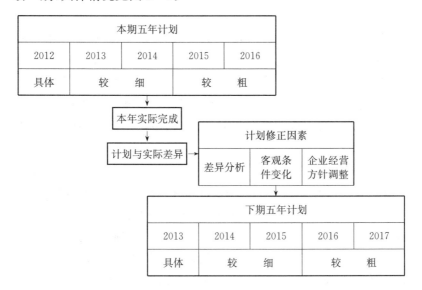

图3-3　滚动计划法示意

这种计划的主要优点是:将近期计划与远期计划结合起来,保证各时期计划的相互衔接;同时,也保证了计划具有一定的弹性,有助于提高组织的应变能力。这种方法的最大缺点就是计划的工作量很大。

（二）网络计划技术法

网络计划技术法是对关键路线法和计划评审技术的总称。关键路线法是1956年由美国的杜邦公司和兰德公司合作研究出来的,计划评审技术是1958年美国海军独立研究并提出的。这两种方法各有特点,但它们相互渗透,已无法将它们分开,所以将它们合称为网络计划技术法。

网络计划技术法是安排工程项目、产品生产、科学研究等工作进度计划的科学方法。它的基本原理是:首先应用网络图的形式来表达一项计划中各项工作(任务、活动、工序等)的先后顺序和相互关系;其次,通过计算找出计划中的关键工序和关键路线,然后通过不断改善网络图选择最优方案,并在计划执行工程中进行有效的控制和监督,保证取得最佳的经济效益(具体的运用步骤略)。

网络计划技术法的主要优点:第一是它的系统性,即它把每个项目都当成一个系统来看待;第二是它的关键性,即它能从整个项目中找出关键工序和关键路线,这对有限资源的有效利用是非常有好处的;第三是它的经济性,即它把计划进度与经济效益紧密地结合起来,用最节约的费用来加快进度,完成计划。这种方法的最大缺点就是当它在建立模型时,为了建模的方便和降低模型的复杂程度,往往要做过多的假设,而这些过多的假设可能会使结果高度失真而失去解决问题的意义。

(三) 线性规划法

所谓线性规划法,就是使目标函数取得最优值的一种数学方法。它是运筹学的一个重要分支。组织在编制它的经营计划时,若碰到以下两类问题,最适宜采用线性规划法:第一类的问题为资源(人力、物力、财力等)给定条件下,要求充分利用这些资源,最大限度地实现预期目标(产值、产量最大、利润最高等);第二类问题为任务给定的情况下,要求以消耗最少的资源(原材料、工时、成本等)来完成它。前一类问题为极大问题,后一类问题为极小问题。

四、时间管理

在编制计划时,一定不能忽视对时间的计划,即时间管理。这一点对组织的管理者而言尤其重要。时间是一种特殊的资源,一旦浪费了就再也不能恢复。虽然人们总在谈论节约时间,但事实上时间是不能被节省下来的,它不能被储存起来供未来某个时期使用。作为组织的管理者,他的时间并不都是可以自我掌控的,而是常常会被要求去处理各种各样的突发事件。所以,学会时间管理,不仅对组织,而且对任何人都有着非同寻常的意义。

时间管理就是如何更有效地安排工作计划,掌握重点,合理有效地利用工作时间,其本质是管理个人。时间管理是通过良好的计划来完成的。

(一) 时间管理的重点与步骤

1. 时间管理的对象与重点

时间管理的对象就是时间。对时间的性质进行研究,有利于我们更有针对性、更为有效地进行时间管理。这里我们主要分析组织管理者的时间。管理者的时间一般可以分为两部分:一部分为不可控时间,用于响应其他人提出的各种请求、要求和问题,这部分时间又称为被动时间,管理者一天的大部分时间属于被动时间;另一部分是管理者可以自行控制的自由时间(或主动时间)。正因为自由时间是可控的,所以时间管理的重点也就在如何用好自由时间上。

对于大多数管理者而言,特别是中下层管理者,自由时间只占其工作时间的四分之一左右,而且,是以分散的形式存在的。因此,要有效地运用时间,就必须知道什么时间是自由时间,并通过对活动的合理安排,把这些时间组合在一起,从而加以充分的利用。

2. 时间管理的步骤

时间管理的目的是为了有效地利用时间。这要求管理者明确在一定的时期内所要达到的目标、所需进行的活动和每一项活动的重要性和紧迫性。时间管理一般包括以下几个步骤。

(1) 列出目标清单。即列出部门在未来一段时间内所要实现的目标。

(2) 按重要程度对目标排序。不会所有的目标都是同等重要的,既然每一个人所拥有的时间是有限的,我们首先要做的应该是重要的事情。

(3) 列出实现目标所需进行的活动。即明确为了实现上述目标,应开展哪些活动。

(4) 对实现每一个目标所需进行的活动排出优先顺序。排序时按每一项活动的重要性和紧迫性程度排列。可将所有活动按其重要性和紧迫性程度分成四类:必须做的、应该做的、有时间就应该做的和可授权给他人做的。必须做的是非常重要的或非常紧迫的事,应该做的是重要且紧迫的事,不紧迫的事可留到有时间的时候做,而不重要的事可授权他人来做。

(5) 制定每日工作时间表或备忘录。在每天早上或前一天晚上,将当天或第二天所要做的事情按其重要性和紧迫性程度列出一个清单,并制定相应的时间表。要注意的是,所列事情不能太多,以 5 件左右为好。

(6) 按工作时间表开展工作。在工作中,要严格按时间表进行,每做完一件事都要看一看下面一件事是什么,可以有多少时间来处理这件事。尽可能地按时完成,若不能按时完成,则要重新评价其重要性和紧迫性,并据此确定将此事推后或修改工作时间表。

当天工作结束时,要回顾一下整天的时间运用情况,并安排第二天的活动。通过不断地总结经验,不断地提高工作效率。

(二) 时间管理的方法与艺术

1. 时间管理的四象限法

时间四象限法是美国的管理学家科维提出的,它按照重要和紧急两个不同的维度,把工作分为四个象限:既紧急又重要(如客户投诉、即将到期的任务、财务危机等)、不紧急但重要(如建立人际关系、人员培训、制定防范措施等)、紧急但不重要(如电话铃声、不速之客、部门会议等)、既不紧急也不重要(如上网、闲谈、邮件、写博客等)。

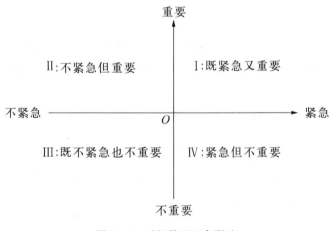

图 3-4 时间管理四象限法

（1）马上做重要紧急的事。例如处理客户投诉、处理服务器故障等突发性问题，尽量以最短最快的时间内完成这些事情。

（2）花主要的精力和时间做不紧急但重要的事。这一类的事情影响深远，例如学习新知识、新技能等，这类事情的效益是中长期的，四象限法重点是把主要的精力和时间集中地放在处理重要但不紧急的工作上。

（3）对紧急但不重要的事，要学会说"不"。一个人的时间和精力是有限的，对于自己不重要的事情，能不做就不做，拒绝或推脱工作要讲究技巧，不要直截了当，要委婉，用让上级觉得确实是合理的理由来拒绝这个新增派的任务。一个人只有学会说"不"，他才会得到真正的自由。当然这并不等于推卸责任，如果确实需要自己来完成，那么就使用最短的时间完成这些工作。

（4）尽量不做不紧急也不重要的事。如果确实需要做，那么要严格限定时间，比如写博客，限定1个小时，时间一到就立刻停止写作，千万不要被无聊的人和无关紧要的事缠住。

如何区分重要与紧急任务，是运用时间四象限法的关键。只要我们把精力主要放在重要但不紧急的事务处理上，合理安排时间，我们就能做到自己的长远规划，工作效率就会大幅提升。什么是重要的事情？重要的事情是指真正有助于达成我们的目标的事情，是让我们的工作与生活更有意义、更有成就的事情，但是这些事情通常并不是那么迫不及待的——而这点也恰恰是时间管理的最大误区。第三象限的收缩和第四象限的舍弃是众所周知的时间管理方式，但在第一象限与第二象限的处理上，人们却往往不那么明智——很多人更关注于第一象限的事件，这将会使人长期处于高压力的工作状态下，经常忙于收拾残局和处理危机，这很容易使人精疲力竭，长此以往，既不利于个人也不利于工作。

2. 时间管理的基本要求

有效管理时间的前提是必须明确坚持目标原则。但目标原则不单单是有目标，而且是要让目标达到SMART标准，SMART标准具体包括五个方面的要求。

（1）具体的（specific）。这是指目标必须是清晰的，可产生行为导向的。比如，目标"我要成为一名优秀员工"不是一个具体的目标，但目标"我要获得今年的最佳员工奖"就算得上是一个具体的目标了。

（2）可衡量的（measurable）。这是指目标必须可用指标量化表达。比如上面这个"我要获得今年的最佳员工奖"目标，它就对应着许多量化的指标——出勤率、业务量等。

（3）可达到的（attainable）。这里"可达到的"有两层意思：一是目标应该在能力范围内；二是目标应该有一定难度。大多数人在这点上往往只注意前者，其实后者也相当重要。目标经常达不到会让人沮丧，但同时得注意：太容易达到的目标也会让人失去斗志。

（4）相关的（relevant）。这里的相关的是指与现实生活相关，而不是空想。

（5）基于时间的（time-based）。基于时间是指目标必须确定完成的日期。因此，不但要确定最终目标的完成时间，还要设立多个小时间段上的"时间里程碑"，以便进行工作进度的监控。

3. 时间管理的艺术

在时间管理中，管理者应注意以下技巧。

（1）三个能不能。管理者在处理任何工作时必须思考三个能不能：能不能取消它？能不能与别的工作合并？能不能用简便的东西代替它？这三个思考对提高时间管理的效率来说是非常重要的。

（2）掌握生物钟。每一个人在一天的不同时间里，其工作效率是不同的。管理者应掌握自己的效率周期，并以此制定自己每天的工作计划，把最重要的事情放在自己效率最高的时候做，而把日常事务和不重要的事安排在生物钟处于低潮的时候做。一般而言，这样安排将大大提高工作效率。

（3）运用帕金森定律。帕金森定律指出，只要还有时间，工作就会不断地扩展，直至用完所有的时间。因此，不要给一项工作安排太多的时间。如果人们给一项工作分配了较多的时间，他很可能就会慢慢来，直至用完所分配的所有时间。

（4）把不太重要的事集中在一起处理。在每天的日程中安排一段固定的时间用于处理信函、接待下属、回答问题等。一般而言,这段时间应安排在生物钟处于低潮时。

(5) 尽可能减少干扰。为了充分利用时间,可把生物钟处于高潮时的时间固定为自由时间。在这段时间里,要排除干扰,关起门来静心考虑问题,不接电话、不接待下属,把这些事情放在另外一段时间里。能拥有的自由时间的多少主要取决于管理者在组织中的地位,一般地,高层管理者的自由时间多,而基层管理者的自由时间少。

(6) 提高会议效率。开会在管理者的时间表中占有较大的份额。因此,提高开会效率是有效利用时间的一个重要方面。每次开会之前,应规定好会议议程和会议时间,并严格执行。

第四节 计划的评价与实施

一、计划的评价

做好计划的评价,关系到所制定的计划质量、水平和可行性等,是计划制定工作中不可缺少的环节。评价包括以下方面的内容。

(一) 计划的程序性评价

程序性评价是对计划工作本身的评价,这一评价的重点是计划制定工作,因为计划工作的科学性和计划的科学性是密切相关的。对计划进行程序性评价包括以下三个方面。

1. 计划客观性的评价

计划的客观性是指计划制定时所依据的资料是否属实、考虑是否周到、分析是否合乎规律,等等。这是保证计划科学性所要求的。计划的客观性程度越高,计划的结果就越容易为人们所接受,自然也就容易执行和实现。

2. 计划结构完整性的评价

计划结构是指计划的覆盖面、涉及的时间跨度、责任的明确性和控制的特性等。第一,评价计划的全面性。全面性包括两层意思,首先是计划对组织活动所涉及的重大方面,是否都纳入了计划;其次是计划对涉及的问题是否都提出了解决方案。第二,评价计划时间的幅度即完成计划的明确时间。第三,评价计划的分工明晰程度。计划必须落实到组织中的各个成员的头上。完整的计划,必须明确每一个部门、每一个员工的职责。第四,评价计划控制操作程度。比如,提出的计划指标是否适用、是否可操作。

3. 计划灵活性的评价

计划要保持一定的稳定性。但由于外界环境的变化,内部条件的变动,计划不可避免地要进行修改,制定计划应考虑到这一点。所以计划的灵活性是对计划进行程序性评价的重要指标。计划灵活性主要体现在:首先,计划是否提出了预备方案,当实施方案不可实施时,其他各类方案的可行性;其次,不同计划的衔接协调程度。

(二) 对计划内容的评价

对计划内容的评价又称计划的效果评价,即对计划实施后的效果的评价。它包括事前评价和事后评价两部分。事前评价是计划执行前对计划方案实施结果的估计,即通过各种分析手段,进行预先分析;事后评价是在计划实施之后,将结果与计划进行比较。运用这个方法对计划进行评价是基于以下两个假设:其一,任何组织(企业)都以效用最大化为行为准则,都必须从一定量的投入中获得最大的产出,即使这个组织不是经济组织,也不例外。其二,经济学的原理和方法,应该是可以转化为管理的原则和方法的,组织的投入产出行为以货币为标准度量是可能的。

二、计划的实施

计划工作的目的是为了实现计划。因此,编制计划仅仅是计划工作的开始,更重要、更大量的工作,还在于积极地组织计划的实施。

组织计划实施的基本要求是:全面、均衡地完成计划。所谓全面地完成计划,是指必须按一切主要指标完成计划,而不能有所偏废;所谓均衡地完成计划,是指不仅要按年、按季,而且要按月,有些单位甚至要按旬、按日完成计划。均衡地完成计划,有利于保证建立正常的生产经营秩序,改善各项指标,促进稳步发展。

组织计划的实施,需要做好以下几项工作。

(一) 分解、落实计划指标

指标分解就是将计划指标分解为若干具体指标。这些具体指标,要能反映计划指标的要求。指标落实就是将各项具体指标落实到各职能部门、生产单位和个人。指标层层分解、逐项落实,就能使每个单位和每个员工明确应尽的责任和努力的目标,从而有利于计划的实施。

(二) 严格实行考核制度

为了衡量各单位和每个员工是否完成了自己的任务,必须进行严格的考核。所谓考核,就是用实绩与任务进行比较,测量其任务的完成程度。考核必须全面客观。全面规定哪些任务就考核哪些内容,不可少也不应多;客观指对外部影响要予以剔除,只衡量本身努力的实绩。考核要确切,应尽可能以数据说话,避免模棱两可。

(三) 坚持激励原则

在严格考核基础上,对成绩优良者,给予精神上表扬、物质上奖励,激励的程度应视完成任务的情况而有差别。相反,对完不成任务,甚至带来经济上损失的单位和个人,或予以批评,或给予经济制裁。正确运用激励原则,可以推动计划的顺利实现。

(四) 加强控制

控制是保证计划完成的重要条件。所谓控制,就是根据计划要求,对实际实施执行情况进行测定、比较和分析,发现偏差,及时采取措施加以调整。为了做到这一点,必须经常和定期对计划实施情况认真地检查,以便及时发现和解决计划实施过程中存在的问题,或进一步挖掘新的潜力,对计划进行补充和调整。同时,要强化控制系统,搞好调度工作。

本章小结

计划工作首先要确定组织的任务和目标,组织的目标决定了组织存在的理由以及组织发展的路线,是管理者和组织中一切成员的行动指南,它既是决策的基本依据,也是业绩考核的基本依据,管理过程中的其他职能都只有在计划职能确定了目标以后才能进行。因此,目标是计划工作的基础。确定目标的过程,其实也是一个决策的过程。当组织面临多种发展路线,或者若干个目标方案的时候,就需要我们进行分析判断,做出抉择,这就是决策。决策的正确与否直接关系到组织的生存与发展,可以说,计划工作的核心是决策。有了明确的目标并进行决策之后,还应该进一步制定实现目标的行动方案,计划的实质,就是计划并确定行动方案。无论是目标、决策,还是计划方案,都还停留在纸面上,更重要、更大量的工作,还在于积极地实施计划,实施是计划工作的关键。

有些人认为现在的环境条件下,环境越来越复杂,越来越动荡,计划跟不上变化,似乎计划工作变得可有可无的事情了。这种观点更是错误的。正因为环境变化越来越快、越来越大,这就对计划工作提出了更高的要求。计划要保持更多的弹性,上级在为下属部门制定计划的时候,应该由原来的指令性的具体计划,转变为指导性计划。

关键概念

计划;决策;目标管理

基本问题

1. 试述目标确定的原则和过程。
2. 试述目标管理的过程。
3. 决策的类型和一般程序是什么?
4. 试述计划工作的主要任务和表现形式。
5. 计划实施的要求有哪些?

讨论与交流

1. 请运用时间管理四象限法,为自己制订每天(或每周)工作时间表或备忘录。

2. 以购买商品房为例,说明决策的一般过程。

第4章

组　　织

 知识点睛

战略决定结构，结构从属于战略。

——埃尔弗雷德·钱德勒

多数经理人把时间更多地花费在令企业聪明上。然而健康的企业最终总能找到办法比其竞争对手更聪明，塑造一个健康的组织是企业家的首要任务。

——本·科恩

本章导读

战略管理领域的奠基者之一、哈佛管理学教授钱德勒说:"战略决定结构,结构从属于战略。"他告诉人们:当一个组织确立了自身的发展战略之后,如何通过组织结构为其提供有效配置资源的保障便成为管理的关键问题之一。美国管理研究股份有限公司的创始人兼总裁本·科恩则明确指出"塑造一个健康的组织是企业家的首要任务",也同样说明了组织工作的重要性。如何有效地开展组织活动、安排组织业务,构建一个合理的组织结构,这是组织正常运行的关键。而且随着组织业务发展和规模扩大,组织活动的重要性将日益凸显。

第一节 组织与组织设计

一、组织和组织设计的概念

(一) 组织

在本书的第一章,我们介绍了作为实体组织的含义,分析了它的特点和类型,目的在于全面地了解组织现象,从而搞好组织设计工作。本章是从动态的角度来阐述组织工作的。从动态的角度来看,组织作为一种无形的组织活动,是指在特定的环境中为了有效地实现特定目标,确定组织成员、任务及各项活动之间的关系,对资源进行合理配置的过程。正是从动态角度来理解,组织被视作为管理的一项基本职能,它通过建立组织结构,并不断地调整组织结构,将组织活动各个要素、各个环节,从时间上、空间上科学地组织起来,使个体的力量得以汇聚、融合和扩大,从而发挥组织的作用。

(二) 组织设计

组织设计就是将实现组织目标所必须进行的各项活动和工作加以分类和归并,设计出合理的组织结构,配备相应人员,分工授权并进行协调的活动。更具体地说,组织设计就是对组织活动和组织结构的设计过程,组织设计的任务主要有以下三个基本方面。

1. 职务分析与设计

职务分析与设计是进行组织设计的基础性工作,首先要对组织的目标活动进行逐级分解,在此基础上具体确定出组织内各项作业和管理活动开展所需设置的职务类别与数量,并指出每个职务的职责权限和任职者的素质条件。

2. 部门划分与层次设计

在职务设计的基础上,根据各个职务所从事的工作性质、内容及职务之间的相互联系,依照一定的原则,将各个职务组合成被称为"部门"的作业或管理单位,所有的部门又可以按照一定的方式,组合成上一层级更大的管理部门,如此就形成了组织内部的"层次"。部门划分和层次设计是组织设计的主要工作。

3. 结构形成

结构形成就是通过职责权限的分配和各种联系手段的设置,使组织的各个构成部分(各个职务、部门和层次)联结成一个有机的整体,使各方面的工作得以协调配合。组织设计的结果一般体现在两份书面文件上。

(1)组织机构系统图(又称组织结构图)。它通常是以树形图的形式简洁明了地表示组织内的机构及主要的职权关系。图中的方框表示职位或部门,方框的垂直排列位置说明该职位或部门在组织层级中所处的位置,而上下方框之间相连的直线,则说明了这两个职位或部门之间的隶属和权力关系。

(2)职务说明书(又称职位说明书)。职务说明书以文字的形式规定各个职位的工作性质、工作内容、工作职责与职权、工作环境和工作关系,并拟定工作者的任职资格,如任职者的个人特质、条件、所受的教育和培训等。

二、组织设计的原则

不同组织所处的环境、所采用的技术各不相同,各自的发展战略和发展规模也不相同,因此,各个组织所需的职务和部门及其相互关系也会不同,但任何组织在进行组织设计时必须遵循的原则应该是共同的。

1. 目标导向

目标是组织设计的出发点和归宿点。组织结构及其每一部分的构成,都应当有其特定的目标和任务,这些任务和目标,都必须服从并服务于组织目标。组织的战略目标、核心职能对组织结构的形式起着决定作用,对组织目标和职能的关注应该贯穿于组织设计和组织变革工作的全过程。

2. 人事相宜

组织中的每一个部门、每一个职位都需要有具体的人员来完成其规定的工作目标和工作任务,组织设计必须将组织活动的每一项工作任务和内容都能落实到具体的部门和职位,从而确保事事有人做。因此,组织设计就必须从工作特点和工作需要出发,因事设职,因职用人。同时由于组织中的每一部门和每一个职位的工作最终都是要靠人去完成的,因而组织设计也绝不可以忽视人的因素,忽视人的特点和人的能力,组织设计的目的就不仅仅是要保证事事有人做、人人有事做,而且要保证有能力的人有机会去做他们真正能够胜任的工作,也就是说,人与事应该得到有机结合,只有以人为中心和以工作为中心相结合的组织设计,才能实现组织中的人事相宜。

3. 精干高效

精干高效是组织设计必须遵循的经济原则。组织活动必须讲究效率,而提高效率的一个前提条件就是组织要精干,精干有利于在组织内建立快捷的沟通,减少内耗,降低管理成本。为此,组织内的部门设置必须合理,尽可能减少部门的设置数量,部门的数量越多,协调和控制这些部门的上级部门也就越多,整个组织结构就会变得庞大臃肿。不仅如此,每个部门的人员配备也必须合理,一个人可以完成的岗位责任,就不能安排两个人去完成。

4. 幅度适当

管理幅度是指一个主管人员能够直接有效地指挥下属人员的数目。任何人的时间和精力、专业知识和能力都是有限的,因此一个上级主管可以直接有效管辖的下属人数也应该是有限的。管理幅度过大,会致使上级主管的指挥监督不力,整个组织会陷入失控状态;管理幅度过小,又会造成管理人员配备增多,人浮于事,管理成本增加,管理效率降低。幅度多大为宜,很难有一个确切的数量标准。管理幅度的设计,受制于许多因素,只有对这些因素做出综合分析,才能设计出适当的管理幅度。

5. 权责利对等

权责利保持协调、平衡和统一,是组织有效运行的前提,也是组织设计必须遵循的基本原则。权力是责任的基础,责任是权力的约束。有责无权或权限过小,管理者将无法履行他的职责,积极性和主动性也会受到严重的束缚;反之,只有权力但没有责任或责任程度小于职权,则会导致滥用权力和推卸责任的现象,责任和权力相当,权力拥有者在运用权力时就必须考虑并承担可能产生的后果而不至于滥用权力。与权责相关的是利益,利益的大小,决定了管理者是否愿意承担责任以及接受权力的程度,只有与权责相匹配的利益,才能充分调动管理者的积极性和创造性。责任、权力和利益的统一,适用于组织任何一个管理层次,特别是高层管理。

6. 统一指挥

统一指挥是指组织中的每一个下属应当而且只能向一个上级主管直接汇报工作,一个下属在做同一件工作时,只应接受一个直接上级的命令。组织内部的分工越是细致、深入,统一指挥的原则对于保证组织目标实现的作用就越重要。政出多门,命令不统一,一方面会使下属无所适从,另一方面也会给下属利用主管的分歧、逃避责任创造机会。在组织设计或调整时,要贯彻统一指挥的原则,必须特别处理好以下几方面的关系。第一,直线部门和职能部门之间的关系。避免多头指挥或无人负责的现象,必须确定一总负责人并实行全权指挥。第二,正职与副职的关系。在同一层次的领导班子中,正、副关系是主辅关系、上下级关系,副职必须服从正职。第三,不同管理层次之间的关系。各个管理层次之间应实行逐级指挥和逐级负责,一般情况不应该越级指挥和越级请示。此外,在组织设计时候,还要考虑权力的制衡问题。在组织的中下层,其上级自然形成权力的制衡,对于高层,还必须设置专门的机构,从而形成对高层权力的制衡机制,比如公司中的股东大会、董事会和监事会等。

7. 分工协作

专业分工是基于提高组织管理效率的需要,但分工的细致、深入,必将会增加组织的部门和人员数量,加大管理组织的横向幅度,使管理的协调任务加重,协调的难度加大。在分工的基础上,各专业部门必须加强配合,才能保证各项专业管理工作的顺利展开,以实现组织的整体目标。在一个组织中,没有分工,协作就无从谈起,但如果只有分工而没有协作,分工也就失去了意义。在处理好分工与协作关系的时候,组织设计应该注意以下三个方面的问题。第一,注意分工的合理性。合理的分工,必须以提高专业化程度和工作效率为前提。第二,注意协调方式。协调方式也是影响效率的重要因素,要本着系统的思想,做好各部门内部以及各部门之间横向与纵向的协调与配合。第三,要加强各个管理职能之间的相互制约关系,以确保组织的管理秩序。

8. 集权与分权结合

组织设计涉及的一个核心问题是权力的分布,集权有利于保证组织的统一领导和统一指挥,有利于组织资源的合理配置和使用,而分权则有利于中下层管理者根据实际情况迅速而准确地作出决策,也有利于高层领导摆脱日常事务。集权和分权是相辅相成的矛盾统一体,在进行组织设计时,既要有必要的权力集中,又要有必要的权力分散。没有绝对的集权,也没有绝对的分权,应该把握的是哪些权力应该集中,哪些权力应该分散,以及集权和分权的程度如何。所有这些都取决于组织运行发展的需要。

第二节 职务设计

一、基本概念

1. 职务与职位

职务是指组织中某一组工作任务与职责的集合,它构成了某一特定工作人员所需从事的全部工作内容。与职务相关的概念是职位,职位是任职者所对应的位置。

一般来说,有多少职位就有多少任职者,职位是以工作为中心而确定的,它强调的是人所担任的职位,并不是担任这个职位的人。而一种职务可以有一个职位,也可以有多种职位,但这些职位的主要工作职责是相似的,因此可以归于同样的职务中。

2. 职务设计

职务设计,是指将工作任务组合起来构成一项完整职位的方式。一个组织是由许多任务构成的,这些任务可以组织成为职务。组织中人们所承担的职务并不是随机确定的，而是管理人员对职务进行的有意识设计安排，以反映组织技术的要求以及工作人员的个性特点，只有这样，才能使员工充分地发挥其潜力。职务设计可以用职务说明书来表示。

二、职务设计的原则

在设计组织职务时，要体现以人为中心的思想，正确处理好人与工作的关系，既要考虑工作者的特点，又要结合工作的特点和组织结构的特点，并把两者有机地结合起来。具体来说，职务设计应该遵循以下基本原则。

1. 从实际需要出发

从实际出发，就是从组织特定的工作出发，对组织的所有职位，按其业务性质进行分类，形成若干职组、职系，并按照其责任大小、难易程度、所需教育程度以及技术高低分为若干职级，对组织中的职位的任务、职责、权利、隶属关系和工作条件等相关信息进行收集和分析，作出明确的规定，对每一职位给予明确的定义和描述，并制成职务说明书。当组织所处的组织环境相对比较稳定时，职务说明可以相对明确一些；当组织环境是不稳定而多变的，职务说明可以一般化而且要经常加以修订。

从实际出发，还涉及定编定员问题，定编更多是从组织编制的角度分析，定员则更多地从组织的人数角度进行分析。定编定员就是结合了组织机构设置的实际，实现对各类人员职务的设计和合理配备。

2. 适当的工作范围

在职务设计时，应注意给职务适当的工作范围。一方面，如果把工作范围限定得太窄，任职者就不会有挑战，不会有发展的机会，也不会有成就感，最终可能导致任职者的厌倦和不满。另一方面，如果工作范围定得太宽，其结果将是任职者感受到太大的压力和太多的挫折，最终将削弱任职者对工作的控制能力。

3. 适当的挑战性

如果一个职务不具备一定挑战性，就不能使任职者充分发挥他们的潜力。当他们有了这些多余的力量后，他们就可能将这些剩余力量放在工作以外的地方。例如，他们可能对职务、职责、任务等争论不休、互相影响，而不是集中精力去考虑如何实现组织的目标，组织内部的内耗将增大，所以应该设计出带有挑战性的目标、任务以及职责的职务。

三、职务设计的方法

1. 职务专业化

在20世纪初期，职务设计是与劳动分工具有相同一意义的。这种方法将职务划分为细小的、专业化的任务，工作者从事的都是狭窄的专业化活动。

专业化的职务设计方法可以通过分工来保证生产效率的提高，但这种方法的缺点是容易诱发工作者的疲劳、厌倦感，产生心绪紊乱和焦虑，容易导致工作事故。同时，工作者在这种工作环境中会感到无用武之地，久而久之对自身的能力会产生怀疑，觉得自己也像工作一样被简单化了。虽然如此，职务专业化的方法仍然指导着许多职务的设计。如生产工人仍然在装配线上从事简单、重复的工作，文员、护士、会计等职业的工作者同样在从事着相对单一的专业活动。

2. 职务轮换

职务轮换的方法最早是将工作者轮换到同一水平、技术要求相近的另一个岗位上去的设计方法，它拓宽了工作者的工作领域，给工作者提供了发展技术的机会，同时更多的工作体验也有助于工作者较全面地观察整个工作流程，了解工作中错综复杂、相互关联的活动，从而有利于工作者的职业生涯发展。但职务轮换需要增加培训成本，还会导致生产效率的下降，对那些愿意在自己的专业领域内作一番深入研究的工作者来说，也存在着不利之处。

职务轮换的方法现在更多地被运用于组织实施开发管理才能的规划，这时，它又被称为交叉培训法，比如直线职位与参谋职位人员之间的轮换，不同部门管理人员之间的横向轮换，可以使得人们对组织中的其他活动有更多的了解，从而为人们担任更高职务（尤其是高层职务）积累工作经验。

3. 职务扩大化

职务扩大化是一种横向扩展工作的职务设计方法,主要是扩展工作任务的种类,把多种属于或低于同一水平的不同工作任务结合在一起安排在一个职位,原则上是增加了一项职务所完成的工作任务的数量,并减少了职务循环重复的频率。

职务扩大化有助于减少工作单调感,增强工作者对工作的注意力,有利于工作者对工作进行自我控制。

尽管职务扩大化试图克服职务专业化方法缺乏工作多样性的缺陷,但它在给工作活动注入挑战性和重要性方面却没有多大的作用。

4. 职务丰富化

职务丰富化是工作扩大化的发展,是一种纵向的工作扩展,这意味着赋予工作者自主权,有机会参加计划与设计,获取信息反馈,估计和修正自己的工作,从而增加他们的责任感、成就感和对工作的兴趣。

与常规的、单一性的职务设计方法相比,职务丰富化能够提供更大的激励和更多的满意机会,但在实施中,无法判明工作者的个人特点与工作丰富化的关系,而且,随着工作多样性的增加,责任、自主权等变量也相应有所变化。

第三节 组织结构设计

一、组织结构的内涵、特性和权变因素

(一)组织结构的内涵

组织结构是指一个组织内各构成要素以及它们之间确立的相关形态,一般被描述为组织的框架体系。每个组织都要分设若干管理层次与管理部门,组织内各个部分的排列顺序、空间位置、聚散状态、联系方式以及各个要素之间的相互关系,都是由组织结构决定的。因此,正确地选择组织结构形式,对于充分发挥组织职能的作用、进行有效的管理具有重要意义。

我们可以从以下三个方面来理解组织结构的内涵。

1. 组织结构设计的依据是组织目标

组织一切活动的最终目标是实现组织目标,组织结构的设计与运行是实现组织目标的根本保障,组织结构应该与组织目标的变化以及组织资源的变化保持动态的匹配。

2. 组织结构设计的本质是明确分工协作关系

合理的分工是为了大幅度提高工作效率,但这种分工在任何组织中都是相对明确的,如果没有协调的合作关系,分工也无法产生效益。组织结构就是以制度的形式明确工作者为了实现组织目标而需要建立的分工协作关系,制度的相对稳定性保证了组织分工协作关系的可持续性,因此,组织结构的本质是能够明确组织的分工合作关系。

3. 组织结构设计的核心是划分权责关系

组织结构设计涉及的核心问题是权责划分。分工协作关系在组织运行过程中体现为岗位职责的划定。如何根据组织目标的要求明确职务范围、责任,使之形成一定的结构体系,并据此协调员工之间的协作关系,这是建立组织结构的关键。

(二)组织结构的特性

就好像人体是由骨骼确定其形体一样,组织也是由结构决定其形态和形式的。组织结构的特性可以被分解为三种成分:复杂性、正规化和集权性。

1. 复杂性

复杂性指的是组织分化的程度。分化程度意味着一个组织的劳动分工程度、纵向等级数和地理分布的状况。一个组织的劳动分工越细致,纵向等级层次越多,地理分布越是广泛,则协调人员及其活动就越是困难,这个组织结构也就越是复杂。

2. 正规化

正规化是组织依靠规则和程序引导成员行为的程度。如果组织的规范准则较少,则说明其正规化程度就较低;正规化程度高的组织,往往具有各种规定,指示成员可以做什么和不可以做什么。

3. 集权化

集权化就是决策制定权力的集中程度。如果决策制定权集中在组织高层,则表明该组织的权力分布是倾向于集权的,组织结构的集权化程度高;反之,下层人员如果能够被授予决策制定权力,则表明该组织的权力分布倾向于分权,组织结构的分权化程度高。

(三) 组织结构的权变因素

1. 影响组织结构设计的因素

任何组织的活动总是在组织总体战略的指导下,在一定的环境中利用一定的技术条件进行的,此外,组织的发展规模也要求与之相应的结构形式,这些因素都是组织结构设计时必须予以考虑的。换言之,组织结构设计取决于各种权变因素。通常人们将影响组织结构设计的主要因素概括为以下几个方面。

(1) 战略因素。组织的结构要服从于组织的发展战略,组织结构为组织战略的实施和组织目标的实现提供了必要的前提。由于环境的变化,一个组织必须改变它的发展战略,而新的战略则将导致内部结构的改变,否则战略将归于无效。具体地说,不同的战略要求不同的业务活动,从而影响了组织内部管理职务的设计;战略重点的转变,将引起组织工作重点的改变,从而各部门和职务的重要程度也将随之改变,因此就要对各管理职务以及部门的地位以及它们之间的相互关系做出相应的调整。

最早对战略-结构关系进行研究的是美国组织理论专家钱德勒,经过对美国100多家公司的调查,他发现:许多企业起初往往是一个单独的工厂和办公室,只执行一个单独职能,比如制造和销售,简单的战略只要求一种简单的、松散的结构形式。当它进行地区开发时,它要执行扩大规模的战略,这是就需要有协作、标准化和专业化的部门。当组织扩大了它的职能,进入纵向的整体化阶段时,需要建立相应的职能结构;当组织开展多种经营,进入横向发展阶段时,需要建立按产品划分的组织结构。

美国管理学家雷蒙德·迈尔斯和查尔斯·斯诺分析了与不同战略取向相匹配的组织结构特征。采用防守型战略的公司组织处于相对稳定的环境,以稳定和效益为主要目标,其组织结构表现出以下主要特征：严格控制,专业化分工程度高,规范化程度高,规章制度多,集权程度高。而采用进攻型战略的公司组织,面临动荡而复杂的环境,追求快速和灵活反应,因此,它会选择松散型结构,劳动分工程度低,规范程度低,规章制度少,分权化程度高。采用分析型战略的公司组织面临相对变化的环境,追求稳定效益和灵活相结合的目标,在组织结构上适度集权控制,对现有的活动实行严格控制,但对一部分部门采用让其分权或相对自主独立的方式,组织结构采用一部分有机式、一部分机械式。

(2) 规模因素。实践表明,规模是影响结构的一个不容忽视的因素。随着组织的发展,组织活动的内容会日趋复杂,人数也会逐渐增多,组织规模会越来越大,组织结构必将随之而不断调整。规模与结构之间的关系大致为：组织规模越大,工作就越专业化；组织规模越大,标准操作化程序和制度就越健全；组织规模越大,分权的程度就越高。例如,大型组织(那些通常雇佣人数在 2 000 人以上的)倾向于比小型组织具有更高程度的专业化和横向及纵向的分化,规则条例也更多。

(3) 技术因素。技术以及技术水平不仅影响组织活动的效益和效率,而且会作用于组织活动的内容划分、职务设置和对人员素质的要求,因此,组织结构必须与组织技术相适应。

最早把技术作为结构的一个决定因素来研究的是美国管理学家琼·伍德沃德。她按技术复杂程度的增大,将制造企业分为三种技术类型：第一类,单件和小批量生产,即用于生产单个顾客的定制产品,以满足顾客的特殊偏好；第二类,批量生产技术,即用标准化的工作程序生产标准化的产品,适用于生产装配线上的技术；第三类,连续加工技术,即通过一系列连续的加工过程来对原料进行转换的技术。

伍德沃德根据这三种技术,提出了三点技术权变思想：第一,组织的技术类型影响到应该采用的组织结构类型。如果结构类型与技术类型相适应,那么组织将更成功。第二,组织中的不同部门和部分采用不同的技术,因此,这些下级单位应该具有不同的结构,而非所有的下级单位都一定要建立相似的结构。第三,不同类型的技术要用不同类型的协调与控制机制配套。

通过对许多制造厂的详细考察,伍德沃德得出这样的结论:这三种技术类型企业,都有其相关的特定结构形式,成功的企业是那些能够根据技术的要求而采取合适的结构安排的企业。技术类型和相应的组织结构之间存在着明显的相关性,而组织的绩效与技术和结构之间的匹配程度密切相关。

(4) 环境因素。外部环境的形态是多样的,有相对比较稳定的,也有动荡不定的。不同的环境就形成了两种不同的组织结构模式,即机械式组织结构和有机式组织结构。

① 机械式组织,也称官僚行政组织。机械式组织对任务进行了高度的劳动分工和职能分工,以客观的不受个人情感影响的方式挑选符合职务规范要求的任职人员,并对分工以后的专业化工作作集权严密的层次控制,同时制定出许多程序、规则和标准。机械式组织模式是高复杂性、高规范化和集权化的,在结构上更具有刚性的特点。

② 有机式组织,也称适应性组织。有机式组织模式是一种松散、灵活的具有高度适应性的组织形式,具有低复杂性、低正规化和分权化的特征。有机式组织一般不设置永久的固定的职位和职能界限严格确定的部门,不具有标准化的工作和规则条例,在组织结构上具有更大的柔性,能够根据需要迅速地做出调整,具有较高的适应性和创新性。

一般说来,机械式组织结构在稳定的环境中运作是最为有效的;有机式组织结构则与动态的、不确定的环境最匹配。

知识经济时代,经济全球化使所有的企业组织都同样地面临着激烈变化的市场环境:产品生命周期的不断缩短,顾客需求的不断变化,下游企业对快速交货的要求越来越高,等等。因此,越来越多的管理者在改组他们的组织结构,以便使它们变得更精干、快速和灵活,更具有机性。

2. 组织结构的权变观

权变组织的观点认为,客观上并不存在一种固定不变的普遍适用的最好的组织结构模式,只有根据不同环境采用不同的组织结构,才是比较理想的组织结构设计。因此,权变组织结构的设计,着眼于任务、环境、技术和人员素质等各种权变因素以及它们之间的相互匹配。

组织权变观强调组织与环境的互相作用并保持组织功能与环境的动态平衡,它具有两个显著的特性:一是组织内部各部门之间的相互协调和相互依赖;二是为适应许多无法预测和控制的社会环境因素的影响,从而具有更高的适应性。

现代组织越来越重视柔性的组织结构,不倾向于遵循传统的组织设计原则和方法,不像过去那样更加重视职责的严格分工,因此,组织结构设计出现了机械式的结构逐渐被有机式结构取代的新趋势,体现了组织结构的权变观念。

二、部门化

部门化是对组织业务活动的合理组合,也就是将工作和人员组编成可以管理的单位的过程。在不同组织中,部门有不同的称谓,在企业组织中,有的被称为分公司、部或处、科、车间、班组等,在政府组织中,则被称为部、局、处、科等。

部门化实际上就是将实现组织目标所需开展的各项业务加以科学、合理的分类,将性质相同或相近的工作归并到一起集中处理,并明确规定它们之间横向联系的基本要求,其意义在于通过确定组织中各项任务的分配与责任的归属,以求分工合理、职责分明,有效地达到组织的目标。问题在于如何划分部门和怎样划分才比较适宜,使组织结构能适应环境的变化,并发挥出更好的效率。

(一) 部门化的方法

为实现组织目标所必须进行的各项活动千差万别,因而,就出现了不同的划分部门的依据和标准。部门化依据的标准不同,各自的适用条件和利弊也不尽相同。

1. 人数部门化

单纯地按人数多少来划分部门是一种较原始、简单的方法。这种划分是各部门的区别仅在于人数的多少,而工作内容可以是完全相同的。最典型的即是军队中的传统的连、排、班划分。这种划分部门的方法正在逐渐被淘汰。一般来说,工作的类似性几乎只存在于基层,越到组织高层,类似性就越少,按人数来划分部门也显得越不适用。当然这并不排除在某些场合，尤其是在基层的部门划分中仍有一定的用处。

2. 职能部门化

职能部门化是根据业务专业化原则，以工作或任务的相似性为基础来划分部门。例如在很多企业都设有销售部门、生产部门、财务部门、人事部门等等。判断某些业务活动是否相似的标准是：这些活动的业务性质是否相近，从事业务活动所需的业务技能是否相同，这些活动的进行对同一目标（或分目标）的实现是否具有紧密相关的作用。尽管具体到不同组织，职能部门的划分标准和内容会有所不同，但按职能划分部门显得简单易行、合乎逻辑。

按职能来划分部门的优点在于：其一，各部门可配备该领域专门人员，提高了各部门专业化程度和工作效率；其二，各部门及管理人员只需熟悉相对较窄的一些业务技能，简化了训练工作，也较易监管指导；其三，强化了专业权力的集中，有利于组织上层加强对组织整体活动的控制。

但是这种划分，也会存在某些缺陷：其一，部门可能出现本位主义，过于强调从本部门职能角度出发来观察问题，只见局部而较少考虑全局；其二，部门间横向沟通协调产生一定困难，增加更高一层次管理协调的工作量；其三，可能使决策及执行变得更为缓慢，并且容易产生官僚主义；其四，由于各部门过于专业化，不利于对高级人才训练、培养。

一般而言，职能部门化通常更适合于品种单一、规模较小的组织，当组织规模扩大后，有可能产生一些问题，从而抵消了它的有利方面。

3. 产品部门化

产品部门化是围绕产品或产品大类的活动来划分部门，通常更适用于大型的和多元化经营的公司组织。由于这类公司多品种经营扩张，不同的产品在生产、技术、销售、市场等许多方面都很不相同，于是产生了按不同产品或产品系列来划分部门的需要。美国一些大公司中的战略业务单位(S.B.U)也是产品部门化的一种形式，它把那些战略上一致，竞争对象相同，市场重点类似的同类业务或大类产品归在一个部门，使该部门的人力、物力能机动有效地集中使用。

产品部门化能够使企业将多元化经营和专业化经营结合起来,它的优势在于:有利于有关产品或某类产品全部活动的协调一致,有利于提高决策速度和有效性;另外,由于各类产品的绩效更易于客观地评估,从而也强化了各部门对其活动结果的责任,并促进企业内部的竞争。

但是,按这种方法来划分部门也会带来一些问题。例如,各产品部门的独立性较强而横向协调性可能较差,为避免因各产品部门自行其是而导致的组织整体瓦解的危险,就必须加强上层主管对组织全局的总体控制;另外也存在一般管理费用增加和某些管理工作重复的弊端,如各部门可能分别配备各自的市场调研员和财务分析人员等职能人员。

4. 区域部门化

对于业务的地理覆盖范围较大的组织来说,按地理区域划分部门是一种比较普遍采用的方法。组织活动在地理上的分散化、各地区的经济文化和社会方面的管理环境差异等等,都是地区部门化的理由。在国际范围从事经营业务的跨国公司常采用这种组织形式。对于商品销售组织来说,地区部门化也有明显的实用价值。

区域部门化的有利之处是:各地区分管部门可以及时针对区域的实际情况迅速作出反应,调整政策和策略,并取得区域性的成功;另外也有利于培养具有通盘领导能力的综合管理人员。

区域部门化的不利之处是:首先,物色较多在地区担负首脑职责的人才不太容易;其次可能增加管理成本,造成地区管理和总部管理之间某些管理职能的重复;另外在地区管理和总部管理之间两级管理的集权与分权关系不易处理。

5. 其他部门化方法

以上介绍了划分部门的一些主要的方法,除此之外,还有一些方法如顾客部门化、时间部门化、程序部门化等。

(1)顾客部门化。顾客部门化是以顾客为对象,根据不同用户的需要或顾客群设立相应的部门。在企业组织中,不同类型消费者,在产品品种、质量、服务要求等方面都有不同需求,这就要求有针对性地设立部门,更好提供服务,如针织服装商店设童装部、女装部、男装部等。

（2）时间部门化。时间部门化是在正常的工作日不能满足工作需要时所采用的一种方法，它主要出于以下考虑：人的生理需要；经济和技术的需要；工作的特点，如一些工作需要很长的时间而且不能中断等。

（3）程序部门化。程序部门化是工作流程为基础组合各项活动继而划分部门的一种方法，它适合于工作流程复杂、要求严格的情况。如一个冶炼厂，设立了熔炼、冲压、制管、精轧等车间和检验、包装、发运等部门，它有利于加强专业程序管理，提高工艺水平。

（二）部门化的原则

在实际工作中，部门划分工作必须有利于形成一个有效率和有效益的组织结构，从而保证组织目标的实现，因此必须把握以下几方面的基本原则。

1. 综合设置

一个组织究竟采用何种方法划分部门，应该根据自身特点和条件来确定。对于任何大多数组织来说，部门化方式选择并非是唯一的，也不存在一种十全十美的部门划分方式。在很多情况下，常常是多种部门化方式综合运用，即在一个组织内或同一组织层次上采用两种或两种以上部门划分方法。如一所大学，在中层这个管理层次上，可以按专业领域划分为各个学院，按职能划分为教务处、人事处、总务处、财务处等，按服务对象，除本科外，还可划分为研究生院、成人教育学院等。而一个企业，职能部门或参谋机构一般都是按职能划分，生产部门可按程序或产品划分，销售部门则可根据需要按区域或顾客划分。这种综合划分部门的方法，常常更有助于组织目标的实现。

2. 明确职责

各个部门的职责、任务必须十分明确。部门的本质职能反映了部门的本职工作，不应以个人的主观意愿而改变；部门的主要职能也不应因时间的推移或主管的变动而变化。另外，对于一些相关或边界职能，也要明确它的兼管部门，避免互相推诿、互相扯皮的现象。

3. 整体协调

基于分工而形成的不同部门，必然存在因分工而产生的协调任务，只不过这种协调关键点因不同部门划分方式而不同,因此在部门划分的同时,必须考虑组织整体上的协调问题。在划分部门时,要对各职能部门之间的职能范围予以明确的界定,同时也要考虑不同职能部门的职能衔接问题,设计好不同部门之间的联系与协调的机制。

4. 分配合理

任务的分配要尽量均衡,工作量分配要合理,避免部门间忙闲不均。同时,组织内的考核检查部门宜与业务部门分设,以发挥检查监督部门作用。

5. 精简高效

部门划分必须以效率为前提,力求精简。有些业务活动还没有完全开展起来,可以由相关的部门兼管,一些临时性的或专题性的工作,没有必要设置固定永久的部门,可以设立临时性的工作单位来解决,以保证组织机构精干高效。

6. 保持弹性

部门一旦确定,应保持相对稳定,但若实际需要和情况变化,又应作相应调整,也就是说,要根据组织业务的发展和环境变化的要求,适时增设或撤并,从而使组织结构具有一定的弹性。

三、管理层次与管理幅度

(一) 基本概念

管理层次与管理幅度是组织结构设计中必须考虑的一个重要问题。

1. 管理幅度

管理幅度又称管理跨度、管理宽度,是指一个管理人员能够直接有效地指挥和监督的下属人员数目。直接,意味着那些间接的被领导者是不应该被算作管理幅度的范畴的;有效则涉及一个管理者能够直接领导下属的可能人数。一般来说,一名管理人员直接领导的下级人数的增加,实际上意味着他直接控制和协调的业务量的增加。为了处理这些业务和错综复杂的关系,管理者需要花费大量时间和精力。但任何管理者的知识与经验、时间与精力都是有限的,超过其限度,管理的效率就会随之下降,因此一名主管有效地直接领导下级的人数必然是有限的。

2. 管理层次

管理层次是指从最高一级管理组织到最低一级管理组织的各个组织等级,每一个组织等级即为一个管理层次。管理层次是针对管理组织的组织等级而言的,即组织内部从上而下或从下而上所形成的组织等级数,并不包括作业人员这一层次。管理层次的划分,为组织最高管理者提供了通过职权等级链的逐层直接监督来协调和控制组织活动的有力手段。

3. 管理幅度与管理层次的关系

管理层次与管理幅度与组织规模密切相关。在管理幅度给定的条件下,管理层次与组织规模成正比,组织的规模越大,组织人员数量越多,组织所需的管理层次就越多。在组织规模给定的条件下,管理层次与管理幅度成反比,主管直接控制的下级越多,管理层次越少;相反,若管理幅度减少,则管理层次增加。

(二) 管理层次、管理幅度与组织结构形态

管理层次与管理幅度分别从纵向和横向两个截面确定了组织的结构形态,即高耸型结构和扁平型结构。

1. 高耸型组织

高耸型组织是管理幅度较小、管理层次较多的结构,因而有时也称金字塔式结构或直式结构。传统的组织大都是高耸型的结构形态。

高耸型组织的优点表现在:较小的管理幅度使主管有较多时间和精力对下级进行深入具体的指导,并能对其工作实施严密的监督和控制;同时,主管人员与其直属人员的沟通的机会多;另外,由于增加了许多基层管理人员和中间层次的管理人员,能够给有能力的下级提供更多晋升机会。

但过多的管理层次,需要配备较多管理人员,导致了管理费用过高;增加了各层次及部门间协调工作;整个组织的信息传递层次太多,信息传递速度迟缓而且易于失真;高层主管不易了解基层现状,容易滋生官僚主义。另外,过多管理层次也加大了计划工作的控制难度,组织

整体缺乏弹性,应变能力较差。

2. 扁平型组织

扁平型组织是指管理层次少而管理幅度大的组织结构,与高耸型组织被称为直式结构不同,它又被称为横式结构。

扁平型组织有其显著的优势。首先,由于扁平组织结构层次较少,使得管理环节和管理人员相应减少,从而节省了管理费用;其次,扁平结构缩短了上下级距离,便于高层领导了解基层情况,密切上下级关系;第三,组织纵向沟通的渠道缩短,信息纵向传递速度快,信息失真少;第四,由于管理幅度加大,因而上级管理者更乐于让下级拥有较大自主性,这将有利于下级人员的成长和成熟。

扁平型组织的不足在于:由于管理幅度的加大,各级管理人员的工作负荷加重,精力易于分散,不能对每位下属进行充分有效的指导和监督,而且随着集体规模的扩大,同级成员之间协调和沟通受到一定限制。

高耸型组织和扁平型组织的利弊都是相对的,我们不能简单地说哪一种组织结构形态绝对好或绝对坏,在适宜的条件下,它们都可以成为组织有效的选择。虽然如此,为了提高组织活动的有效性,近年来,组织结构出现了扁平化的发展趋势。现代组织大都倾向于选择扁平的组织结构。

(三)影响管理幅度的因素

组织结构设计要求确定合理的管理层次和管理幅度,由于管理层次并不是随意增减的,而且管理层次的多少主要取决于管理幅度的大小,因此管理幅度便成了组织设计中的一个重要问题。不同行业、不同组织和组织内部的不同职务,管理幅度大小并无固定的、普遍适用的标准。影响管理幅度的主要因素有以下几个方面。

1. 主管及其下属的素质和能力

如果管理者本人受过良好教育,经验丰富,年富力强,就可以直接领导更多下属,管理幅度可以大一些。同样,下属人员如果有较强的独立工作能力、工作经验和较高的自我管理、自我控制的素质,就不需要上级给予过多的监督指导,就能进一步加大上级主管的管理幅度。也就是说,提高主管和下属双方素质与能力,是扩大管理幅度的有效途径。

2. 工作内容和性质

如果主管经常面临的是较复杂多变的问题,或涉及方向性、战略性的问题,则直接管辖的人数不宜过多。反之,若主管面临的大多是例行性、常规性事务,则管辖的人数可以多一些。另外,下级从事的工作内容和性质有较大相似性,上级主管的管理幅度可以大一些,反之则管理幅度较小。因此,处于组织高层的主管,管理幅度应较小;而基层主管,管理幅度可适当扩大一些。

3. 主管对下属授权的合理与明确程度

当主管对下属合理授权,使其职责明确、责权一致时,训练有素的下属就可以在职权范围内独立进行工作,既能充分发挥积极性和创造性,又可减轻上级负担,有利于扩大上级主管的管理幅度。但是如果委派的工作为下级力所不能及,授权过度,或主管极少授权,都会使下属不得不经常向上级请示汇报,上级也事必躬亲、事事指点,必然限制了其有效的管理幅度。

4. 计划与控制的明确程度

下属的任务多数是由计划规定并依据它实施的,因此,如果计划制定得详细周密、切实可行,下属就容易了解自己的具体目标和工作任务,主管对下属的具体指导可减少一些,从而有助于管理幅度扩大。另外,计划的实施离不开控制,当用以衡量下属工作绩效的标准是具体的或定量化标准,既便于下属自我调节,也可减少上级直接监督控制的频率和难度,管理幅度也有可能扩大。

5. 主管人员的非管理性事务

主管人员作为组织不同层次的代表,往往需要花费相当的时间去从事一些非管理性的事务,如果一个主管人员同时身兼几种管理者角色,其非管理性事务的工作量增加,用于处理这些事务所需的时间和精力就越多,必然致使用于管理事务的时间和精力相对减少,在这种情况下,可以适当缩减管理幅度。

6. 组织内部的沟通状况

掌握信息是进行管理的前提。组织内部沟通制度健全,沟通渠道畅通,信息传递有效、快捷,可减少管理者为此所花的时间和精力,在这种情况下,可以适当扩大管理幅度;反之,如果组织内部沟通制度不健全,沟通渠道不畅,沟通技术落后,沟通困难,在这种情况下,则应当适当减缩管理幅度。

7. 组织的内聚力

组织的内聚力越强,组织成员越能够同心协力、默契配合。成员之间有良好合作态度,对组织目标有一致认同感,不仅有利于组织效率提高,也减少了组织内部产生较多矛盾和需要协调的可能性,有助于扩大主管的管理幅度。

8. 组织管理技术的现代化程度

组织管理中各种软硬件的现代化程度也直接影响着管理幅度的大小。如果组织拥有非常先进的管理工具,计算机应用广泛,那么上级控制下级就要容易得多,管理幅度可大些;反之,如果组织的各种管理工具很落后,一切都还是用手工进行,那么,管理幅度就应小些。

9. 组织环境的稳定性程度

组织环境的稳定性程度在很大程度上影响了组织活动内容和政策的调整频率与幅度。环境越多变,组织管理面临的问题就越多,下属向上级的请示就越有必要、越频繁,而上级则必须花费更多的时间和精力去关注环境的变化,考虑应变措施,上级用于指导下属工作的时间和精力就越少,因此,环境越不稳定,各层次主管人员的管理幅度就相应减小。

10. 组织在空间上的分散程度

组织结构各部分的地理分布也会影响到管理幅度的宽窄。如果在地理空间上比较接近,那么管理的幅度相对可以扩大一些;如果在地理空间上很分散,那么管理幅度就必须减少一些。

四、组织结构的基本类型

从传统管理到现代管理,组织结构的形式因组织之间的差异性而表现为纷繁多样的形式,但实际得到采用并占主导地位的仅有几种典型的形式。传统的组织结构形式主要有直线制、职能制、直线职能制等;现代的组织结构形式主要有事业部制、矩阵制、多维立体制等。各种组织结构都经历了很多的变迁,不同的结构形式是与不同的组织特点和任务特点相适应的。

(一) 直线制

直线制是最早使用和定型的,也是最为简单的一种组织结构形式,它是一种集权式的组织结构形式。最早,这种结构使用于军队系统,后来又被广泛应用于企业组织。工业革命前后,那些早期的企业普遍采用这种结构形式。

这种组织结构形式只有直线部门,没有职能部门;从最高管理层到最低管理层,各种职务按垂直系统直线排列,各级主管人员执行统一领导和统一指挥,见图4-1。这种组织结构形式的优点是结构简单,权责明确,信息沟通方便快捷,便于指挥统一和集中管理。它的缺点是由于没有专业管理分工,对各级管理人员的要求高,特别对于最高行政负责人来说,他必须通晓全面知识,亲自处理许多业务问题,即必须是全能型的管理者。另外,这种结构内部缺乏横向沟通机制,成员之间和部门之间的横向联系比较差。

这种组织结构形式倾向于高度集权,适用于那些规模比较小、任务和关系简单的组织。需要指出的是,这种最传统的结构形式至今也有它的适用性。由于中小企业的数量占绝对优势,直线制的结构仍然具有独特的优越性。

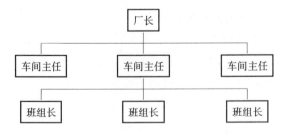

图4-1 直线制组织结构

(二) 职能制

职能制最早由科学管理之父泰勒首先提出,并以职能工长制的形式在他任职的米德维尔钢铁公司试行,由于职能工长制与统一指挥的原则相抵触,在当时并没有得到推广,但这种思想为今后的职能部门实施专业管理提供了基础。这种组织结构形式是按专业分工设置管理职能部门,各部门在其业务范围内有权向下级发布命令;每一级组织既服从上级直线部门的指挥,也听从上级职能部门的指挥。它既有直线部门,又有职能部门,且职能部门拥有直线指挥权,见图4-2。

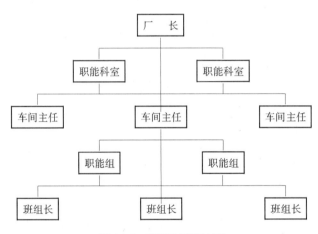

图4-2 职能制组织结构

这种组织结构形式就权力分布而言,容易导致权力的分散。它最突出的优点是能充分发挥职能机构专业管理的作用,重大的缺点是妨碍了统一指挥的原则,在组织内部容易形成多头领导,不利于明确划分各级行政直线部门和职能部门的权责,而且各职能部门之间的协调性较差致使组织整体缺乏应变能力。

职能制组织结构形式主要适用于那些提供单一产品或少数几类产品且所处环境相对稳定的企业组织。

(三) 直线职能制

直线职能制是直线制与职能制的结合体。它以直线为基础,在各级主管之下设置相应的职能部门,在组织内部既有保证组织目标实现的直线部门,也有按专业分工设置的职能部门,实行主管统一指挥与职能部门参谋指导相结合的结构形式,见图4-3。职能部门在这里的作用是作为该级直线领导者的参谋和助手,无权直接下达命令或进行指挥,只发挥了业务指导作用,各级主管实行逐级负责,因此,这种结构就权力分布而言,是倾向于高度集权的。

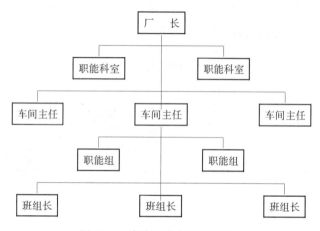

图4-3 直线职能制组织结构

由于是在直线制和职能制的基础上发展起来的,因此这种组织结构形式既保持了直线制统一指挥的优点,又吸取了职能制发挥专业管理的长处。但在实际工作中,直线职能制有过多强调直线指挥而对参谋职权注意不够的倾向;同时高度集权,使得下属缺乏必要的自主权;各职能部门之间的横向联系较差;组织内部信息传递的路线较长,反馈较慢,适应环境变化较难。

直线职能制是各国各类组织普遍采用的结构形式。但随着组织规模的进一步扩大,或者当组织的经营领域和经营地域分散性很强时,以集权为主要特征的直线职能制就可能暴露出它的不适用性。

(四)事业部制

第一次世界大战以后,一些美国大型企业中开始演变出被称为事业部制的组织结构。这种结构形式是在总公司下按产品或地区分设若干事业部或分公司使之成为独立核算、自主经营、自负盈亏的利润中心,总公司只保留方针政策的拟订、重要人事任免和重大问题的决策权,并利用利润指标对事业部进行控制。在这种结构中,总公司成为投资决策中心,事业部是利润中心,事业部下属的生产单位是成本中心,见图4-4。它是由通用汽车公司董事长兼总经理艾尔弗雷德·P·斯隆首创的,所以也被称为斯隆模式。由于它又是一种分权制的企业内部组织形式,因此又被称为"联邦分权化"。

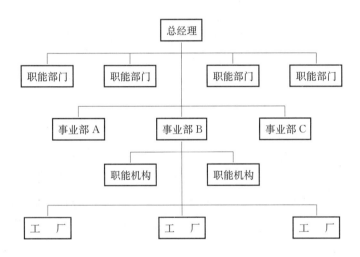

图4-4 事业部制组织结构

事业部制的基本思想和主要特点是集中决策,分散经营,即在集权领导下实行分权管理。事业部制把多种经营业务的专业化管理和总部的集中统一领导结合起来,相互间形成明确的责权利关系;事业部制以利润为中心,既有利于发挥各事业部的积极性和主动性,又有利于各事业部的竞争,从而有利于增强公司的活力;各事业部相对独立地开展经营活动,既有利于培养综合型的高级经理人员,也有利于提高公司应对环境变化的适应能力。另外,事业部制的结构使得公司最高管理层能够从具体的日常事务中摆脱出来,集中精力进行战略决策和长远规划,因此决策的效率大大提高。

事业部制的缺点表现在：机构重叠、管理层次增加、管理费用上升；容易产生各事业部对公司资源和共享市场的不良竞争，增加内耗；总公司和事业部之间的集权和分权关系难以把握，事业部会出现本位主义和分散主义，将削弱总公司对事业部的控制能力。

事业部制主要适用于具有比较复杂的产品类别或经营地域分布广泛的企业组织。在事业部制的基础上，又出现了一种超事业部制的结构形式，这是由于组织规模发展到超大化，总公司领导的事业部过多，管理幅度显得过大，不能进行有效管理。超事业部制是在总公司最高领导和各事业部之间增加一级管理机构，负责统辖和协调所属各事业部的活动，使管理体制在分权的基础上又适当再度集中。超事业部制的优点是，可以更好地协调各事业部之间的关系，甚至可以同时利用若干个事业部的力量开发新产品。超事业部制这种组织结构形式，对规模很大的公司尤为适宜。

（五）矩阵制

矩阵制是指由纵横两套管理系统组成的方形组织结构。一套是纵向的职能系统；另一套是横向的为完成某一项任务而组成的项目系统，见图4-5。一名管理人员既同原职能部门保持组织与业务上的联系，又参加项目小组的工作。职能部门是固定的组织，项目小组是临时性的组织，完成任务后就自动解散，其成员回原职能部门工作。

矩阵制结构具有较好机动性和适应性。在矩阵制组织中，参加各项目组的成员接受双重领导，具有双重责任。一方面他们仍然同原属职能部门保持组织和业务的联系，对原属职能部门负责；另一方面又参加项目小组的工作，对项目经理负责。一般来讲它具有以下优点：第一，能够根据组织活动的需要和环境的变化将组织的横向关系和纵向关系很好地结合起来，采取项目管理的形式，增强了组织对外部环境的适应能力；第二，打破了传统的一个管理人员只受一个部门领导的管理原则，有利于加强各职能部门之间的协作配合，便于集中各方面的专业

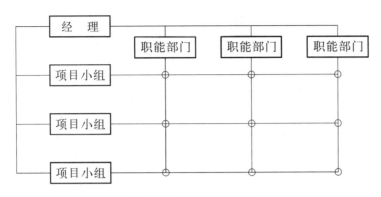

图 4-5 矩阵制组织结构

人员和组织的有限资源,更加迅速、高效地完成某一特定项目任务;第三,对专业人员的使用富有弹性,不同部门的专业人员组织在一起,既有助于发挥他们的积极性和创造性,又有利于各部门人员的信息交流,增加互相学习的机会,提高专业水平和工作能力。

矩阵制结构的缺点是:由于项目小组是临时性的组织,容易使人员产生短期行为;同时,小组成员的双重领导问题,潜伏着职权关系的混乱和冲突,容易造成工作中的矛盾。

矩阵制结构特别适用于各类技术人员密集的大规模的工程项目类和研发类组织。

(六) 多维立体制

多维立体组织结构是在矩阵制的基础上发展起来的。所谓多维,就是指在组织内部存在三类以上(含三类)的管理机制。这三类管理机制包括:按产品划分的事业部,是产品利润中心;按职能划分的专业参谋机构,是专业成本中心;按地区划分的管理机构,是地区利润中心,见图 4-6。在这种体制下,事业部与专业参谋机构、地区管理机构共同组成产品指导机构,对同类产品的产销活动进行指导。这种组织结构形式的最大特点是有利于形成群策群力、信息共享、共同决策的协作关系。

多维立体组织结构适用于跨国公司或规模巨大的跨地区公司。

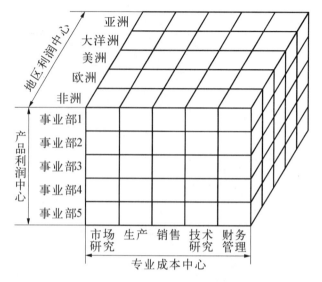

图 4-6 多维立体制组织结构

第四节 组织权力

一、权力与权力来源

权力是影响他人行为的一种潜在能力,根据权力来源的基础和使用方式的不同,可以将权力划分为以下五种。

1. 法定权

法定权是权力的最重要的基础,是由组织以法定程序正式授予的,这意味着某人在组织内执掌的这部分权力是合法化的。在组织中的法定权一般以工作职务为表征。这种权力通常通过书面文字形式的委任状、召开会议宣布任命、报请有关部门备案等形式获得承认。法定权力不一定通过领导者和管理者个人来实施,往往可以通过组织内的政策和制度来实施。

2. 惩罚权

这是一种对下属精神上和物质上进行威胁的强迫性权力,是一种惩罚性权力,它意味着下属一旦不遵从上级意图可能产生的负面结果。领导者和管理者拥有这项权力是必要的,但绝不能滥用这种权力。

3. 奖赏权

奖赏权是与惩罚权相对应的。它使下属认识到完成预定的任务会带来一定的奖励。这种奖励往往是人们所看重的东西,包括物质方面的,也包括精神方面的。

4. 专长权

专长权主要是指领导者具有某些特殊的专业知识和技能,博学多才,才能超群,因而赢得下属的好感和钦佩。

5. 感召权

感召权来源于个人的人格魅力,是一个人在组织中所具有的人格感召力。这种权力是因为领导者和管理者个人的人格力量而受到下属与同僚的称赞和敬佩,是建立在他人出自内心的认可基础之上的。

我们可以将上述权力分为以下两大类。

第一类是职权,它与职务相伴随,与组织内的一定职位相关,而与担任该职位管理者的个人特性无关。每一个管理职位都具有某种特定的、内在的权力,任职者都可从该职位中获得这种权力。当某人不再占据该职位时,他就不再享有该职位的任何权力,而职权仍保留在该职位中,并赋予新的任职者。职权的表现形式主要包括法定权、惩罚权和奖赏权三项。

第二类是非职务性权力。非职务性权力来源于由个人的品质和才能,它与个人的特性相关。有职务的人未必有拥有这些权力;没有职务的人,却可能有这些权力,并对他人产生深远影响。非职务性权力主要表现为专长权和感召权。

二、职权与职责

(一) 职权

职权是指管理职务所固有的发布命令和希望命令得到执行的一种

权力。职权可以向下委托给下级管理人员，授予他们一定的权力并规定他们在限定的范围内行使这种权力。不同管理部门或人员在实现组织目标过程中的作用是不尽相同的，我们将那些对组织目标的实现负有直接责任的部门称为直线机构，而把那些协助直线人员工作而设置的辅助于组织基本目标实现的部门称为参谋机构。与之相对应，就形成了三种职权：直线职权、参谋职权和职能职权。

1. 直线职权

直线职权是指直线人员所拥有的作出决策、发布命令以及执行决策的权力，它掌握在直线人员手中。在一个组织中，直线职权从上而下形成了一个指挥链，在这个指挥链的每一个层级上，除最高管理者以外，都要接受来自上一级的指示和命令并切实加以贯彻执行，同时，每一级都要接受他分管下级的请示和汇报，并负责向下一级发布命令和指示，由此逐级管理，就形成了一个组织内部的直线职权指挥系统。

直线职权并不仅仅存在于直线系统内，参谋机构对其内部人员的管理，本质上与直线系统的管理一样，也都需要依靠直线职权。因此可以说，只要有上下级关系存在，直线职权就应运而生。

每一个主管人员都拥有相应的直线职权，但由于他们所处的管理层次不同，其职权的大小和权限范围会有所不同。直线职权包括决策权、命令权和执行权，通常也被称为指挥权。

2. 参谋职权

参谋职权，是指参谋人员所拥有的提出咨询建议或提供服务、协助直线机构和直线人员进行工作的权力，它是一种辅助性的职权。在组织的直线系统内，参谋职权只有咨询、建议、指导、协助、服务和顾问的作用，并不具有指挥权，参谋职权从属于直线职权，它是为直线机构和直线人员更好地行使直线职权而设置的，参谋职权直接对它的上一级领导负责，而不对它的下一级直线领导负责。

从理论上来讲，参谋机构是作为直线主管的助手而设置的，这不仅有利于适应复杂管理活动对各种专业知识的要求，同时也保证了直线系统的统一指挥。但在实践中，由于两者所负的责任以及处理问题的立场和角度等各不相同，直线和参谋经常发生矛盾，从而造成组织运行效率的丧失。因此,正确区分和处理直线和参谋的关系,是组织设计和运作中有效发挥各方面力量协同作用的一项重要内容。

3. 职能职权

在传统的组织设计中,参谋职权非常有限,职能人员的专业技能常常难以充分发挥,影响了决策的质量。为适应环境的迅速变化,现代组织设计出现了将职能部门的功能适当扩大的倾向,参谋人员和职能部门的主管人员被授予一部分原属于直线主管人员的权力,这被称为职能职权。也就是说,直线主管人员把本来属于自己的一部分权力分离出来,授予参谋专家或职能部门的主管人员,使他们也可以按照规定和程序,在其授权范围内有权作出决定,直接向下一级的直线部门发布指示。职能职权是介于直线职权和参谋职权之间的一种特殊职权,必须明确其业务分工和权限范围,否则会损害直线指挥系统的统一性和完整性。

(二) 职责

职权应与职责直接相联,当一个职位被赋予一定权力的同时,任职者必须承担一种相应的责任。职责是任职者执行职权的义务和必须承担的相应责任。职位、职权和职责是三位一体、相互对等的。职权一致、职权与职责对等,是组织设计必须遵循的基本原则。

根据适当授权的原则,对于下授的职权,其职责可以分为执行职责和最终职责。最终职责是管理者应对他授予执行职责的下属人员的行动最终负责,所以最终职责永远不能下授;而执行职责是指管理者应当下授与所授职权对等的执行责任。一般来说,管理者授权时,职权和执行职责下授,而最终职责不能下授,仍由上级承担,也就是说,"职权下授,责任不下授"。

三、集权与分权

集权与分权是用以描述组织中职权分布状况的一对概念,职权在组织中的分布可以是集中化的,也可以是分散化的。

（一）集权、分权的相对性

1. 集权

职权的集中化，即所谓的集权，是指决策权在组织系统中较高层次上一定程度的集中，决策权集中在组织领导层，下级部门和下级人员只能依据上级的决定、法令和指示办事，一切行动听上级指挥。集权的必要性在于保证组织目标的一致性和组织行动的统一性。

2. 分权

职权的分散化，即所谓的分权，是指决策权在组织系统中较低层次上一定程度的分散，组织领导层把其决策权分配给下级部门和下级部门主管，以便他们能行使这些权力，支配组织某些资源，自主解决某些问题，完成其工作职责。一个组织内部要实行分工，就必须分权，否则，组织便无法运转。

3. 集权和分权是相对的

集权和分权是相对的，绝对的集权或绝对的分权都是不可能的。绝对的集权意味着组织的最高主管把权力都集中在自己的手里，这样就不需要配备下级管理者，管理组织的设计也就成为多余。而绝对的分权意味着组织的最高主管把他所拥有的职权全部委派给下属，这样的结果是他作为管理者的身份就不复存在，这样也就没有必要设置这样的职位。管理组织的存在必然意味着某种程度的分权，集权和分权之间存在着既相互对立又相互依存的关系，它们存在于一个连续统一体之中。

集权和分权对于组织来说都是必要和重要的，缺一不可。该由下级获得的权力而过于集中，那是上级的擅权；同样，该由上级掌握的权力过于分散，那是上级的失职。在现实社会中的组织，可能是集权的成分多一点，也可能是分权的成分多一点。我们需要研究的，不是应该集权还是分权，而是哪些权力宜于集中，哪些权力宜于分散，在什么样的情况下集权的成分应多一点，在什么情况下又需要较多的分权。因此，要研究影响集权和分权的因素，从实际情况出发，科学而正确地确定集权和分权的程度。

(二) 衡量集权与分权程度的标志

组织中各项决策权限的分布是集中还是分散,是考察组织集权或分权程度的标志,衡量组织集权和分权程度的标志主要有以下四个。

1. 决策的数量

组织中较低管理层次作出的决策数目越多,则分权的程度越高;反之,上层决策数目越多,则集权程度越高。

2. 决策的范围

组织中较低层次决策的范围越广,涉及的职能越多,则分权程度越高。比如按地区划分的管理单位,如果只有权对生产问题作出决策,则组织的分权程度较低;相反,如果对市场营销甚至财务问题也有一定的决策权,则组织的权力分布倾向于分权。

3. 决策的重要性

决策的重要性可以从两个方面来衡量:一是决策的影响程度;二是决策涉及的费用。较低层次作出的决策越重要,影响面越大,涉及的费用越多,则分权程度越高;相反,下级作出的决策越次要,影响面越小,涉及的费用越少,则集权程度越高。

4. 决策的审核

上级对组织中较低层次作出的决策审核程度越低,这个组织的分权程度越高;如果下级作出决策后还必须报上级批准,则分权的程度就越低。

(三) 影响集权与分权的主要因素

影响集权与分权的因素有主客观两方面。主观方面因素主要源于领导的个性和管理哲学,以及由此决定的对集权或分权的不同行为倾向。但从对集权或分权的实际影响来看,客观因素比主观因素起着更为决定性的制约作用。这些客观因素主要有以下方面。

1. 决策的代价

决策付出代价的大小,是决定集权与分权程度的主要因素。一般来说,从经济标准和诸如信誉、士气等无形标准来衡量的代价越高的决策,越不适宜交给下层决策者。这就是说,凡决策事项责任重大的,一般不宜授权。

2. 政策的一致性

如果最高主管希望保持政策的一致性,即在整个组织中采用统一的政策,则势必倾向于集权化,因为集权是达到政策一致性的最方便的途径。如果最高主管允许各单位根据客观实际情况制定各自的政策,则势必会放宽对职权的控制程度。在实际工作中,一般诸如财务、质量管理、重要人事任免等职能需要保证政策的一致性,则集权的程度较高;而生产作业调度、一线的销售活动等职能,因强调执行的灵活性,则分权程度更高一些。

3. 组织的规模

组织规模越大,管理层次和管理部门越多,为了提高管理效率,分权程度就应高些;相反,如果组织规模较小,集权程度就应高些。在现实工作中,当组织规模大到一定程度以后,决策权仍高度集中,则可能导致规模负经济,即规模越大,效益越差。

4. 组织成长的过程和方式

从组织的成长过程来看,在创建初期,组织往往采取和维护高度集权的管理方式。随着组织的发展,组织规模扩大,组织活动的领域和地域扩大,则会倾向于由集权的管理方式逐步转变为分权的管理方式。

从组织的成长方式来看,如果组织是靠组织内部积累并由小到大逐级发展起来的,则集权程度较高;若组织是由并购或联合发展起来的,则分权程度较高。前者的典型例子是家族式企业,而后者的典型例子就是股份制企业。

5. 生产技术特点

如果企业组织的产品单一,更新换代速度慢,生产过程连续性强,且生产经营各环节之间的协作和联系十分紧密,客观上要求集中经营、统一经营,则应集权多些;而有的企业组织从事跨行业多种经营,产品的生产技术差别大,市场和销售渠道各不相同,则应加大分权程度,以使不同产品的生产单位能够根据行业特点灵活经营。

6. 环境特点

如果一个组织所处的环境复杂多变,不确定性程度高,或较难以获得准确而可靠的环境信息,难以把握外部条件的变化方向与速度,则应多放权给下级部门,以使他们能够及时抓住机会,规避威胁。而那些环境较为简单和稳定的企业,则可以提高集权程度。

7. 管理人员的数量和质量

分权需要一大批素质良好的中下层管理人员来受权。如果管理人员的数量充足、经验丰富、训练有素、管理能力强,则可较多地分权;反之,可倾向于集权。

8. 控制技术和手段

为了避免由于分权不当而造成的下属单位自治或可能面临的瓦解问题,必须在分权的同时加强控制。如果一个组织控制的技术与手段比较完善,管理人员对下属的工作和绩效控制能力强,则可以较多地分权;反之,如果控制的技术和手段都相对比较弱,则应适当地加强集权。

四、授权

(一) 授权的含义和特点

授权是指上级主管者随着职责的委派而将部分职权委让给对其直接报告工作的部属的行为。也就是说,在组织运行过程中,通过各层主管者的权力委让,促成主管人员在工作中充分授权。授权使得管理者的能力在无形之中得以延伸。

1. 授权是分权的一种途径

分权可以通过以下两个途径来实现:组织设计中的权力分配与主管人员工作中的授权。

组织设计中的权力分配是一种制度分权,即在组织设计时,考虑到组织规模和组织活动的特性,赋予管理职位必要的职责和权限。制度分权是在工作分析的基础上进行的,它与职务和部门的设计有关,作为组织设计的一项原则,它决定了组织权力的纵向分布状态。

2. 授权具有很大的随机性

制度分权在组织中是相对稳定的,一旦调整的话,就意味着重新设计组织中的职权关系,改变组织设计中对管理权限的制度分配,从而带动了组织结构的变革。

与制度分权相比,授权具有很大的随机性,往往与管理者个人的能力与精力、直接部属的工作能力以及业务活动的发展情况有关,授权可以是长期的,也可以是短期的,长期的授权制度化,在组织结构调整时就成为制度分权。一般来说,授权者可以收回这部分职权,使之重新集中在自己手中。

(二)授权的原则

授权并不是管理者的个人行为,而是一种组织行为。为了使授权能有利于组织目标的实现,应该坚持以下几个原则。

1. 授权不授责

上级管理者可以把任务和权力分派给下属,但却不可以把责任也分派给下属。尽管下属在授权过程中要承担起责任,但是授权并不等于授责,更不等于有意识地推卸责任。因此,对上级管理者的授权形成一种约束机制,促使上级管理者在授权过程中认真考虑如何才能有效地授权。

2. 适度授权

上级主管人员在授权的过程中,应根据所要完成任务的大小来进行授权,所授权力应与任务相符。要避免两种现象:一是授权太少或根本不授权,这往往造成上级管理者的工作太多,下属的积极性受挫;二是授予的权力超过所需完成的任务,这样做可能造成下属滥用权力,甚至使上级失去对下属的控制。

3. 权责相当

授权时,必须向受权人明确所授事项的责任、目标及权力范围,让他们知道自己对什么资源有管辖权和使用权,对什么样的结果负责以及责任的大小,使之在规定的范围内有最大限度的自主权。

4. 逐级授权

应该按照组织的层次结构逐级授权,也就是说,职权只能授予直接下属,不能越级。如果越过了直接下属,把职权委派给其下属的下属,比如,上层领导把本来属于中层领导的权力直接授予基层领导,则必然导致中层领导的被动,引起上下级和部门之间的矛盾。

5. 视能授权

授权的本质是要求管理者不要去做别人能做的事,而只做那些必须由自己来做的事,从而有效地借助于下属的力量去实现组织的目标。为此,授权必须以受权人的能力为依据。"职以能授,爵以功授",两者不可混谈。同时,上级要对受权人的工作情况和权力运用情况进行监督检查,如果发现问题,可以调整所授的权力或收回授权。

(三) 授权的基本过程

授权的基本过程一般包括以下三个基本步骤。

1. 分派任务

在授权之前,必须明确让下属运用被授予的权力去完成什么任务,即首先要明确受权人所应承担的任务。权力的委让来自实现组织目标的客观需要,都是由组织目标分解出来的工作或一系列工作的集合。

2. 授予权力

上级管理者把任务分配给下级后,就要把完成这个任务所必需的权力授予下属,使下属能运用这个权力去完成任务。权力的授予意味着下属可以代替上级管理者去履行权力。这里的"代替"突出了下级所拥有权力的非固定性和非永久性。即上级管理者在授权后,仍然保留着把权力回收的权力。当上级管理者认为必要时,他可以通过改组组织、撤销下属的职务或对权力重新授予等方式来收回已经下放的权力。

3. 明确责任

当受权人接受了任务并拥有了所必需的权力后,就必须承担起正确履行权力来有效地完成任务的义务。要注意的是,受权人所承担的只是执行责任,而不是最终责任。受权人只是协助授权者来完成任务,而授权者对受权人行使权力的情况必须进行监督和控制;授权者对于受权人的行为负有最终的责任,授权者对组织的责任是绝对的。

第五节 人 员 配 备

一、人员配备的任务和原则

人员配备是根据组织的目标和任务,为组织各个部门和职位配置合适人员的职能活动。通过组织工作建立了部门，确立了部门的职位、职权及相互关系，要实现组织有效运转的后续工作则是为组织各部门、各职务配备合适的人员，人员配备是组织设计工作的逻辑延续。

(一) 人员配备的任务

组织的目标和任务，都是经由人的活动才能够顺利完成的，在设计了合理的组织部门岗位和结构的基础上，就必须为这些部门和岗位选配合适的人选，这是人员配备的根本任务。

1. 选配合适的人员

为组织各部门选配合适的人员是人员配备的首要任务。组织各部门是在任务分工基础上设置的，因而不同的部门有不同的任务和不同的工作性质，必然要求具有不同的知识结构和能力结构的人与之相匹配。人员配备的根本任务就是根据岗位工作需要，经过严格考查和科学论证，为组织选配各类合适的人员，以使实现组织目标所需进行的各项活动都有合适的人员去完成。

2. 促进组织结构功能的有效发挥

组织在划分管理层次和部门，确立了一定的组织结构之后，要使职务安排和设计的目的得以实现，让组织结构真正成为凝聚各方面力量并且保证组织管理系统正常运行的有力手段，必须通过人员配置，将组织成员加以合理组合，把不同素质、能力和特长的人员分别安排在适当的岗位上，只有这样，组织设计的任务才能实现，组织结构的功能才能发挥出来；反之，如果人员的安排和使用不符合岗位和职务的要求，或人员的配置不能满足组织设计的预期目标，组织结构的功能就难以得到有效发挥。

3. 充分开发组织人力资源

人力资源在组织各类资源要素中占据首要地位，是组织的核心资源。现代市场经济条件下，组织之间的竞争实质上是人才的竞争，而竞争的成败很大程度上取决于人力资源的开发程度。在管理过程中，通过适当选拔、配备和使用，可以充分挖掘每个成员的内在潜力，实现人员与工作任务的协调匹配，做到人尽其才、人尽其用，从而使人力资源得到高度开发。

(二)人员配备的原则

人员配备的基本要求是谋求人与事的优化组合,实现人与事的不断发展,为此,人员配备过程中应遵循以下原则。

1. 因事择人

因事择人是人员配备的首要原则。人员的选聘应该以职位的空缺情况和实际工作的需要为出发点,以岗位对人员的实际要求为标准,只有这样,才能谋求人与事的有效配合,否则将导致机构臃肿、人浮于事,工作效率低下。

2. 因才用人

因才用人,就是把合适的人安排到合适的工作岗位上,使其潜能得到最充分的发挥。不同的工作要求不同的人去完成,而不同的人又具有不同的能力和素质。因此,在实际工作中,必须根据每个人的特点来安排工作。

3. 动态平衡

因事择人原则是根据组织的需要选聘人员,因才用人原则是根据人的特点来安排工作,动态平衡原则则是在组织的需要和人的特点的结合点上对人员选配提出的要求。组织是在不断发展的,而人的发展也有一个循序渐进的过程。因此,人与事的配合需要进行不断的调整以保证人与工作的动态平衡。

4. 经济效益

人员配备计划的拟订,要以组织需要为依据,以保证效益的提高为前提,以保证组织的有效运行为目的。因此,当组织发展面临人员不足时,应该首先挖掘内部潜力,通过组织内部的人员调配来解决。

二、人员配备的主要内容

(一)人员需求预测

人员配备的基础是人员需求预测。需求预测,主要以组织内部的岗位数量和类型为依据,同时也要考虑组织的扩充发展计划和人员的流动情况。

1. 预测现实的人员需求

对于现实人员需求预测的主要工作有：确定职务编制和人员配置；统计缺编、超编；分析现职人员任职资格和条件，在此基础上审视和修正统计结果，从而确定现实的人力资源需求。

2. 预测未来人力资源需求

对于未来的人员需求预测包括：预测确定各部门的工作量；根据工作量的增长情况，确定各部门需要增加的职务数和任职人数，在此基础上进行统计汇总，从而得出未来人力资源需求。

3. 预测未来的人员流失量

对于人员流失量的预测主要包括：对于计划期内的退休人员进行统计；根据历史数据，对于未来可能发生的离职率进行预测；将统计和预测结果进行汇总，即得出未来流失人力资源需求。

在上述几方面工作的基础上，将现实人员需求、未来人员需求和未来人员流失量的结论进行汇总，就可以得出对组织整体人员需求的预测。

（二）人员招聘

人员配备的核心是人员招聘。招聘是在人员需求的基础上，根据组织发展的要求，通过发布招募信息和科学甄选，使组织获取所需的合格人选，并把他们安排到合适的岗位工作的过程。

1. 招聘的程序

人员招聘是一项系统工作，包括了从招募、甄选和录用到评估的完整过程。

（1）招募。招募是为了吸引更多更好的应聘者而进行的一系列活动，包括根据需求预测制定招聘计划、发布招聘信息、收集和整理应聘者的申请等，招募是招聘工作的基础。

（2）甄选。甄选是对所招募人员进行筛选的过程。为了对应聘者进行全面和深入的了解，组织应该借助于各种方式从中甄选出合格的人选来，这些方式包括对应聘材料的评价、开展背景调查、对初选合格的人选进行面试，必要的话，还应该进行相应心理、技能的测试和考核。

（3）录用。甄选的后续工作是录用，也就是对甄选出的人员进行初始的安置。录用是招聘工作的决定性阶段,包括作出录用决策、安排体检和岗前培训、试用和安置等方面的工作。

(4) 评估。招聘工作关系到组织能否获取合格和优秀的人员,是增强组织核心竞争力的必要前提,因此,评估是招聘工作不可或缺的环节。从对组织人员配置的角度来看,评估工作可以从两方面进行:一是数量方面,主要是看招聘人数是否符合招聘计划的目标,是否满足组织设计所确定的各类岗位所需的人员数量;二是质量方面,可以根据职务说明书对所录用人员工作质量进行判断,还可以从所录用人员的流失率来判断招聘工作的质量。

2. 招聘的渠道

(1) 内部渠道。内部渠道就是从组织内部选拔合适的人才来补充空缺或新增的职位。在进行人员招聘录用工作时,组织内部调整应先于组织外招聘。通过内部渠道选拔合适的人才,可以发挥组织中现有人员的工作积极性,同时也加速人员的岗位适应性,简化程序,减少了招聘、录用时的人力、财力等资源支出,减少培训期和培训费用。内部渠道本身存在着明显的缺陷,容易形成近亲繁殖、群体思维、长官意志现象,不利于成员创新;可能因领导好恶而导致优秀人才外流或被埋没;也可能出现裙带关系,滋生组织中的小帮派、小团体,进而削弱组织效能。内部选拔的主要方法有:晋升或岗位轮换、工作告示和工作投标、内部推荐、转正等等。

(2) 外部渠道。外部渠道是通过外部获得组织所需的人员。外部渠道招聘可以为组织带来新的元素,为组织注入活力,从而使组织肌体保持活力。另外,外部渠道广阔,挑选的余地很大,能招聘到许多优秀人才,尤其是一些稀缺的复合型人才,这样还可以节省大量内部培养和培训的费用,促进社会化的人才流动。但是,外部招聘也不可避免地存在着不足,比如:筛选难度大,成本高;可能挫伤有上进心、有事业心的内部员工的积极性和自信心,或者引发内外部人才之间的冲突;外部招聘人员的适应性可能较差,无法融入组织文化之中,等等。外部招聘可以委托招聘,也可以自行招聘。委托招聘可以委托各种劳动就业机构,如各类学校的毕业生分配部门、各种职业介绍所、各种人才市场、劳务市场和猎头公司招聘等。自行招聘可以利用同事、亲属关系介绍以及各种媒体的招聘广告等。

(三) 保持人员配备的动态平衡

人员配备不是一劳永逸的,人员配备的理想结果是达到组织人力资源的综合平衡。但在管理实际中,人力资源的完全平衡是很少出现的,即使出现,也是暂时的匹配。因此,保持人力资源的动态平衡就成为人员配备的关键工作。人员配备的平衡是通过人员增减和人员结构调整等措施,使组织的人员和工作保持动态的匹配。

人员配备失衡主要有以下两种情况。

1. 供需失衡

供需失衡的表现是供不应求或供过于求。供不应求是组织的人员需求大于人员供给,这种状态通常出现在组织规模扩大和经营领域扩大时期,也可能是组织面临人员的大量流失。在这种情况下,可以通过招聘、聘用临时工、晋升、培训、工作扩大化等措施来促进人员的供需平衡。

供过于求是组织人员的需求小于人员供给,这种状态也就是组织人员的过剩,绝对的过剩通常发生在组织业务活动萎缩时期。在这种情况下需要对过剩人员进行处置,常用的措施有:提前退休、增加无薪假期、减少工作时间、工作分享和裁员等。

2. 结构性失衡

结构性失衡是一种更为普遍的现象,是指组织中某类人员供不应求,而另一类人员供过于求,这在组织稳定发展时期表现得尤为突出。出现这种现象的原因是多方面的,主要是由于原先人员配备的不合理性,也可能是由于组织内部各个部门工作情况的变化,或者由于人员自身发展的不均衡性。在这种情况下,组织需要对现有的人力配备进行结构性调整。具体措施有晋升、降级、平调。另外也可以针对某些人员进行专门的培训,同时辅之以招聘和辞退。

三、人员配备有效性的保障措施

人员配备并不是一项孤立的工作,要保证和提高组织人员配备的有效性,使组织的人员配备达到动态的平衡,必须辅之以必要的考评和培训。

(一) 人员考评

人员考评是指按照一定的标准,采用科学的方法,检查和评定相关人员履行岗位职责程度的一种活动。从人员配备的角度来看,考评可以为组织制定包括降职、提升或维持现状等内容的人事政策调整提供依据。同时,考评资料也能够指导组织针对人员配备的现状来制定相应的培训和发展计划,从而使组织的人员配备能够保证组织目标任务的有效实现。

1. 考评的原则

为了保证人员考评的科学性和准确性,考评工作必须遵循下列原则。

(1) 客观性。客观性是对考评指标的要求。指标的确定必须能够准确地反映客观,一方面指标的含义要准确、具体,不能含糊不清,更不能用一些抽象的概念来作为衡量的标准。另一方面指标应该尽可能定量化。也就是说,考评不仅需要有定性的指标,更需要定量的指标,对定性指标也要尽可能地给予科学的量化,以避免定性指标的主观随意性。指标的定量化,使一些数学方法得以运用到对人的考评之中,增加了考评工作的科学性和准确性。

(2) 可行性。考评方法要可行,这对考评是否能真正取得成效是很重要的。一方面,考评的内容要完整,必须兼顾构成岗位要求各方面的工作内容,防止主观随意性和片面性。但完整性并不意味着面面俱到,因此考评项目要适中,不要太多,也不要太少,应根据各层次不同人员所在职位的重要性来确定。另一方面,考评的方法必须具有可操作性,考评的内容和指标尽可能是可以定量测定的,所采用方法的目的和意义应该是明确的,这样考评工作才能得到被考评者的接受和自觉配合,考评才不至于流于形式。

(3) 适当性。考评时间要适当。考评的时间安排不应该主观随意,也不能整齐划一。要根据不同层次、不同职位的具体情况而定。一般来说,对组织各级管理人员的正式考评大多是一年1—2次,对新选聘上来担任主管职务的人的考评次数要多一些。同时，人员考评作为一个连续性的管理过程，必须强调其定期化和制度化。

(4) 反馈性。考评的结果应该及时和充分地反馈给被考评者。通过反馈，使被考评者能够加深对自我的认识，真实地客观地把握自我；通过反馈，也为被考评者促进自身的学习、完善个人的职业生涯发展提供现实的依据。另外，反馈也可以防止考评中可能发生的偏差，以便于及时纠正。

(5) 民主性。民主性原则是实现客观公正的必要条件，一方面在考评方式上要注意各种方式的综合运用，另一方面要充分尊重并保障被考评者的解释和申诉权。

2. 考评的方式

考评的方式，指的是考评工作的组织形式，主要有自我考评、上级考评、同事考评和下级考评四种。

(1) 自我考评。自我考评就是工作者根据组织的安排对自己工作的各个方面进行评价。这种方式有利于工作者自觉地培养和提高自身的业务水平和管理能力，增强工作的责任感。其评价结果可作为上级对下级评价的参考，从而减少被考评者对考评的不信任感。但这种方式容易受个人个性的影响，同时，个人在自我考评时也容易出现自我保护的倾向。自我总结是自我考评方式常采用的一种形式。

(2) 上级考评。这是人员考评中最常见的一种方式。一方面由于他是被考评者的直接上级，与被考评者的直接联系较多，因而能够从对被考评者直接经常性的接触和观察中了解其各方面的状况；另一方面，作为上级来讲，一般比较理解考评的目的，熟悉考评的标准，而且责任心也比较强。这两方面结合起来，就使得上级考评一般能够对被考评者作出比较客观和公正的评价，但这种考评方式也难免会带有先入为主的主观成分。

(3) 同级考评。同级考评，即与被考评者一起工作的同事对其进行考评。由于工作关系，同事之间是互相最了解的人。因此，同级考评的结果也较为客观和可信，但这种方式受人缘的影响比较大。同事考评的常见方式是小组评议。

(4) 下级考评。这种方式是让被考评者的下级参与对其的考评,应该说,被考评者的下级更熟悉被考评者的领导方法、领导作风等特点,因而在这些方面的评价也是比较客观和准确的。下级考评的缺陷是下级可能由于怕被"穿小鞋"而不愿讲真话。"群众评议""民意测验"是这种考评方式的具体形式。

以上四种考评方式各有优劣,各种方式的缺陷,足以使考评工作的质量受到很大的影响。因此,在具体的考评工作中,应坚持采用多种评价方式,从不同的角度进行考评,以避免只采用某一种方式可能引起的以偏概全,从而确保考评工作的公正、客观、全面、准确。

3. 考评的方法

考评方法是指考评的工具或手段。考评的具体方法很多,既有定性的,也有定量的。定性方法更多是在定量方法的基础上,以书面定性的描述来评价被考评者。在实际的考评工作中,只有多种方法相结合,定性与定量相结合,才能取得比较满意的效果。常用的方法有以下几种。

(1) 配对比较法。这是一种相对考评的方法,事先规定好考评的具体项目。将同一级的管理人员编成一组,按事先规定的考评项目,人与人一项一项地进行对比。具体方法是,两人比较,优者得1分,劣者得0分。最后计算每个人的得分数并按照按优劣顺序排出名次。因此人们习惯上也称之为"等级法""名次法"或"排序法"。这种方法的精确度较高,在被考核人员不多的情况下比较适用,缺点是难以得出绝对的评价。

(2) 等差图表法。这种方法是将某一特定职位上多种与工作绩效相关的方面列出清单,对每个考核项目设置若干个等级,考评者根据被考评者的实际状况,按照图表的要求对被考评者给出分数。这种方法的优点是考核内容比较全面,可以设置比较多的打分档次,缺点是没有考虑到各个被考评因素的重要性。这种方法适用于那些基层的、工作行为和结果都比较容易被了解的岗位。

(3) 要素评定法。要素评定法是对等差图表法的进一步完善。由于等差图表法所列出的各个考核项目对于工作绩效和考核的总结果具有不同的重要性,因此这种方法细化了每项考核要素并考虑了权重因素,给不同的项目赋予不同的重要性,通过它们各自的分值范围来体现。在实际操作中,一般由被考评者本人、上级、下级、同级各填一表,再给各表赋予相应的权数,最后统计综合得分。虽然这种方法比较繁琐、费时,但由于吸收了不同层面的人员参与了考核,考核要素比较全面,同时又考虑了加权,因此,能够体现考评的全面、公正、客观和民主性,是一种被普遍应用的考核方法。

(4) 关键事件法。关键事件法是对完成工作的关键行为进行记录,并选择其中最重要的和最关键的部分进行评定的方法。它要求将对岗位工作任务造成显著影响的事件进行归纳和分类,然后在某个固定的时间里,根据所记录的关键事件来评价其工作绩效。它为考核结果提供了确切的事实依据,从而避免了主观性;同时,它是基于被考评者在整个年度或一段时间内积累下来的关键事件的纪录,因而也可以避免近因效应。这种方法可以作为其他考评方法的一种补充,在认定被考评者特殊的良好表现或劣等表现方面十分有效,而对人员进行比较分析或作出相关的人事政策决策时,可能不会有太大的用处。

(二) 人员培训

人员培训是组织有计划地组织成员学习完成本职工作所需的基本知识和技能,或改变成员的价值观,形成与组织目标、文化相一致的工作态度和行为的活动过程。从人员配备的角度来看,一方面,对新招聘的人员需要岗前培训,使他能够顺利适应组织文化和岗位任务的要求;另一方面,通过培训,可以提高所有人员的工作技能、促进其个人职业生涯的发展,进而稳定组织的人员队伍,并为人员的晋升和调配提供基础,最终保证人员配备的动态平衡,实现人员和组织的共同发展。

1. 培训的原则

(1) 实效性。人员培训必须注重实效,在开展培训活动时必须基于组织和人员的实际需求。因此,对培训需求的分析是人员培训的基础性工作,是保证培训成功的前提。首先要考虑组织的需求,即组织的目标、运行和发展带来的需求,找出人员的现状与组织当前任务要求之间的差距以及与组织未来发展带来的需求之间的差距;同时也要兼顾人员的需求,人员的需求是指人员个人自我提升、自我发展和完善的需求,考虑人员需求时,必须将培训计划与人员的职业生涯规划结合起来,同时也要考虑组织可能提供的条件,努力寻求两者之间的平衡。

(2) 计划性。人员培训不是一项临时性的随意性的工作,作为一项常规性活动,必须有计划地开展。因此,在识别培训需求的基础上,必须制定培训计划,这是人员培训的重要工作,是保证人员培训实效性的关键。一个完整的培训计划包括:培训目标的设定、培训课程的开发、培训对象的选择、培训机构的落实、培训方式方法的运用、培训时间和进度的安排、培训场所和设施配备等内容,此外,还要考虑预算,落实费用。

(3) 针对性。培训活动应该根据培训计划有针对性地进行,主要表现在培训对象、培训内容和培训方式方法几个方面。在培训对象上要注意分级分类,针对不同层面和不同岗位人员的需求和特点;培训的内容应该根据培训目标和需求,分别围绕政治思想、企业文化、专业知识、实际技能等方面来展开;培训的方式方法也应该根据不同的培训对象和培训内容选择。

2. 培训的方式

培训的方式是培训的组织方式,培训的方式概括起来主要有以下几种。

(1) 岗前培训和在岗培训。根据组织培训需要的不同,培训的方式可以分为岗前培训和在岗培训。岗前培训即对员工上岗前使其适应工作的需要而进行的各种培训活动,岗前培训的内容包括组织文化教育和岗位业务训练。在岗培训是为了提高员工的工作技能、工作绩效,或出于转岗、晋升、取得岗位资格等需要而进行的培训,是员工在工作岗位上以及在完成工作任务的过程中所接受的培训,具体的形式有:转岗培训、晋职培训、岗位资格培训、更新知识和掌握新技能的培训等。

(2) 内部培训和外部培训。从培训的实施机构来看,培训的形式有组织内部培训和组织外部培训两种。内部培训包括在组织内部场所或组织自己租用的场地进行培训,培训者可以是组织内部的专家,也可以聘请外部的专家学者。外部培训是组织委托社会培训或教育机构对组织员工进行培训,也包括由组织支付费用的学历教育。在实施外部培训的过程中,组织的相关职能部门应该参与培训计划的设计并与承办培训的社会机构保持密切的联系。

3. 培训的方法

经常被运用而又行之有效的培训方法有以下几种。

(1) 短训班。短训班主要用于对一些新理论、新知识、新方法的培训。这种培训方法时间不很长,通过这种短训班的学习,有助于受训者了解管理理论最新的发展动态,掌握新的管理技术和方法,以提高他们的理论水平和管理技能,并通过他们将这些新的研究成果及时地在工作实践中得到运用。

(2) 研讨会。研讨会是指各有关人员在一起对某些问题进行讨论或决策。通过举行研讨会,组织中的一些上层管理人员与受训者共同讨论各种重大问题,可以为受训者提供一个观察和学习上级管理人员处理各类事务方法的机会,并了解和学习利用集体智慧来解决各种问题的方法。

(3) 案例研究和决策训练。案例研究通常以小组讨论的形式进行,首先让受训者阅读典型案例,然后由培训者提出问题并组织受训者进行分析和讨论,最后由培训者加以归纳和总结。通过案例研究,训练受训者分析能力和综合能力。与案例研究相仿的是决策训练,就某一个管理案例,让受训人员确定问题、提出假设、收集数据、评价方案、选择合理的方案直至评估决策效果,使受训者得到解决和处理问题的方法训练。案例研究和决策训练主要适用于对管理人员的培训。

(4) 职务轮换。职务轮换是使受训者在不同部门的不同主管位置或非主管位置上轮流工作,以使其全面了解整个组织的不同工作内容,得到各种不同的经验,为今后在较高层次上任职打好基础。职务轮换包括直线主管职位间的轮换、参谋职位和直线主管职位之间的轮换等。

(5) 临时职务代理。当组织中某一个管理人员因某种原因暂时不能上岗时,对于这种临时性的职位空缺,组织可以安排受训者临时代理该管理人员的工作,组织也可以有意识安排这种职务空缺,这种方法可以给受训者提供一个体验更高一层管理岗位工作的机会,在代理期间积累管理经验并展示其管理才能。

（6）设立副职。这种方法可以使配有副职的管理人员很好地起到教员的作用，通过委派受训者一些任务，并给予具体的帮助和指导，由此培养他们的工作能力。而对于受训者来说，这种方法又可以为他们提供实践机会，并观摩和学习管理人员分析问题、解决问题的能力和技巧。在实际工作中，副职常常以助理等头衔出现。

第六节 组织变革

一、组织变革的动力和阻力

组织变革是为了适应组织外部环境和内部条件的变化而对组织的目标、结构以及构成要素等适时而有效地进行调整和修正。组织的核心能力在于它的适应能力，而变革就是组织提高适应能力、保持活力的必然选择。

（一）组织变革的动力

组织变革的动力，是指引发变革的驱动力。驱动组织变革的动力可以归纳为两个方面。

1. 组织外部环境的变化

达尔文生物进化论中关于"适者生存"的观点同样适用于组织与环境的关系。作为社会系统的一个子系统，组织无法控制外部环境的变化，而只能主动地去适应外部环境。当外部环境发生变化时，组织只有适时地调整组织的目标、结构及组成要素等，才会获得新的发展机遇。带来变革需要的外部力量有很多，其中主要的有以下几个方面。

（1）社会经济形势的变化和市场竞争的加剧。社会经济形势和市场竞争环境的变化，加剧了环境的动态性的特征，组织必然开始朝着弹性化或有机化的方向改变其结构，以便使组织变得更精干、快速、灵活和富有创新性。

（2）科学技术的进步。组织的任何活动都需要利用一定的技术和反映一定技术水平的特殊手段来进行。在知识经济时代，每天都有新技术、新产品、新工艺等的出现。技术以及技术设备的水平,不仅影响组织活动的效果和效率,而且对组织的职务设置和部门划分、部门之间的关系以及组织结构的形式和总体特征等产生相当程度的影响,从而引起组织的变革。

(3) 相关法律和政策的变动。国家有关法律、法规的颁布与修订,国家产业政策的调整和产业结构的优化,必然要求组织调整和修正其战略、目标、职能以适应这种变化,为组织的发展寻求新的发展机会。

2. 组织内部条件的变化

除上述外部力量外,组织内部力量也会形成对变革的需要。带来变革需要的内部力量也很多,主要有以下几个方面。

(1) 组织战略目标的改变。组织发展过程中,需要不断地对其战略的形式和内容作出调整,当管理者重新制定或修订其战略时,它通常会在组织内部带来一系列的变化,如组织结构的更新、人员的重新优化组合等。

(2) 组织规模的扩大。组织的规模往往与组织的成长阶段相关联,伴随着组织的发展,组织活动内容会日趋复杂,人数会逐渐增多,活动的规模和范围也会越来越大,因此,组织的结构必须随之调整。组织变革伴随着组织成长的各个时期,不同成长阶段要求不同的组织结构模式与之相适应。

(3) 组织成员价值观的变化。个体成员的行为是组织运行有效性的基础。组织成员的需求和价值观的变化是组织变革的一个重要原因。组织劳动力的多元化趋势,使得组织成员的流动性增加,对组织的忠诚度减弱,当组织人员的稳定性遭到破坏时,组织就不得不重新招聘新人或重组老员工,同时,组织需要不断地改变组织的激励机制和管理方式,以不断满足成员需求变化。

(二) 组织变革的阻力

变革的阻力是指人们反对变革的制约力,这种阻力通常来源于组织内部,这意味着组织变革不可能是一帆风顺的。任何变革,总会有人以种种不同的方式来表示他们的抵制。例如,要求离职调动的人员增加;工作被动应付,没有主动性和积极性,消极怠工;发生争吵与敌视行为,人际关系趋于紧张,内耗加重等。

1. 变革的阻力

人们反对变革的原因是多方面的,概括起来,主要有以下几个方面。

(1) 习惯的阻力。变革的阻力有很大一部分是来自人类本性中的惰性。人们总习惯于处于"惯性"或"他们自己的、习惯的方式"之中,总有安于现状的习性,因此对变革有一种天然的抵触情绪。任何的变革都将会威胁到原有的安全与内心的平衡,因而有恐慌感。

(2) 观念的阻力。有时人们之所以反对变革,是因为对未来的发展趋势缺乏清醒的认识,对环境给组织的压力认识不足,总觉得组织目前所处的环境还相当不错,足以应付任何挑战。当人们不能预见未来的发展趋势时,他们就不可能对变革有紧迫感,当然也就拒绝一切的变革行动。

(3) 利益的阻力。组织变革因为改变了原来的体制或结构,调整了人事关系,使组织中的权力和地位关系重新进行配置,致使一部分人丧失或者削弱了原来的地位和权力,从而使他们产生了不满和抵触。如果变革对人们工作提出了新的要求并引起人们的收入直接或间接地下降,也将形成对改革的抵制力量。

(4) 人际关系的阻力。任何工作群体,其成员之间的关系不仅仅是纯粹的工作关系,而且也有私人关系。有时人们之所以反对变革,并不是反对变革本身,而是因为对发起这场变革的人心怀成见,由反对变革者而导致反对变革。这种情况普遍存在于一般组织中,人们有时对变革本身并不真正了解,也不想去了解,但只要看到是由他不喜欢的人发起了这场变革,就感到从感情上接受不了,有一种十分盲目而强烈的抵触情绪。因此,管理者在进行组织的变革时,要注意选择容易为大多数人所接受的人选,以尽量减少变革的阻力。

2. 排除组织变革阻力的方法

组织变革既是不以个人意志为转移的,又是一个循序渐进的过程。由于变革必然会给人们带来变化与不确定性,从而使人们不安,成功的变革不仅能够增进组织的创新,维持组织的成长,同时也能够提高成员的工作士气,满足成员的合理欲望。因此,任何变革都要选择好时机并注意策略与艺术,尽可能地消除阻力,保证组织变革的顺利进行。排除组织变革中的阻力有以下几个主要的方法。

(1) 教育和培训。在变革前要做好教育和宣传,加强培训与学习。通过教育和宣传,使人们认识到组织发展和变革的基本目标和需要,做好心理准备。必要的话,应该做好变革的试点工作,以变革的实际成效教育员工。通过有针对性的培训与学习,让员工不断地学习新知识,接受新观念,掌握新技术,学会用新的观点和方法来看待和处理新形势下的各种新问题,增强对组织变革的适应力和心理承受能力,提高对组织未来发展的预见力,从而更好配合组织的变革。

(2) 沟通和参与。讨论和沟通应该贯穿在变革实施的全过程之中。通过讨论和沟通,使人们认识到变革的必要性,发现变革中出现的问题。沟通的过程,也应该是员工参与变革的过程,如果员工有机会参与组织发展计划的制定和实施,并被赋予变革中的话语权,则既可以提高他们的积极性和主动性,增强变革的可接受性,同时也可以集思广益,使变革方案更加符合组织及各部门的实际需要。

(3) 尊重和信任。提高对变革者的信任,也是实现组织变革的非常重要的保证。而这需要一种良好的组织文化作为支持。共同的价值观会增进组织成员的相互信任与尊重,变革的阻力也就会减小。

(4) 奖励和惩罚。奖惩作为组织变革强化方式,是克服变革阻力的有效方法。在变革过程中,对先进部门和个人要给予及时的肯定、鼓励与表扬,对阻碍变革的部门和阻力要及时地予以批评和调整,这有助于组织内部形成一种积极向上、勇于变革的文化氛围。

二、组织变革的程序

组织变革是一项系统工作,必须在科学规划与设计的基础上有步骤地加以实施。对于组织变革程序的研究,主要探讨的是组织变革的过程和环节。虽然组织变革没有硬性规定的固定程序,但在大量的实践经验的基础上,许多组织行为学家们提出了各自的观点,据此我们可以归纳出组织变革的一般程序。

1. 诊断

诊断阶段的主要任务是确定问题和组织诊断。确定问题就是要识别导致组织变革的原因或力量到底有哪些，并将其一一列举出来。导致组织变革的原因可能很多，识别的结果都源自对组织内外环境的客观与系统的分析，以及与有关人员的沟通与交流。当导致组织变革的问题被确定以后，就要组织有关人员参与诊断，或与变革所涉及的有关人员进行沟通。通过对问题的分析，并将问题按重要性顺序加以排列分析、说明，并寻找最重要的问题，以确定变革的方向。

2. 执行

执行阶段的主要任务是制定变革的计划并采取行动。针对以上诊断的结果，提出变革的可行方案，确定决策标准，并依此标准选择解决问题的方案。变革计划应该包括变革需涉及的人、财、物等要素以及变革的时间、地点、具体措施和预计效果等。最后采取行动，将变革的计划加以实施，在实施过程中，要注意策略与艺术，循序渐进，相机而动。

3. 评估

评估阶段的主要任务是衡量效果并提供信息反馈。组织变革的最终效果如何，需要进行准确、客观的衡量和评估。具体衡量的指标可能很多，但最重要也是最根本的，就是看一项变革是否真正解决了组织所存在的问题，是否促进了组织与外部环境保持协调一致的发展关系。最后要将评估的结果反馈给组织负责人，以供组织今后的变革参考借鉴。因为，组织变革是一个系统的、不断循环进行的过程，其根本目的在于使组织经营管理更有效。

三、组织生命周期与组织变革

从发展的观点来看，组织是一个有机的生长体。同人一样，组织也有它的生命周期，有它的童年、青年、壮年和老年时期。组织管理效能的大小、环境压力的强弱，对组织的生存和发展具有重大的影响。不同发展阶段的组织结构、领导方式、管理体制和人员心态都各有特点，每一个阶段的后期都会出现问题和危机，组织管理的任务，就是采取相应的管理措施，解决这些问题，克服这些危机，从而促进组织适时地从一个阶段发展到另一个阶段,这是保证组织持续发展的关键。这种阶段的演变和转换实质上就是组织变革。研究表明:组织的生命周期分为创业期、聚合期、规范期、成熟期、衰退期或再发展期。

1. 创业期与领导危机

创业期相当于组织的幼年期。处于创业期的组织,规模小,关系简单,组织管理更多地依赖于创业者的个人管理,组织的生存和发展也完全取决于创业者个人的素质和能力,而这些创业者一般属于技术业务型,他们不重视也不擅长管理。随着组织的发展,组织活动日益复杂,管理问题日益凸现,创业者难以通过个人管理来解决这些问题,因此,在创业阶段的后期就会产生"领导危机"。

2. 聚合期与自主性危机

聚合期相当于组织的青年期。组织经过创业期的发展而不断扩大,员工的士气较高,对组织有较强的归属感。创业者也实现了自身角色由创业到领导的转变,同时也培养或引进了大量的专业管理者,于是,通过分工形成了专业化的集权指挥,整顿混乱。但这种集权指挥的管理方式会使中下层管理者渐生不满,高层领导的集权指挥与中下层管理者的自主性要求之间的矛盾开始出现,但高级主管形成了集权的习惯,或者组织结构的集权特点一时难以改变,从而产生了所谓的自主性危机。

3. 规范期与失控危机

规范期相当于组织的中年期。处于规范期的组织已有相当的发展规模,增加了许多职能部门和经营单位。组织要继续发展,就必须改变原来的权力分布状况,赋予各级经营管理者一定的自主权。但在实际的运作过程中,各单位各部门的本位主义盛行,甚至会出现各自为政的现象,高层管理者对组织整体的控制力会明显削弱,久而久之,组织将面临瓦解的威胁,也就是说,组织内部产生了失控危机。

4. 成熟期与僵化危机

成熟期相当于组织的壮年期。为了预防失控,集权管理势在必行。但是组织已经形成了分权的结构,不可能回归到命令式的集权管理。因此,组织必然要提高规范化程度,一方面会加强领导监督、信息沟通和整体规划,建立各种委员会组织加强各部门之间的协调,另一方面会制定各种规章制度、工作流程。但随着规范化程度的提高,各种规章制度日趋复杂,最终会导致文牍主义盛行,管理效率下降,这样就会出现僵化危机。

5. 衰退期或再发展期

成熟后阶段的组织,可能会由于不适应环境的变化而衰退,步入老年期,也可以通过变革创新获得再发展。为了避免文牍主义、克服组织结构的僵化,必须培养管理者和各部门的合作意识和团队精神,同时要通过调整组织结构,保持组织的弹性,激活内部的竞争,增强组织的活力。

本章小结

组织职能是一项系统工程,内容庞杂,涉及组织系统的方方面面。区别于名词属性的组织,本章讲的组织是一种无形的组织活动。在计划职能确立了目标,进行了决策,并制定了计划方案后,要实现组织的目标,实施组织的决策和计划,就要依靠组织活动来开展落实。

组织是一个为了实现某个特定目标,通过分工协作、经由不同层次的权力责任制度而形成的人群结合系统。这个定义告诉我们,组织是有共同目标的,没有共同目标,组织就没有存在的基础和理由,就是一盘散沙,而为了实现这个目标,就必须对整个组织进行分化整合,组织工作本质上就是对组织活动所进行的分化和整合。组织分化就是将组织目标分化为不同的任务和具体的工作,由不同的部门和职位来承担,这样,在组织内部首先形成了不同的职务职位和部门,所以,组织活动的基础性工作就是职务职位分析。许多小微企业,可能没有部门,但必须是有职务职位的。

组织分化实质上就是分工,合理的分工是为了大幅度提高工作效率,但这种分工在任何组织中都是相对明确的,如果没有协调的合作关系,分工也就失去了意义。因此,必须在分工的基础上,实现组织内各部门和各职位之间的协调运作,这就是组织整合的任务。组织整合的一项基础性任务是将各个职务组合成被称为部门的管理单位。所有部门又可以按照一定的方式,组合成上一层级或下一级的管理部门,如此就形成了组织内部由上而下的层次。通过组织整合,还要使组织的各个构成部分(各个职务、部门和层次)联结成一个有机的整体,使各方面的工作得以协调配合。这样就形成了组织结构。组织结构是组织的构成形式,即组织的目标、人员、职位、相互关系、信息等组织要素有效排列组合的方式通过组织设计将组织的目标分解到职位,把职位综合到部门,并形成了众多部门组成的纵向权力系统和横向分工协作系统,从而使组织成为一个有机的整体。

组织结构以制度的形式明确了分工协作关系,制度的相对稳定性保证了组织分工协作关系的可持续性。分工协作关系在组织运行过程中体现为岗位职责的划定。如何根据组织目标的要求明确职务范围、责任,使之形成一定的结构体系,这就涉及组织结构设计的核心问题:组织中的权责划分,它决定了一个组织中的权力分布状况。

组织设计的后续工作是为组织各个层次、各个部门、各个职务配备合适的人员。也就是说,通过组织工作,建立了部门,确立了部门的职位、职权及相互关系,在这个基础上,还必须通过人员配备,将组织成员加以合理组合,把不同素质、能力和特长的人员分别安排在适当的岗位上。这样,组织结构的功能才能发挥出来,组织的目标和任务才能实现。因此,人员配备是组织结构设计的逻辑延续。

组织设计不是一成不变的。随着组织外部环境的变化和内部条件的变化,组织必须对组织的目标、部门和层次、结构形式、人员配备以及其他构成要素等进行调整和修正,也就是对原先的组织进行再设计,组织再设计就是组织变革,组织变革是提高组织适应能力、保持其活力的必然选择。

关键概念

组织;组织设计;组织结构;部门化;管理层次;管理幅度;职务与职

位;职务轮换;职务丰富化;职权;职责;集权;分权;授权;人员配备;人员配备的动态平衡;组织变革

基本问题

1. 组织设计应该遵循哪些基本原则?
2. 职务设计的原则和方法有哪些?
3. 部门化的方法和原则有哪些?
4. 影响管理幅度的主要因素有哪些?
5. 试述授权的原则和基本过程。
6. 人员配备的任务和主要内容是什么?
7. 招聘的一般程序是什么?
8. 考评应该遵循的原则是什么?
9. 人们反对变革的原因有哪些?如何排除变革的阻力?

讨论与交流

1. 以你所在的单位或你所熟悉的一家单位为例,说明:
(1) 它的部门设置情况;
(2) 它的部门划分的依据;
(3) 这种部门划分方法的特点。
2. 以你所在的单位或你所熟悉的一家单位为例,说明:
(1) 它的组织结构类型;
(2) 这种结构是否适应该组织的发展需要,是否需要变革;
(3) 请画出它的结构示意图。

第 5 章

领　　导

 知识点睛

管理是把事情做好,领导是做正确的事情。

——彼得·德鲁克

领导的艺术归根结底只有一句话:面对现实,果断行动。

——杰克·韦尔奇

本章导读

被尊为"管理大师中的大师"和"现代管理学之父"的彼得·德鲁克,是这个时代最出色的管理学者。他认为"管理是把事情做好,领导是做正确的事情"。领导"做正确的事情",意味着领导的职责是做好战略管理,即对一个组织全局的、长远的发展方向、目标、任务和政策,以及资源配置进行决策;管理是"把事情做好",意味着中层管理者和基层管理者的职责是做好战术管理,即在一个组织在战略决策的指引下做好计划、组织、协调、实施、控制等具体的运营工作。彼得·德鲁克的话指出了领导者和管理者在职责上的区别。而作为"企业界一代宗师"的杰克·韦尔奇,则将"面对现实并采取行动"视为领导的重要的职责和艺术。

组织工作为管理奠定了制度基础,而组织的实际运作则是通过领导展开的。有了领导,组织才能作为能动的主体去完成自身的目标。如果说管理是为了实现组织目标而进行的有目的的组织、控制活动的话,那么,领导就是这种活动的基本组织者。

第一节 领导概述

一、领导的含义

中文"领导"一词包含了"领导者"(leader)和"领导行为"(leadership)两种意思。而在英文中,两者的区分并不是很严格的。管理学侧重研究的是领导行为。

(一) 领导者

领导者既可以表现为领导者个人,也可以表现为领导班子。作为个人,领导者应该具备良好的素质,接受过实践的磨炼,经历过组织的选聘。领导者个人还要注意发挥领导班子的集体作用;作为集体,领导班子结构配备的合理性是至关重要的。合理的整体结构应该具有互补性、稳定性、高效性和自我适应性的特征。

(二) 领导行为

从领导行为的角度来考察,领导是指引和影响人们去实现组织目标的过程。对领导的含义,我们可以作以下进一步的理解。

1. 领导的本质是影响力

领导者必须要有被领导者,被领导者是领导行为的追随者。影响力是领导者所拥有的影响被领导者思想和行动的权力。正是因为影响力的存在,领导者才能促使组织或群体的成员追随与服从,也正是有了被领导者的追随与服从,才能够保证领导者在组织和群体中的地位并使得领导过程的实现成为可能。领导的本质是影响力,只有依靠着影响力,领导者才能在组织或群体中实施领导行为。

2. 影响力的来源是权力

影响力来自权力,它既是权力的表现,也是权力运用的结果。领导者权力的来源是多方面的。本书第四章关于管理权力来源的分析,同样适用于领导者权力。在实际工作中领导影响力的大小,既与权力的形成有关,也与权力的运用有关,如果运用不当,就会削弱领导者的影响力。

3. 领导的过程并不是领导者个人行为

领导的过程并不是领导者单向地对被领导者发生影响，被领导者也给领导者信息以修正领导者的行动，领导者与被领导者的关系和双方行动都必须不断地修正和调节。领导者在领导过程中，将采用哪一种领导方式，体现出哪一种领导风格，要考虑被领导者的要求和特征。这个过程既是领导者与被领导者相互作用的过程，也是与环境交互作用的过程。因此，领导的过程并不是领导者个人的行为，领导行为方式的选择和领导效能的发挥是领导者、被领导者以及环境变量交互作用决定的。用公式可以表示为：领导＝f（领导者×被领导者×情境）。这种交互作用可以用图5-1表示。

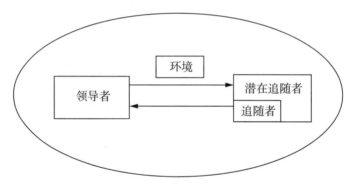

图5-1　领导的基本模型

二、领导权力

（一）领导权力组合

在第四章里，我们分析了权力的类型和来源，每一种权力都有不同的特征和不同的作用，在这里，我们对两类权力的特点和关系作进一步的分析，以便于领导者在领导工作中考虑如何对各种权力进行整合才更加有效。

1. 职权和非职权的比较

（1）职权具有强制性的特点，是以外推力方式发挥作用的。职权包括法定权、奖赏权和惩罚权，这三种权力都是组织赋予的，是个人因居于某个职位而获得的。因此,职权都是直接的、外显的,对被领导者的影响带有强制性、不可抗拒性的特点。虽然这些权力是保证被领导者对领导者基本服从所必需的,但是它们只能引起被领导者外部行为上的机械服从,往往不能从根本上改变被领导者的态度,而且这种权力的效果难于持久,甚至还会产生负面影响,不利于建立一种和谐的领导者和被领导者的关系。

(2) 非职权具有内隐性的特点,是以内推力形式发挥作用的。非职权包括专长权和感召权。与职权相比,非职权来自领导者个人的知识、才能和品质,它更多地关系到领导者和被领导者的感情关系,它通过改变人的信念、态度进而达到改变人的行为的目的,这种改变是长远的、持久的。因此,非职权是一种内隐的、以内推力的形式起作用的权力,这种权力既产生于领导者个人,又是被领导者所赋予的。如果说职权是领导者基本权力的话,那么,非职权则是领导者最有价值的权力。

(3) 职权是非职权的基础,又需要非职权的支持和补充。领导者的非职权,需要以职权为基础,离开了这个基础,它难以发挥应有的作用。但同时,非职权对职权具有增效和减效的作用。职权只能引起被领导者行为上的服从,被领导者心理上的认同和响应是有限的,它的有效性就打了折扣,甚至不能起到应有的效果。因此,有效的职权需要非职权的补充和支持。

2. 领导权力模式

各种权力的不同组合,形成了不同的权力模式(见图 5-2)。通过对于不同权力模式的探讨,可以帮助领导者在领导实践中根据不同情境,使用不同的权力组合,以求最大限度地发挥权力的影响力,从而提高领导的有效性。

(1) 模式 A。这种权力模式是法定权、奖励权和惩罚权构成权力的一级组合,专长权和感召权作为补充,构成权力的二级组合。采用这种权力组合的领导者,迷信强权,或者在专长权和感召权方面比较欠缺,他们不具备足以支撑其职权的个人感召力,完全凭借外部强制力来实施领导。

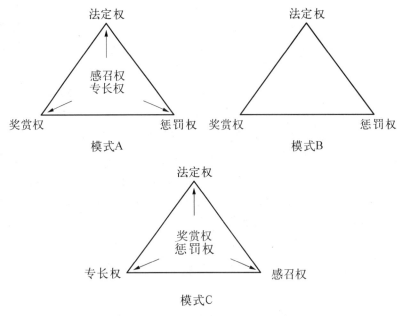

图 5-2 领导权力模式

(2) 模式 B。这是一种贫乏型的领导权力模式,只依靠职权的作用,专长权和感召权极度短缺。采用这种权力组合的领导,不具备基本的德才,完全没有个人感召力,他们的领导地位处于危机之中。

(3) 模式 C。这种权力模式是法定权、专长权和感召权的组合。法定权作为最基本的权力,居于权力三角形的顶端,专长权和感召权居于两角,形成了权力三角形的底边,为法定权增加了感情的支持,它们构成了权力模式的一级组合。奖赏权和惩罚权作为二级权力组合,以外部强制力的形式,支持权力的一级组合,增强领导者的领导地位。这是一种折中主义的权力组合,因而也是一种较为理想的权力模式。

(二) 领导者的权力观

领导权力模式与领导者所拥有的权力资源有关,更与领导者对权力的认识有关。领导者对领导权力的认识,形成了领导者的权力观。树立正确的权力观,是领导者有效运用权力的前提。以下关于领导权力的认识有助于领导者树立正确的权力观。

1. 权力两重性

权力的两重性表现在积极性和消极性两方面。积极的权力是建立在社会化基础上的，它表现为关心集体的利益和目标，帮助群体和成员设置目标、沟通信息，寻找实现目标的途径，同时鼓励和帮助成员去达到目标。消极的权力是建立在个人主义基础上的，表现为对被领导者的统治并使之屈从，被领导者完全处在被动的地位，潜力得不到充分的发挥。有效的领导者应该发挥第一种权力，避免第二种权力。

2. 权力的相对性

权力不是绝对的。任何权力都要受到高一级权力的限制，即使是组织的最高权力也通常要受到法律权力和政府政策权力的制约。同时，权力也要受到同级权力和下级权力范围的约束，不允许随意地去干涉他人权限范围内的事务。因此，任何权力都有一个相对的边际范围，它的有效性都只能表现在一定的范围之内。

3. 权力的均等性

在一个组织中，上下权力应该努力达到均等。这涉及授权的问题。一个成功的领导者应该允许并鼓励下属参与管理，下级拥有权力并不意味着上级领导权力的削弱，相反，它有助于领导权力的发挥，从而提高领导的效能。

4. 权力的服务性

对领导权力定位，影响了领导作风和领导方法。如果认为权力是领导者个人所固有的，那么，他就可能以官自居，高高在上，成为一位官僚主义者。领导者必须认识到，领导权力的本质在于服务。这种服务具有职能性和全方位的特点。

5. 权力的责任性

权力必须与责任联系在一起，责任是权力的基础。组织的每一位管理者，都肩负着一定的领导责任，都必须对自己的领导行为负责，都必须对自己的责任做出承诺。绝对的权力意味着绝对的腐败。

6. 权力的可接受性

不能盲目乐观地认为通过权力而发出的每一项指令都能得到完满的执行，或者都能促进组织目标的实现。这取决于权力的可接受性。

一方面要看权力运用是否和组织目标一致,另一方面要看下级接受权力支配的情况,因此领导者要注意权力的运用艺术。当然,也可以通过奖励和惩罚的办法使下属接受。

7. 权力的有效性

在规定的范围内,权力必须得到充分的行使,这对于保证组织目标的实现来说是不可缺少的。上述关于领导权力的观点都将有助于提高领导权力的有效性。领导者应该认清权力的来源,并更多地运用非职位性权力,更多地发挥专长权和感召权的影响力。当然,法定权和奖惩权也是必备的。理想的情况是法定权和奖惩权备而不用,而更多的是通过非职位性权力来实施领导的影响力,这对提高权力的有效性来说是很重要的。

第二节 领导理论

一、领导特质理论

领导理论是研究领导有效性的理论,它研究影响领导有效性的因素以及为此应采取的措施。有关领导理论主要有三大类:领导特质理论、领导行为理论和领导权变理论。这些理论为实现有效领导奠定了坚实的基础。

领导特质理论侧重于研究领导成功的经验与其本人的人格、才智、需要层次特点的关系。研究者试图揭示作为领导者所必须具备的特质对领导行为的作用。不同的学者从不同角度对领导特质进行了归纳。

(一) 特质理论的缺陷

1. 无法验证

特质理论并不能解释领导行为的成功与失败,而且对领导特质的不同解释和归纳,彼此之间的结论也都无法验证。

2. 难以界定

不同特质在不同环境条件下的表现是不尽相同的,而领导行为是在多种情境下进行的,人们很难找出具有共性的领导特质。从目前对领导特质的各种解释和归纳来看,这些特质可能是一种更广泛的成功因素,不仅对领导工作是重要的,对其他工作都是重要的。

3. 缺乏说服力

领导行为不仅与个人特质有关,而且受制于其他许多因素,把领导行为的成败归结为领导者特质的观点是缺乏说服力的。

上述观点并不是否认特质对领导行为的作用。我们认为领导特质影响了领导行为特点,行为特点又作用于领导风格,进而影响了领导的效能。

(二)领导者的个性品质

在第一章里我们对管理者素养进行了阐述,对管理者的素养要求同样是领导者应该具备的。这里我们对领导者特质从个性品质的角度作进一步的说明,良好的个性品质是领导者提高领导效能的心理条件。

1. 个性倾向性的特点

个性倾向性的特点是领导者个性结构中最活跃的因素,是领导行为的基本动力成分。

(1)合理的需要结构。领导者尤其应该具有社交需要、尊重需要和自我实现的需要。领导者的社交需要是加强领导班子团结、保持组织内部和谐的重要条件;尊重需要是增进组织人际心理沟通、和谐心理气氛的重要基础;自我实现需要是激励领导者追求卓越、锐意进取的心理动力。

(2)强烈的成就动机。强烈的成就动机表现为领导者的事业心、责任心和进取心。事业心是成就动机的关键和基础,责任心是事业心的体现,进取心则是事业心的推动力。

(3)广博稳定的兴趣。兴趣是领导者个性倾向性的重要方面,领导者的兴趣,对其事业心、成就感、领导角色与工作胜任感都有促进作用。

(4)明确的职业信念。职业信念表现为领导者的职业目标和职业理想,这是领导者工作动机的高级表现形式,是领导者实现其领导效能的更强大、更持久的动力系统。

2. 性格

性格是领导者个性的核心部分，良好的性格特征是有效领导者的重要的心理条件。

（1）创造性。创造性是领导者提高领导效能的重要心理品质，领导者的创造性表现在主动性、独立性、开拓性、创新性、胆略和胆识、风险精神等方面。

（2）团结精神。团结精神是加强组织领导班子团结、增强组织凝聚力与士气的良好品质。团结精神要求领导者心胸开阔、谦逊热情、和睦友善，谅解宽容。

（3）诚信自律。领导者的诚信自律，是领导者取信于被领导者并获得拥戴的基本品质，它要求领导者坦诚守信、正直公道、自律严明、秉公办事。

（4）进取精神。进取精神是领导者获取新知、增长才干、增强能力，并使组织在竞争环境中求得生存和发展必备的品质。进取精神要求领导者勤奋努力、虚心好学、刻苦研究、勇于探索。

（5）坚韧顽强。作为一种意志品质。坚韧顽强要求领导者有忍耐力、适应力和承受力，这是领导者面对困难、挫折、工作压力时，排除困难，争取目标达成的重要保证。

（6）敬业求实。敬业精神和求实态度要求领导者勤恳务实、认真负责、忠于职守，这是领导者把工作落实到实处、提高办事效率的良好品质。

3. 知识和能力

领导者应该具有相当的理论素养和知识储备，通晓政治理论、社会学、心理学、管理学，并有综合运用它们的能力。对领导者能力的要求包括以下两个基本方面。

（1）组织管理能力。管理能力主要包括计划决策、组织指挥、协调控制和教育激励的能力。

（2）社会交往能力。交往能力要求领导者能够处理好组织内外的各种关系，既需要掌握原则性又需要讲究灵活性。

二、领导行为理论

领导行为理论着重分析领导者的领导方式和领导风格对领导效能的影响,进而指出能提高领导有效性的领导行为。领导方式和风格并不是天生的,而是通过学习、锻炼、经验总结而逐步形成的,这就为提高领导者的领导水平和领导效能提供了可靠的依据。

(一) 民主与专制的领导

民主与专制是领导风格中的关键问题,领导者对其所拥有的权力的运用方式不同,会体现出差异迥然的领导行为和领导风格。

1. 勒温理论

最早从事这方面研究的是社会心理学家勒温。他以权力定位为基本变量,把领导者在领导过程中表现出来的极端工作作风分为三种类型。一是专制式——权力定位于领导者个人手中;二是民主式——权力定位于集体;三是放任式——权力定位于每个职工手中。

(1) 专制式。这是一种独裁式领导,主要特点是:领导者个人独断专行,自行作出各种决策,从不考虑别人的意见;领导者预先安排好一切工作内容、工作程序、工作方法,下级只能服从;除了工作命令之外领导者从来不传播更多信息,下级没有机会参加决策方案的制定,而只能奉命行事;领导者权威的维护主要依靠行政命令、规章制度,更多地运用训斥和惩罚等刚性的手段,组织内存在严格的等级链,领导者和被领导者之间保持着相当的心理距离。

(2) 民主式。民主式的领导作风的主要特点是:领导者在作出决策和采取行动方案之前,会主动听取下级的意见,或者吸纳下级人员参与决策的制定;分配工作会尽量考虑到成员的个性特点;对下级的工作,更多地倾向给予指导性而不是指令性的意见,下级拥有较大的工作自由空间,体现出较多的选择性和灵活性;领导者主要运用非职权,而不仅仅依靠职位权力和命令迫使下级服从;领导者积极参加组织内的团体活动,领导者和被领导者不存在心理差距。

(3) 放任式。这种领导者一般很少运用其法定权力去影响下级,下级被赋予高度的独立性,由于领导者的放任自流,成员的行为根本不受约束。

勒温认为在实际工作中,上述三种极端作风并不常见,大多数领导人采用的工作作风往往介于这三种基本类型之间。勒温通过实验表明:成员喜欢民主方式的领导,不喜欢专制方式的领导;实行专制式和放任式的领导者,在成员中造成的内部矛盾较实行民主方式的多;民主式的领导效率较另外两种方式要高;放任自流作风的领导效率最低,专制作风的领导,虽然通过严格的管理使群体达到了工作目标,但成员的消极态度和对抗情绪也不断增长。

2. 利克特理论

美国密歇根大学的利克特教授等经过长期研究,于1961年提出了四种领导风格,或称四种管理体制,即极端专制独裁型、仁慈的专制型、民主协商型和民主参与型。这四种领导行为方式是根据领导者在运用自身权力过程中所表现出来的专制独裁的程度高低以及下属民主参与程度的强弱来划分的。

(1) 极端专制独裁型。极端专制独裁型是一种专制-权威式的领导方式,其主要特征是:权力高度集中,领导者非常专制,不信任下级,独自决定一切与工作有关的事宜,然后下令执行;在激发员工积极性方面,主要采用惩罚的方式;组织内部的沟通方式主要是自上而下的。

(2) 仁慈的专制型。仁慈的专制型是一种开明-权威式的领导方式。在仁慈的专制型领导体制中,领导者性格仁慈,对待下级采用父母对子女的方式,但权力仍高度集中,由领导者作出决策,并要下级相信和接受决策,允许下级提出一些看法和意见,但已作出的决策不会因此而受到动摇;在激发员工积极性方面,采用奖惩并用的激励措施;在一定范围内推行一定程度的自下而上的沟通方式,向下级授予一定的决策权,但领导者掌握控制权。

(3) 民主协商型。民主协商型的领导者对下级有相当的信心和信任,在决策方面能和下级进行协商,下级可以提出各种意见和建议,并会得到相当程度的重视和采用,但重大决策仍由高层作出决定。组织内部主要采用奖赏的激励方式,沟通方式也是双向的,即自上而下和自下而上相结合。

(4) 民主参与型。利克特认为最好的领导风格是民主参与型,领导者对下级有充分的信心和完全的信任,相互之间有着大量的交往和合作,积极征求和采用下级的看法和意见,下级广泛参与重大决策的全过程,领导者和被领导者关系融洽。

利克特的研究认为,民主参与型的领导能达到最好的效果,而专制独裁的体制则既达不到高效率,也不能给成员以满意感。利克特大力提倡极端专制独裁型、仁慈的专制型的领导方式要向民主协商型和民主参与型的领导方式转变。

(二) 双维理论

从领导者在态度和行为上对被领导者和工作任务所表现出的关心的程度,可以将领导风格区分为关心任务式和关心人员式两种基本类型。前者者是以任务为中心的,后者是以人员为中心的。这便是领导行为的双维理论。双维理论主要包括领导行为四分图理论和方格图理论。

1. 领导行为四分图理论

这一理论是美国俄亥俄州立大学的行为科学课题小组提出的。他们列出 1 000 多种可划分领导行为的因素,通过逐步概括,最后把领导行为归纳为两大类。一类为抓组织,这种行为类型主要以工作为中心,领导者主要抓组织设计、明确各部门职责和关系,通过制定任务,确定工作目标和工作程序来引导和控制下属的行为表现。另一类为关心人,这种行为类型主要以人际关系为中心,关心和强调下属个人的需要,尊重下属的意见,注意建立同事之间、上下级之间的相互信任气氛。按照这两类内容,他们设计了包括 15 个问题的"领导行为描述问卷",调查结果发现,两种领导行为在一个领导身上有时一致,有时不一致,领导者可以是单一的组织型或体贴型,或者是两者的任意组合。而具体组合方式可由领导行为四分图(图 5-3)表示。

2. 领导理论方格理论

美国得克萨斯大学的布莱克和莫顿发展了领导风格的双维理论,在"关心人"和"关心生产"的基础上提出了领导方格理论,如图 5-4 所示。

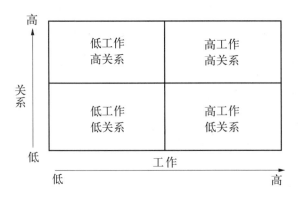

图 5-3　领导行为四分图

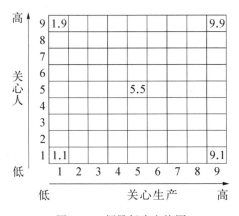

图 5-4　领导行为方格图

在图 5-4 中：1.1 贫乏型：领导者付出最小的努力完成工作；9.1 任务型：领导者始终关心任务效果而不重视下属的发展和士气；1.9 乡村俱乐部型：领导者只注重支持和关怀下属而不关心任务效率；5.5 中庸型：领导者维持一定的任务效率和令人满意的士气；9.9 团队型：领导者通过协调和综合相关活动来提高任务效率与工作士气。布莱克和莫顿认为：9.9 风格的领导者工作效果最佳。但事实上，没有任何实质性的证据证明在所有情况下，9.9 风格都是最有效的方式。

三、领导权变理论

领导特质理论和领导行为理论有一个共同缺陷,就是忽视了环境因素的影响,从而造成理论和实践的脱节。因为在事实上,领导特质和领导行为能否促进领导的效能,受环境因素影响很大。领导权变理论认为,领导是一个过程,而不单单是指领导者。这个过程要考虑到领导者、被领导者和环境的交互作用。领导权变理论的核心思想是要考虑情境因素和被领导者的影响,而不只考虑领导者个人因素,要根据环境的变化找出一种与之相适应的领导模式。领导权变理论主要包括:连续统一体理论、菲德勒模式、途径-目标理论和领导生命周期理论。

(一) 连续统一体理论

民主与专制是相对独立的,但又不能截然分开。大多数领导实际上是处于这两个极端之间。美国的坦南鲍姆和施密特在1958年提出了连续统一体理论。他们把专制和民主这两种对立的领导方式作为两个极端,在这两个极端之间,领导行为又存在着多种不同的专制与民主水平,从而形成一个领导行为的连续统一体。连续统一体理论认为,领导者不能机械地从专制和民主两种方式中作出选择,而应在两者之间许多过渡性的方式中,根据具体情况,适当地选择某种领导行为,这样才能实现有效的领导。

1. 7种领导风格

坦南鲍姆和施密特列举了7种能够反映领导行为连续变化的具有代表性的领导风格,如图5-5所示。

(1) 领导者作出并宣布决策,直接责令下属执行。

(2) 领导者作出并推销决策,即在下属接受之前作适当的说明和解释。

(3) 领导者作出决策,但允许下属提出疑问,并予以解释和回答。

(4) 领导者作出初步决策,交下属讨论修改。

(5) 领导者提出待决策的问题,征求意见,然后作出决策。

(6) 领导者规定决策的界限,让团体作出决策。

(7) 领导者允许下属在规定的界限内行使决策权。

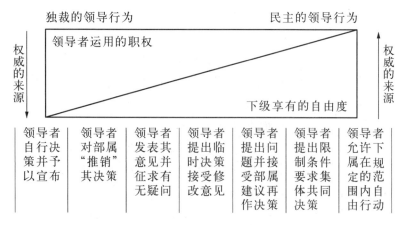

图 5-5　领导行为连续统一体示意

坦南鲍姆和施密特认为,任何一种领导方式都毫无例外地是上面 7 个连续变化的领导风格以及所有介于这 7 种领导风格之间的领导方式的一种。它们之间的差异在于:是更倾向于以领导为中心还是更大程度上强调放权给下属。

2. 权变因素

坦南鲍姆和施密特认为,很难判断哪一种领导方式是正确的,哪一种领导方式是错误的。哪一种领导方式合适,取决于领导者、被领导者和情境因素。正是在这个意义上,连续统一体理论是一种情景理论。影响领导者在行为连续统一体进行选择的因素包括以下三个方面。

(1) 领导者。领导者因素是指在领导者的个性中起作用的一些因素,如价值观体系、对下属的信任度、对某种领导作风的偏好,以及在不确定情境中持有的安全感等。

(2) 被领导者。被领导者会影响领导行为的因素,如乐意承担责任的程度、知识和经验、对模棱两可的容忍等。

(3) 情境。情境因素对领导行为的影响包括:组织的价值准则和传统、下属人员作为整体如何有效地工作、问题的性质和是否能把处理问题的权限稳妥地授予下属以及事件的压力,等等。

(二) 菲德勒模式

菲德勒模式是由美国华盛顿大学的菲德勒教授在 20 世纪 60 年代

提出的。菲德勒指出,有效的领导模式,其一取决于领导者的领导方式,其二取决于群体环境对领导的有利程度,其三取决于上述两者的一致性。

1. 基本的领导风格

菲德勒认为,成功领导的关键因素之一是领导者的基本领导风格。为此,他设计了最难共事者(LPC,least-preferred coworker)问卷进行调查研究,要求被调查者在与自己共过事的人员中找出一位最难共事者,并对其人品特征等作出评价。菲德勒归纳出了两种基本的领导风格:任务导向型和关系导向型。如果领导者没有将下属的工作表现与人品好坏区分开来,则说明领导者趋向任务导向型的领导方式,领导者从设法完成任务中得到满足;如果领导者能够清楚地认识到工作表现差的属员的人品未必不好,则反映了其领导方式是趋向关系导向型的,领导者谋求实现良好的人际关系和达到有声望的职位。

2. 情境因素

菲德勒认为,普遍适用于各种情境的领导模式是不存在的,在不同的情境下都有可能找到一种与之相适应的有效的领导模式。根据这样的观点,他对影响领导方式选择权变因素及其形成的领导工作情境特征进行了具体研究。他认为构成领导情境的关键因素有下面三个方面。

(1)职位权力。这是指由于领导者的职位权力而使被领导者服从领导的有效程度。

(2)任务结构,这是指被领导者任务的常规性、例行性和明确性。

(3)上下级关系,这是指领导者得到被领导者拥护和支持的程度。职位权力和任务结构可以通过从上而下来决定和贯彻,而上下级关系则极大地依赖于下级对领导者的拥戴、信任和心甘情愿地追随的程度。

上述三种因素的影响各有好坏、明确与不明确、强弱之分,菲德勒认为领导者应该根据不同情况具体确定相应的领导方式。

(三)途径-目标理论

加拿大多伦多大学教授埃文斯在20世纪60年代提出了途径-目标理论,并由豪斯进一步扩展。途径-目标理论认为,四分图理论的四种领导方式可能同时存在于一个领导者身上,应该根据不同的情况选择使用。

1. 四种领导方式

途径-目标理论提出了以下四种领导方式。

(1) 支持型领导方式。领导者对下属友善、关心,从各方面给予支持。

(2) 参与型领导方式。领导者在作决策时征求并采纳下属的建议。

(3) 指导型领导方式。领导者给予下属以相当具体的指导,并使这些指导如下属所要求的那样明确。

(4) 以成就为目标的领导方式。领导者给下属提出挑战性的目标,并相信他们能达到目标。

2. 权变因素

途径-目标理论认为,下属的特点和环境因素这两个变量决定着领导方式的选择。

(1) 下属的特点。如领悟能力、教育程度、成就需要、独立性、承担责任的意愿等。

(2) 环境因素。如工作性质、权力结构、团体状况等。

途径-目标理论认为,领导者在考虑上述因素选择具体的领导方式时,必须把握两个基本点:其一,把组织目标和成员个人目标结合起来,通过明确任务要求、奖励标准和期望,提高员工对组织目标的认同感,从而激励他们以努力实现目标而获得满足感;其二,支持组织成员为实现目标而作出种种努力,为其完成任务扫清障碍,加强团结和协作,增加员工在工作中获得满足的机会,减少不必要的心理压力和外部控制。如果领导者把上述两点很好地结合起来,就能实现有效的领导。

(四)领导生命周期理论

领导生命周期理论是由俄亥俄州立大学的心理学家科曼首先提出来的,后来又由何塞和布兰卡予以发展。领导生命周期理论认为,有效的领导行为应该把工作行为、关系行为和被领导者的成熟程度结合起来考虑。领导者要根据下属不同的年龄、成就感、责任心与能力等条件,采用不同的领导行为。科曼在分析领导行为四分图时加入了第三个因素——被领导者的成熟程度。他认为:高工作、高关系的领导并不经常有效;低工作、低关系的领导也不一定完全无效,这都要根据下级的成熟程度而定。换言之,有效的领导风格应当适应下属的成熟度。

1. 权变因素

成熟度作为影响领导方式有效性的权变因素,指的是下属对自己直接行为负责任的能力和意愿,它包括两类因素。

(1)工作成熟度,即一个人的知识和技能。工作成熟度高的个体拥有足够的知识、能力和经验胜任自己的工作任务。

(2)心理成熟度,即一个人完成工作的意愿和动机。心理成熟度高的个体主要依靠自身内在的动机激励,而不需要太多的外部激励。

2. 领导方式

领导生命周期理论认为随着下属由不成熟走向成熟,领导行为应该按照下列程序逐步推移:高工作、低关系→高工作、高关系→低工作、高关系→低工作、低关系。

(1)高工作、低关系。这是一种命令型的领导方式。领导者以单向沟通方式向下属规定任务:干什么,怎么干。这种领导方式适用于下属的平均成熟度处于不成熟阶段时,即下属既不愿意也无能力执行某任务,因此他们既不愿胜任工作又不能担负工作责任。

(2)高工作、高关系。这是一种说服型的领导方式。领导者与下属通过双向沟通的方式,说服下属接受工作任务和工作方法,同时增强他们的工作意愿和热情。这种领导方式适用于下属成熟度进入初步成熟阶段时,即下属虽然愿意从事必要的工作任务并担负起工作责任,但目前尚缺乏足够的工作技能,在这种情况下,领导者同时提供指导性的和支持性的领导行为就相当有效。

(3)低工作、高关系。这是一种参与型的领导方式。下属能够独立进行工作,不希望领导者过多地指示和约束。领导者与下属通过双向沟通,相互交流和支持,并欢迎下属参与决策,通过鼓励的方式激励下属努力工作。这种领导方式适用于下属进入比较成熟阶段时,即下属的工作能力强但工作意愿比较低。

(4) 低工作、低关系。这是一种授权型的领导方式。领导者可以授权给下属，领导者只起监督的作用，让下属各行其是。这样他们取得工作成果后就会有胜任感和成就感。这种领导方式适用于下属发展到成熟阶段时，下属一般都具有较高的自信心、能力和愿望来担负起工作的责任。

第三节 激 励

一、激励的基本原理

（一）需要、动机与激励

激励是指有机体追求既定目标时的意愿程度，是人类行为动机的激发力量。管理学所讲的激励主要是在管理工作中如何调动和发挥人的积极性、主动性和创造性的问题。领导的主要职能在于激励。有关激励的理论和方法为领导者和管理者制定政策提供了思路和依据。与激励密切相关的两个概念是需要和动机。

1. 需要

所谓需要，是客观的刺激作用于人们的大脑所引起的个体缺乏某种东西的状态。人的需要，既可以是生理或物质上的（如对食物、水分、空气等的需要），也可以是心理或精神上的（如追求社会地位或事业成就等）。

在现实生活中，人的需要往往不止一种，而是同时存在着多种需要。这些需要的强弱也随时会发生变化。在任何时候，一个人的行为动机总是由其全部需要结构中最重要、最强烈的需要所支配、决定的。这种最重要、最强烈的需要被称为优势需要。

2. 动机

动机是直接推动个体进行行为活动的内部动力。动机能激发个体产生某种行为并使个体行为指向某一目标，在这个过程中，动机能使个体行为维持一定的时间并调节个体行为的强度。个体动机水平不仅因人而异,而且对同一个人来说还因时而异。

个体行为动机的形成有两个条件:一是内在的需要和愿望;二是外部提供的诱因刺激。因此我们要关注的是:有哪些因素可以导致期望行为的发生?是什么原因导致这种行为持续不断地发生?又是什么原因致使这些行为不偏离既定的目标?

(二)激励的基本过程

心理学的研究表明:个体的行为是由动机支配的,动机是由需要引起的,行为又是朝向一定目标的。

动机是人们行为产生的直接原因,它引起、维持行为并指引行为去满足某种需要。当人们产生的某种优势需要未能得到满足时,会产生一种紧张不安的心理状态,而在遇到能够满足需要的目标时,这种紧张不安的心理就转化为动机,人的动机结构中最强烈的优势动机推动了人的行动,使之达成预定的目标。目标达到后,需要得到满足,紧张不安的心理状态就会消除。随后,又会产生新的需要,引起新的动机和行为。行为的基本心理过程就是激励的过程,这个过程,我们可以用图5-6示意。

图5-6 个体行为的基本心理过程

由此可见,激励的一般过程可以分为以下三个阶段。这三个阶段也是有效激励的三个关键环节,围绕着这三个阶段或环节进行研究,形成了有代表性的激励理论。

1. 需要激发阶段

需要激发阶段通过恰当设定行为的指向物,激发或强化激励对象的相关需要。人的需要都是受到一定激励而产生的。人的行为都具有一定的目的性,都旨在寻求某个特定目标的实现或某个特定需要的满足。那么,人到底需要什么?管理者应该提供哪些诱因来激励员工?围绕有关人的需要类型和性质方面进行研究的理论,是内容型激励理论,有代表性的是需要层次理论和双因素理论。

2. 动机转化阶段

动机转化阶段通过合理设计目标与制度，促使激励对象将满足相关需要的动机转化为相应的行为。现实的动机，往往并不等于现实的行为。内容型激励理论所研究的各种激励因素是否能够以及如何能够发挥激励的作用，从这个角度来看，有效的管理者不仅应该知道给员工什么激励，更应该知道如何激励才更有效。围绕这方面进行研究的理论是过程型激励理论，主要研究的是从动机形成到产生某种行为的心理过程，这方面有代表性的成果是期望理论和公平理论。

3. 行为转化阶段

行为转化阶段对激励对象的相关行为进行鼓励或禁止，以影响激励对象的进一步行为。侧重于这方面研究的是行为改造型理论，它研究如何把人的行为按组织的意图进行改造，使良好行为得以发扬，不良行为得以减弱或转变。有代表性的理论是强化理论、归因理论和挫折理论。

二、主要的激励理论

（一）需要层次理论

马斯洛是美国人本主义心理学派的主要创始人，他从人的需要出发研究人的行为，核心是要使人人都成为自我实现的人。马斯洛需要层次理论的主要观点有三个方面的内容。

1. 人有五种基本需要

就一般人而言，具有五种基本需要，即生理需要、安全需要、社交需要、尊重需要和自我实现的需要。生理需要是最基础的需要，如果得不到满足，其他需要几乎不存在或居于隐蔽地位；安全需要包括人身安全、经济的保障、环境的稳定性和可预知性；社交需要是情感和归属的需要；尊重需要要求对自己有高度的评价，保持自尊并得到别人的尊重；自我实现的需要就是最大限度地发挥个人潜力并获得成就的需要，这种需要往往是通过胜任感和成就感来获得满足的。

2. 需要是有层次的

马斯洛认为，上述五种需要由低到高依次排列成一个阶梯，如

图5-7所示。当低层次的需要获得相对满足后,下一个需要就占据了主导地位,成为驱动行为的主要动力。其中,生理需要和安全需要属低级需要,尊重需要和自我实现的需要属于高级需要,社交需要为中间层次的需要,基本上也属于高级需要。

3. 行为是由优势需要决定的

马斯洛认为,在同一时间、地点、条件下,人存在多种需要,其中有一种占优势地位的需要决定着人的行为。当一种需要满足以后,一般地说它就不再是行为的积极推动力,于是,其他需要就开始发生作用,但不能认为某一层次的需要必须完全满足后,下一层次的需要才成为优势。因此,马斯洛的层次理论并非是一种有或无的理论结构,它只不过是一种典型模式,说明了需要动力作用的基本趋向。

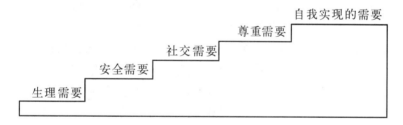

图5-7 马斯洛的需要层次

(二)双因素理论

美国心理学家赫兹伯格在20世纪50年代后期,通过对2 000多名工程师、会计师的访谈调查发现,人在工作中的满意感是激励人们工作行为的重要力量,而导致满意或不满意的因素是性质完全不同的两类因素。据此,他提出了双因素理论。双因素理论的主要观点包括以下内容。

1. 提出了激励因素和保健因素的观点

赫兹伯格认为,组织中影响人的积极性的因素可以按照其功能不同分为激励因素和保健因素两大类。

(1)激励因素。激励因素是指那些与工作本身的特点和内容联系在一起的、能促使人们产生工作满意感或得到激励的因素。这类因素的改善,或是这类需要得到满足,能给人以很大程度的激励,产生工作满意感,有利于充分、持久地调动人们的积极性。即使不具备这些因素和条件,也不会引起太大的不满意。由于这类因素能够激发人们做出最大的努力,所以称之为激励因素。

(2)保健因素。保健因素是指那些与工作条件相关的、容易使人们产生不满意的或消极情绪的因素。这类因素一般来说不能对员工起到直接的激励作用。如果这类因素处理不当,会导致员工产生不满,甚至严重挫伤员工的积极性。如果这类因素处理得当,也不会对积极性产生特别的激励作用,而只能防止员工产生不满情绪。由于这类因素带有预防的性质,只起保持人的积极性、维持工作现状的作用,因而称之为保健因素。

2. 修正了传统的关于满意与不满意的观点

传统观点认为,满意的对立面是不满意。赫兹伯格则认为这种表述不确切,应该使用这样一个新观点:满意的对立面是没有满意,而并非是不满意;不满意的对立面是没有不满意,而并非满意。满意与不满意是一种质的差别,而不是量的差异。根据双因素理论,缺少了保健因素,员工会感到不满意,有了保健因素,员工并不会感到满意,而是没有不满意;有了激励因素,员工会感到满意,没有激励因素,员工不会感到不满意,而是没有满意,见图5-8。

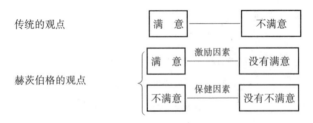

图5-8 传统观点与赫兹伯格观点的区别

3. 内激励和外激励的有效结合

赫兹伯格认为,保健因素的满足可以消除不满,激励因素的满足可以产生满意。管理者在管理中不应忽视保健因素,但也没有必要过分地改善保健因素。有效的管理在于化保健因素为激励因素而不是相反。

传统的激励办法是以各种物质激励和精神激励为手段,根据员工的绩效给予一定的工资、奖金、福利、提升机会,以及各种形式的表扬、认可和荣誉等,这些激励都与工作本身并不直接相关,只是对于员工付出劳动的补偿,因而可以称之为外激励,它对人的激励是有限的。而人们对工作本身的兴趣以及从中得到的快乐,才对人们具有根本性的激励作用,这就是内激励,包括人们对工作本身的兴趣、工作对人的挑战性、工作中体会到的责任感和成就感、人们从工作本身体会到的价值和意义等。

由于工作本身就有报酬(内激励),所以执行工作时就有可能调动内在的积极因素,它与外界是否给予报酬无关。倘若报酬是在执行工作之后,或是离开工作场地之后才有意义或价值(外激励),则在进行工作时,即使有积极性存在,也只能提供极少的满足。在提供外激励时,领导者必须清楚地认识到:只有在内激励上去努力才可能从根本上调动员工的积极性,而单单依靠外激励是不全面的、有缺陷的。因此,将内激励与外激励有效地结合起来才能持续而高效地激励员工。

(三) 期望理论

美国心理学家弗罗姆于1964年提出了期望理论。他认为,只有当人们认为存在实现预期目标的可能性,并且实现这种目标又是非常重要的时候,他们的激励程度或动机水平才会最大。也就是说,决定行为动机的因素有两个:期望与效价。更精确地说,行为动机是由两者的乘积决定的。用公式表示就是:动机水平(激励程度)=效价×期望值。期望理论包括三个变量:动机水平、期望和效价。

动机水平,即激励程度,反映了一个人工作积极性的高低和持久程度,它决定着人们在工作中会付出多大的努力。期望是指人们对某一行为导致的预期目标或结果之可能性大小的判断。在数学中它被称为主观概率。期望可以分为两类:第一类期望是通过努力达到一定工作成绩的可能性;第二类期望是达到一定工作成绩后获取适当奖酬的可能性。效价,则是指人们对所预期目标的重视程度或评价高低,也就是人们在主观上认为该目标能够满足自己需要的程度。

弗罗姆认为,领导者在实施激励时应处理好以下三种关系,见图 5-9。

图 5-9 期望理论三个方面的关系

1. 努力与绩效的关系

绩效,即一类期望,是人们努力的直接目标,努力与绩效的关系取决于个人对目标的期望值,而期望值的大小又直接影响了个体积极性的发挥。领导者为了提高员工达成工作目标、取得绩效的可能性,一方面要保证所制定的工作目标必须切实可行,并尽可能创设良好的工作环境,帮助员工排除工作中的干扰性因素;另一方面,也要注意根据员工的能力特长来分配和安排工作,并通过指导和培训来提高员工的工作胜任能力。这两方面是调动员工工作积极性的基础。

2. 绩效与奖酬的关系

奖酬,即二类期望,指的是目标与员工的关联性,这取决于组织对成员采取的相应的奖励措施。为了提高员工获取相应奖励的可能性,领导者一方面应该制定和完善组织内部按劳分配的工资和奖励制度,使绩效与奖酬紧密挂钩;另一方面,必须贯彻这种制度。这两方面的工作是调动员工工作积极性的必要条件之一。

3. 奖酬与满足需要的关系

奖酬与满足需要的关系,即要提高奖酬的效价。为了提高员工对奖酬的满意程度,领导者一方面要在充分研究、掌握员工需要的基础上,根据需要的多样性和差异性的特点,奖人所需,形式多样;另一方面在制定组织目标时,要努力将组织的目标和成员的目标、组织的价值和成员个人的价值有机地结合起来。

(四)公平理论

美国心理学家亚当斯根据社会心理学中的认知失调理论提出了激励过程中的公平理论。公平理论侧重研究利益分配,尤其是工资报酬分配的合理性、公平性对员工工作积极性和工作态度的影响。这种理论认为，员工的工作态度和工作积极性不仅受其所得的绝对报酬（自己的实际收入）的影响，而且还受其所得的相对报酬（自己的收入与自己的劳动之比值）的影响；员工不仅会将自己的付出和所得之比值与他人进行横向比较，还会把自己现在的付出和所得之比值与过去进行纵向比较。如果两种比值是相等的，就会产生公平感；如果不相等，则会产生不公平感。

$$\frac{个人的所得}{个人的付出} : \frac{他人的所得}{他人的付出} \quad （横向比较：社会比较）$$

$$\frac{个人现在的所得}{个人现在的付出} : \frac{个人过去的所得}{个人过去的付出} \quad （纵向比较：历史比较）$$

这里所谓的付出和所得都是一个人的主观感觉或判断。付出指的是一个人自己觉得劳动量多少、效率高低和质量好坏，还指自己所感觉到的能力、经验、资历、学历、投资等贡献的高低或多少。而所得则指的是一个人主观认识到的在工作之后所得到的回报，如工资、奖金、地位、权力、待遇、赞扬、表扬甚至自己体会到的成就感，等等。

根据公平理论，当人们面临不公平，尤其是所得/付出比值过低引起的不公平时，他们在心理上将会产生紧张、不安和不平衡，在行为或心理上将会设法采取如下措施以减少自己心理上的不公平感。

1. 自我安慰

自我安慰就是从心理上调节认识机制，降低不公平感。通常的做法有：通过改变比较或参照的对象，以获得主观上的公平感，比如日常生活中所谓的"比上不足，比下有余"，指的就是这种情况；或者通过曲解自己或别人的所得与付出，造成一种自以为公平的假象，以消除自己的不公平感。

2. 采取一定的行动，改变所得与付出的比值

采取一定的行动，实际改变自己的所得与付出，或者给比较对象施加影响以改变其实际所得与付出。前者如：通过消极怠工等来减少自己的实际付出；后者如：通过诋毁他人的付出以影响分配的过程，或者通过推诿责任来增加他人的工作量等。

3. 摆脱目前的分配关系

在无法改变不公平现象时，极端的行为是摆脱目前的分配关系，放弃工作(辞职)、跳槽(调离工作单位)。一般的情况下，人们通常还会通过发牢骚、制造人际矛盾等不良行为来减少因为不公平感而产生的心理失衡。

(五) 强化理论

强化理论是由美国行为主义心理学家斯金纳提出的。强化理论认为，人的行为是对其所获刺激的一种反应，因而人的行为是由外部因素控制的。控制行为的因素被称为强化物，强化物是在行为结果之后的直接反应，它提高了这种行为重复出现的可能性，也就是说，行为是其结果的函数。当行为的结果对本身有利时，这种行为就会重复出现，反之，这种行为就会减弱或消失。

强化就是通过不断改变环境的刺激因素来达到增强、减弱或消除某种行为的过程。强化理论特别重视环境对行为的影响作用，强调只要创造和改变外部环境，人的行为就会随之改变。对于领导者和管理者来说，这种理论的意义在于通过改造环境(包括改变目标和完成任务后的奖惩)来保持和增强积极行为、减少和消除消极行为。

1. 强化的方式

根据强化的性质和目的，可以将强化分为正强化、惩罚、负强化和衰减四种方式。在实际的工作中，可以根据组织的需要和成员的表现，将这四种方式配合起来使用。

(1) 正强化。也称积极强化，是指对某种行为给予肯定和奖赏，以增加其重复出现的可能性，这是一种经常被使用而且有效的方法，如：增加工资和奖金、获得有意义的纪念品、表扬和赞赏、晋升和培训、赋予更大的责任，等等。

(2) 惩罚。惩罚是指当某种行为出现以后给予某种带有强制性、威胁性的不利后果，以期减少甚至消除这种行为，如减薪、扣发奖金或处以罚款、批评、降级或撤职、辞退，等等。

(3) 负强化。也称消极强化，是一种事先规避性的强化措施，它通过预先告知某种不符合要求的行为或不良绩效可能引起的不利后果，使人们按照要求的方式行事或避免不合乎要求的行为,因此,负强化是一种非正面的对所期望行为的强化,其目的是为了防止不希望的行为的出现,间接增加所希望的行为,最终目的是引导人们的行为符合组织的要求,其效果与正强化是相同的。

(4) 衰减。也称自然消退,是一种撤销对某种行为的正强化,以终止这种行为或降低这种行为出现的可能性。如对某种行为不予理睬,以表示对这种行为的轻视或某种程度的否定,从而使这种行为减弱以至最终消失。对这种行为的弱化过程并不需要领导者干预,所以被称为自然消退。采用这种方法,在某种程度上足以发挥制裁作用,因此它本质上仍然是一种惩罚性措施。

2. 强化的时间和比率

在运用强化手段时,不仅要考虑采用哪一种方式,而且还要考虑强化的时间间隔和数量比率的安排。

根据强化的时间安排,强化有连续强化和间歇强化两大类。

(1) 连续强化。连续强化是指对组织成员每次发生的行为都给予强化。

(2) 间歇强化。间歇强化是非连续强化,即不是对组织成员每次发生的行为都给予强化,而是该行为多次发生以后才给予强化。间歇强化可以按照时间间隔与数量比率的不同分为固定间隔强化、可变间隔强化、固定比率强化和可变比率强化四种。

① 固定间隔强化,是根据固定的时间间隔,即在经过不变的或固定的一段时间以后才给予强化。如:计时工资、季度奖金、年终分红等。

② 可变间隔强化,是根据变化的时间间隔,即随时都可以予以强化,一般来讲,其时间的间隔可能围绕着一个平均数而变动,如晋升、培训、临时检查、口头表扬,等等。

③ 固定比率强化,是根据事先规定的数量比率进行强化,固定比率对应的间隔期是一个常数,如计件工资、佣金等。

④ 可变比率强化,根据事先宣布的,但强化的数量比率又是不断变化的强化,可变比率对应的时间间隔期是一个平均数,例如分等综

合奖。

实践证明：根据组织的实际和员工的行为状况，不定期、不定量地实施强化，会提高强化的作用，而连续、固定的强化容易在成员心目中形成一种预料之中、理所当然的印象，容易导致越来越高的期望，降低强化的实际作用。

（六）归因理论

归因理论是研究个体行为的原因与分析因果关系方面的理论。不同的研究者对人的行为进行了不同角度的探讨。美国心理学家维纳从人争取成就的角度，强调成就的获得有赖于对过去工作是成功还是失败的不同归因。维纳认为，一个人的成功或失败可以归因于四个方面的因素，即努力、能力、任务难度和机遇。这四个因素又可以按内外因、稳定性和可控性作进一步的分类。

1. 努力

人们的努力程度是一个易变的因素，它存在于人的内部，属于可控性因素。如果把成功和失败归因于个人的努力程度，会增强今后努力行为的持续性。有成就需要的人会把成就归因于自己的努力，把失败归因于努力不够。相反，成就需要不高的人认为努力与成就没有太大的关系。

2. 能力

人的能力，被看成是静态的特征，它同样存在于人的内部，由于影响人的能力的因素很多，很难将它划分为可控的或不可控的。如果将人的成败归因于能力低，会降低自身努力行为的持续性。成就需要不高的人特别倾向于将自己的失败归因于能力不足。

3. 任务难度

这是静态的和特定的，它存在于人的外部。任务难度超出了个人的控制范围，属于不可控因素。如果把成败归于任务难易的原因，同样会降低自身努力行为的持续性。对于成就需要低的人来说，成功通常被看作是外界因素的结果，如任务的难度不大等。

4. 机遇

机遇纯属于运气，它是易变的、不稳定的，它也存在于人的外部，因此也超出个人可控制的范围,属于不可控因素。过分地归因于这类因素,会使人产生守株待兔的坚持行为,这是具有高成就需要的人所不屑的。

对成功和失败的不同归因,对人们今后行为的影响是截然不同的。如果把成功归因于内部因素(努力程度高、能力强),会使人感到满意和自豪,而归因于外部因素(任务容易、机遇好),会使人感到幸运和产生感激的心情;归因于稳定性因素(能力强、任务简单),会使人增强今后成功的信心;归因于可控因素,会促使人更加努力;归因于不稳定且不可控因素(机遇好),则会使人产生侥幸心理。

如果把失败归因于内部因素(不够努力、能力差),会使人感到内疚和无能为力,而归因于外部因素(任务难、机遇不好),会使人气愤和产生敌意;归因于稳定性因素(能力差、任务难),会降低今后工作的积极性,而归因于不稳定性因素(不够努力、机遇不好),则会减少挫折感,提高今后工作的积极性。

(七) 挫折理论

挫折理论源自美国心理学家约翰·多拉得等提出的挫折-攻击假说。挫折理论专门研究人们遇到挫折后的心理、行为反应以及如何正确对待挫折和受挫者的理论。挫折是个体在从事有目的的活动过程中行为受阻,致使其动机不能实现、需要无法满足、目标难以达成时的心理状态。

1. 挫折的原因

引起挫折的原因是多种多样的,但归结起来不外乎客观因素和主观因素两大方面。

(1) 客观性原因。引致挫折的客观环境因素主要有三个方面:一是自然环境因素,包括自然灾害、地理距离、区域间隔、时间限制等;二是物质环境因素,主要是指物质资源匮乏或故障;三是社会环境因素,包括家庭环境、工作中的人际关系和社会文化背景因素。

(2) 主观性因素。引致挫折的主观因素包括个人目标的适宜性、个人本身能力的因素、个人对工作的环境的了解程度以及个人价值观和态度的矛盾。

2. 受挫后的表现

一个人受挫后,通常会在生理上和心理上产生防卫性的反应。由于所受挫折的性质和强度不同,个体对挫折的容忍力也有差异,因此这种反应的强烈程度和方式也是多种多样的,概括起来有三大类:建设性行为、消极性行为和破坏性行为。

(1) 建设性行为。建设性行为是一种积极的适应性行为,受挫者采取积极进取的态度以减轻挫折心理和满足需要。建设性行为的表现有:

① 升华,就是把敌对、悲愤等消极因素化为积极动力,做出更有意义的成就。

② 坚持,即坚持原定的目标,加倍努力,排除障碍,最终达到目标。

③ 替代,即重新解释目标,调整原有目标。

④ 补偿,即当某一方面的目标的实现受挫时,用其他方面的满足予以补偿。

(2) 消极性行为。消极性行为是一种中性的适应性行为,受挫者采取消极等待的态度,以使其挫折心理有所减轻。消极性行为的表现有:

① 折中,指当同时实现两个目标不可能或两个目标发生矛盾时,采取调和的方法,以避免或减少挫折。

② 合理化,即寻找各种理由原谅自己,为自己受挫行为寻找借口,这些借口听起来似乎合理,但并非真实,在第三者听来往往不合逻辑,当事人却从中寻得某种安宁,以减少挫折感。

③ 逃避,即不敢面对受挫的现实,而是逃避到心理上觉得比较安全的地方,从其他方面寻找寄托。

④ 退缩,知难而退或者是畏难而退。

⑤ 反向行为,用意志力量抑制受挫后的不悦、愤怒和焦虑的情绪,故作平常,强迫自己做一些违背自己意愿的事情。

⑥ 表同,以理想中的某人自居,通过模仿该人的思想、言论乃至服饰,在心理上分享他人的成功,以冲淡自己未能达到那种成就所产生的挫折感。

⑦ 幻想，面对受挫的现实，在胡思乱想中寻找精神上的寄托。

⑧ 抑制，即把痛苦的记忆和经验从意识中排除出去，压抑到下意识之中，以减轻因挫折而带来的痛苦。

（3）破坏性行为。破坏性行为通过消极对抗的态度，对人、事和物进行破坏，以此来发泄内心的不满情绪。破坏性行为的主要表现有：

① 侵略，这是一种无理智的攻击性行为，攻击可能直接指向他以为造成挫折的对象，这是一种直接攻击，也可能是转向攻击，即把攻击的矛头指向某种可以替代人的物，以宣泄自己的情绪。

② 放弃，一个人长期受挫后，极度消沉、自暴自弃，对任何事情都丧失信心。

③ 退化，退化是一种回归现象，表现出一种与自己年龄不相称的幼稚行为，这种行为由于失去自我控制能力，因而也具有一定的破坏性。

④ 推诿，即转嫁责任，以减轻内心的不安、内疚和焦虑。

三、有效激励的原则和方法

（一）有效激励的原则

1. 需要导向

激励员工的起点是满足员工的需要，员工的需要既具有多样性，又存在着个体差异性和动态性。为此，领导者的任务就是研究员工的需要，采取措施，满足员工的各种合理的需要，以调动他们的积极性、主动性和创造性，有效地实现组织目标。

（1）物质需要和精神需要相结合。物质需要是员工的基本需求，属于较低层次的需求，根据需要层次理论，当这一层次的需要得到相对满足以后，人们就会重视其他方面的需要，希望得到尊重、重视和认可。因此，物质激励和精神激励是组织激励不可分割的两个方面。没有适当的物质激励，精神激励就没有基础，员工的积极性、主动和创造性就难以长期维持；而没有精神激励，也不可能真正激发员工的精神力量，就不能使物质激励得到升华和发展。因此，必须把物质激励和精神激励有机地结合起来，使它们相互补充、相互渗透。

(2) 满足员工不同层次的需要。领导者要了解、掌握员工的需要及其变化发展规律，根据不同层次的需要，采取相应的激励措施，以引导和控制人的行为。尤其注意强化或者改造高层次需要，使之与组织的或社会的需要相一致。

(3) 满足不同人的需要。马斯洛的需要层次仅是一般人的要求，实际上每个人的需要并不都是严格地按其顺序由低到高发展的，这需要具体情况具体分析。因为在不同情况下人们需要的强烈程度是不同的。即使同一个人在不同的时候和不同的情况下，需要层次也不一样。对于领导者来说，了解这些情况并采取不同的激励措施是非常重要的。

2. 公平公正

在实际的管理工作中，人们对组织资源分配中公平公正性的判断存在着强烈的主观感受，公平公正性是影响人的工作动机、工作态度和工作行为的重要因素，因此也是一个强有力的激励因素。

(1) 分析不公平感的原因。人的不公平感（或公平感）是由客观刺激作用于主体而在主体心理上产生的一种主观判断。客观分配的不公平和个人在认知上的主观片面性都是造成不公平感的原因。就客观原因而言，包括奖励分配制度的不完善、领导者的管理素质、人事管理制度的不合理以及社会上的不正之风等。就主观原因而言，包括感知的片面性、情感的偏向、思想品德以及传统的公平观念等。对于不同原因产生的不公平感，领导者应该采取不同的方法和措施才能有效地消除或减少这种不公平感，保证员工工作积极性的充分发挥。

(2) 建立科学合理的薪酬体系。薪酬的合理性是以公正科学的评价为基础的，如果缺乏科学的评价标准和措施，必然会造成不公平现象。因此，组织要加强基础管理，建立和健全科学的绩效考核体系，将薪酬与绩效考核密切地结合起来。在制定考核标准时，多用定量化的指标，以减少个人主观片面性和长官意志。薪酬体系的设计，不仅要保证内部的公平公正性，同时也要考虑外部的平衡性，即组织的薪酬水平与外部同类组织保持大体的平衡，这也是影响公平感的重要方面。

(3) 改进领导工作作风和方法。领导的工作作风和方法问题是妨碍员工工作积极性发挥的主要因素之一。良好的领导作风和方法是调动职工积极性的基本前提。有些领导者由于官僚作风、主观片面或碍于情面等对一些员工抱有偏见,分配奖励时不实事求是,难免造成人为的不公平,因此领导者要尽可能公正无私地对待每一位员工。

(4) 加强教育,引导员工进行全面客观比较。个人判别报酬与付出的标准时往往都会偏向于对自己有利的一面,也就是说,人们在心理上会自觉不自觉地产生过低估计别人的工作绩效、过高估计别人的工资收入的倾向,而且也常常选择一些比较性不强的比较对象,这些情况都会使员工产生不公平感。因此,领导者应正确分析个人认识上可能存在的偏差,适时做好引导工作,确保个人工作积极性的发挥。

3. 奖惩结合

对正确的行为和良好的工作绩效必须给予肯定和奖励,否则这些行为和成绩就不能持久,甚至会消失;对于不良的行为,则应恰当地运用一些惩罚手段来加以制止。但奖励与惩罚并用并不等于奖励与惩罚并重。事实上,在管理工作中不能过分地使用惩罚手段,这是因为:第一,惩罚有时会造成新的不良行为。因为惩罚只告诉人们不该做什么,而没有告诉人们应该做什么。第二,过分的惩罚会使人产生挫折感,产生低落情绪,甚至还会损伤人的自尊心和自信心。过多的惩罚只会把人变成制度的奴隶,有时还会使人丧失理性,转而产生攻击行为。第三,惩罚的方法容易被官僚主义滥用,因为它既简单,又可以用来发泄权力欲。因此,在运用时就必须慎之又慎,尽量多用鼓励或表扬的方法,少用批评和惩罚。具体来说,运用惩罚手段时必须注意以下方面的要求。

(1) 惩罚应只对事或行为,不对人。惩罚若是针对人的,则成为泄私愤的手段,这样必然会引起受罚人的怨恨,而且还会引起所有正直者的不满。

(2) 量罚必须适当。惩罚过轻,不能防止不良行为的再次出现。惩罚过重虽可以制止不良行为,但同时会产生许多副作用。

(3) 及时惩罚。在不良行为出现之后要及时给予惩罚,这样有助于当事人认清行为和后果之间的因果关系,以免下次再犯。

(4) 惩罚条例要事先公之于众,使人人明白。这样既可以避免或减少当事人将怨恨情绪指向领导者个人,也可以保证奖惩的公正性。

(5) 惩罚之后应对当事人提出忠告和建议并应给当事人以改正的途径。

(6) 建立申诉制度。惩罚中难免有误,或者量罚不当,因此,应当允许当事人为自己的行为辩护,并且在必要时提交第三方处理。这样做可以减少或避免许多不必要的纠纷。

上述原则要求同样适用于奖励性措施的运用。

(二) 有效激励的方法

1. 薪酬激励

组织可以通过设计科学合理的薪酬体系来激发员工的潜力。公平合理的薪酬水平和薪酬制度不仅能够满足员工及其家属的基本生活需要,使员工产生安全感和对预期风险的心理保障意识,还能产生对组织的归属感。薪酬体系包括基本薪酬、奖励薪酬和福利薪酬。设计组织的薪酬水平和薪酬制度,既要考虑员工在组织内部的职位,又要考虑员工个人所拥有的专业技能,从而体现内部的公平性和竞争性。组织的薪酬水平还要体现外部的平衡性,这不仅关系到组织能否吸引社会上的优秀人力资源,同时也关系到组织能否留住优秀人力资源以及能否提高他们的积极性和创造性。

对于一些企业来说,还可以将员工持股和管理层的股票期权制度作为一种新型的激励机制,把成员和企业的长远利益结合起来,将成员的薪酬与企业长期的业绩联系起来,这种激励方法能够鼓励成员不断创新和行为长期化,关注企业的持续发展。

2. 目标激励

促进人们致力于实现目标是一种强有力的激励,是人们完成工作的最直接的动机,是提高激励水平的重要过程。要真正激发人的奋发精神,目标必须具有以下特征。

(1) 目标的一致性。组织目标与个人目标应该有机地结合起来,组织的目标必须包含个人的目标,个人目标必须融入组织目标之中,这样才能激发组织成员的动机,指导组织成员的行为。

(2) 目标的明确度。目标必须是具体的、可以测定的。具体的目标比含糊不清的目标更能激发人的积极性。

（3）目标的难易度。目标应该是适度的，既有一定的挑战性，又要有实现的可能性，这样的目标才具有可接受性。

（4）目标的关联度。关联度是指目标效果与个人的相关程度，人们努力行为的直接效果是取得工作绩效，人们努力的间接效果是能够获得相应的奖酬。应该根据绩效的评定给予组织成员奖酬，而奖酬能够给组织成员带来满足感。

3. 工作激励

工作激励是一种内在激励，其目的在于通过工作设计，赋予工作者工作的意义、责任感、成就感和挑战性，并在工作中激发工作者的自主性。工作丰富化是有效的工作激励方法。工作丰富化是通过纵向的工作扩展来达到激励员工的积极性和创造性进而提高工作绩效的目的。它要让员工有自主权，有机会参加计划与设计，获取信息反馈，评估和修正自己的工作，从而增加员工的责任感、成就感和对工作的兴趣。

工作丰富化包括以下内容：对任务的控制力、责任承担、绩效评价反馈、在组织目标范围内可自定工作速度、成就以及个人成长与发展。工作丰富化强调提高员工的内激励，通过这种方法，员工可以自主工作，参与管理并提高自己的成长需要。

4. 文化激励

组织文化通过构建组织的整体精神、共同的价值准则和道德规范，引导组织整体和组织成员的价值取向和行为取向。一种价值观被组织成员共同认可以后，会成为一种黏合力，从各个方面把组织成员团结起来，产生巨大的向心力和凝聚力，并使组织成员产生一种高昂情绪和发奋进取的精神。

组织要持续发展，领导者必须着力于在组织中建立一种具有长久影响力的精神支柱——组织文化，有了这种精神支柱，组织才能够形成应对环境变化对组织影响的内在机制。组织文化建设是组织形成持久激励应对未来环境挑战的有效手段。

5. 挫折激励

成功与挫折是个体行为的两种可能的结果。对遭受挫折的人，应保护其积极性，避免其产生消极和对抗行为。挫折既是坏事，也是好事。挫折一方面会使人失望、痛苦；使某些人消极、颓丧，甚至一蹶不振；或引起粗暴的消极对抗行为，导致矛盾激化；还可能使某些意志薄弱者因此失去生活的希望。另一方面，挫折又可能给人以教益；挫折能使犯错误者认识错误，接受教训；它还可以砥砺人的意志，使之更加成熟、坚强；它还能激励人发奋努力，从逆境中奋起。因此，领导者要正确对待挫折和受挫折的人。

(1) 努力做好受挫者的心理辅导。领导者要善于了解挫折后的心理特点和行为表现，及时了解并排除形成挫折的根源，减少受挫者的顾虑，鼓励他把郁积于心中的痛苦和烦恼倾诉出来，从而使其激愤情绪趋于平息。有的时候可以适当采用精神宣泄的心理治疗法来帮助对象缓解挫折引起的消极情绪。努力做好对象的心理辅导，可以增加受挫者的积极行为，消除消极的甚至破坏性行为。

(2) 为受挫者提供工作帮助。帮助受挫者全面认识自己的能力特长，寻求补偿的途径。比如，帮助受挫者修订目标，使目标更切合实际，更适合其能力水平；帮助受挫者增进对工作情境的了解，制定有效的对应措施。

(3) 改变环境。改变环境包含两种方法：其一是摆脱原来的工作和生活的环境，到新的环境中去；其二是改变环境气氛，对受挫者予以同情和支持。对组织管理者来说，最好的办法是改变环境气氛，少用惩罚性措施，多用鼓励性方法，创造适宜的条件使受挫折者能够发挥其主动性和创造性，化消极为积极。特别是领导者要采取宽容的态度，减轻受挫者的心理压力。

第四节 沟 通 管 理

一、沟通的要素和过程

如果说组织是一个生命有机体的话，沟通则是肌体内的血管，通过流动为组织系统注入活力,实现肌体的良性循环。任何组织活动,都必须以充分的沟通为前提,沟通把组织各项管理职能连为一体,把组织与其所处的外部环境连为一体,对于领导者来说,沟通还是领导者激励下属,实现领导职能的基本途径。

(一) 沟通的要素

沟通是指人与人之间信息交流的过程。作为一个完整的行动过程,沟通的过程包括以下基本要素。

1. 传者

传者是信息的发送者,也称信源。信息的发送者通过编码将他所要发送的信息(主要是指沟通交流的内容,包括消息、情感、思想、态度和观点等)变成信息接受者所能理解的信息(信号)。编码的过程,涉及媒介的选择。媒介即信息的载体,是指用以记录和保存信息并随后由其重现信息的载体。信道的性质和特点将决定对媒介的选择。没有编码过程,沟通就无法进行。

2. 信道

信道是指信息传递的途径和渠道。信道的选择,取决于沟通双方地理上的距离、沟通双方所处环境条件、沟通渠道的成本条件,也受各种文化因素的影响。信息沟通的渠道有很多,如电话、电报、书信、大众传播、互联网以及会议、组织内刊等。

3. 受者

受者是信息的接受者,也称信宿。受者对接受到的信号做出解释或理解,从而使信号转化为传者始初的信息,并对此作出反馈,这个过程称为译码,只有当传者发出的信息被受者接受并理解时,沟通才算发生,在此之前,都仅仅是传递,传者可以根据反馈来检验沟通的效果,并据此调整下一步的行动。

(二) 沟通的过程

沟通是一个完整的行动过程。沟通的过程必须包括上述基本要素;沟通又是一种信息的分享活动,双方在传递、反馈等一系列过程中获得信息,包括情感的交流;沟通不是一般意义上的单向性的信息传递,而是通过双向的信息互动、情感交流,使双方认识趋于一致,行动趋于协调。

在这个过程中,存在着各种干扰因素,我们将这种干扰性因素称为噪音。这种干扰性因素,可能是传者编码的问题,也可能是受者译码的问题。媒介和渠道的选择也将影响沟通的有效性。此外,组织内部的文化氛围、管理方式、组织结构等因素也都会左右着沟通的过程。沟通的过程可以用图5-10表示。

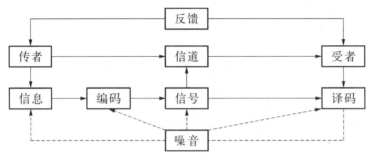

图5-10 沟通过程

二、沟通的类型

(一) 内部沟通和外部沟通

根据组织系统边界分,沟通可以分为外部沟通与内部沟通。

1. 外部沟通

外部沟通是组织同外部环境之间的信息交流,组织与外部环境之间的信息沟通表现在两个方面:内源外向和外源内向。内源外向的信息是指将组织的历史、传统、特别的能力、信用、方针政策等与组织本身紧密结合的信息向有关的外部公众进行传播;外源内向的信息是指把对组织有用的各种外部性资讯向组织有关的职能部门进行反馈,为组织各层次、各部门的决策提供有关公众环境方面的咨询。

组织外部沟通的渠道和方式是多种多样的,比如新闻发布会、发言人制度、谈判、广告和公告、用户通讯、组织刊物等。此外还可以通过各种人际交往的方法,如会议、联谊、接待、组织参观、高层间的个人接触,等等。

2. 内部沟通

组织内部的沟通是内部各部门、人员之间的信息交流。组织内部沟通按渠道分，可以分为正式沟通和非正式沟通。

（1）正式沟通。正式沟通是指通过正式安排的渠道（通常是官方的）在组织内部的信息沟通。如上级的命令、指示按系统逐级向下传递；下级的情况逐级向上报告，以及组织内部规定的会议、汇报、请示、报告制度等。

内部正式沟通的优点主要有：沟通效果较好，有较强的约束力，易于保密，一般重要的信息通常都采用这种沟通方式。但同时这种沟通依靠组织系统层层传递，因而沟通速度比较慢，而且显得刻板。

组织内部正式沟通的形式有：上行沟通、下行沟通、平行沟通和斜向沟通。这是从沟通的方向来细分的。

① 上行沟通。上行沟通就是指自下而上的沟通，例如下级的意见、下面的情况向上反映。领导应鼓励下级和职工向上级反映情况和意见。只有上行沟通畅通，领导才能掌握全面情况，作出符合实际情况的决策、决定。通过上行沟通，既可以使领导了解下情，也可以让下级和职工得到反映自己意见、表达自己愿望的机会，获得心理上的满足。

② 下行沟通。下行沟通就是指自上而下的沟通，例如由上级直接向下级发布命令和指示，宣布规章制度、工作程序等。这是领导者向被领导者进行的信息沟通，由主管人员将指示传递给下属人员。这种沟通方式的目的和作用体现为：让员工明确组织的目标；为有关工作下达指示；使下属了解工作任务与其他任务的关系；对部属提供关于工作程序和实务的资料；对部属反馈其工作绩效。只有下行沟通畅通，才能使下属和员工了解上级的意图和思路，明确奋斗目标和行动步骤，领导也才有可能与员工取得共识，从而使员工以积极的态度去完成各项工作任务。但是，由于这种沟通方式较容易形成一种权力气氛，会使下属产生被驱使的感受，极易产生逐级失真的现象，信息容易被误解、曲解、搁置、漏失。

③ 平行沟通。平行沟通就是指组织机构中处于同一层级上的群体或个人之间的信息沟通，例如：处于同一层级的但部门不同的管理

人员之间的沟通,处室与处室、车间与车间、班组与班组等相互间的沟通。平行沟通通常具有业务协调性质。它能够加强各部门之间的了解,协调工作,互通信息,增强团结,克服本位主义,减少扯皮现象等。

④ 斜向沟通。斜向沟通就是指同一组织中非同一组织层级上的单位或个人之间的沟通。上行、下行沟通,属于纵向的沟通,平行沟通则属于横向沟通。有时参谋部门与直线部门之间也需要进行沟通,这就是斜向沟通。这种沟通类型在组织变革出现扁平化和团队管理的趋势时,尤显重要。

对于正式沟通,其内容和频率要适当。次数过少,内容不全,会使上情不能下达,下情不能上达;而次数过多,内容过繁,则会导致文山、会海,陷入官僚主义和形式主义。

(2) 非正式沟通。非正式沟通是指在正式沟通渠道以外进行的信息传递和交流。非正式沟通的优点主要有:沟通方便,内容广泛,方式灵活,沟通速度快。由于在这种沟通中比较容易把真实的思想、情绪、动机表露出来,因而能提供一些正式沟通中难以获得的信息。这种沟通的缺点是沟通过程比较难以控制,传递的信息往往不确切,易于失真、曲解,容易传播流言蜚语而混淆视听。所以领导者要重视并善于利用这种沟通方式,防止和克服其消极的一面。

组织内部非正式沟通主要有巡回管理和"小道消息"两种形式。

① 巡回管理。巡回管理也称走动管理、漫游管理,是领导者与员工直接沟通的一种方式,领导者每天抽出适当的时间深入基层,主动了解情况和问题,直接与员工接触、交流。一方面,领导者能够及时、充分、直接地掌握基层的第一手信息,了解基层的工作状况和动态;另一方面,领导者也可以以一种非正式的方式向员工说明组织的方针政策。这种巡回管理的方式,有助于改善领导者与被领导者的关系,成为组织内部正式沟通中上行沟通和下行沟通的有效补充。

② 私下交流。私下交流是组织成员之间私下传递信息、交换意见,其传递的信息有时又被称为小道消息。其传递的方式主要有:一个人有选择地将消息传递给另一个,或者是并无明确目的随机式地传递给另一个人;私下交流并不局限在个人与个人之间,也可能通过非正

式聚会中的闲谈,或者群体传递,即一个人传递给若干人。

管理者在力求正式沟通畅通的同时,还应该重视和利用非正式沟通渠道,使之成为更好地掌握各种信息的一种补充形式。小道消息大多出于捕风捉影、歪曲或扩大事实,但是它的流行常常与正式沟通渠道不畅通有关。因此,改善的办法在于使正式沟通渠道畅通,用正式消息驱除小道消息。

(二)书面沟通、口头沟通和非语言沟通

按沟通的媒介分,信息沟通可以分为书面沟通、口头沟通和非语言沟通三类。

1. 书面沟通

书面沟通就是指用书面形式进行的信息传递和交流。这种形式在组织管理中多见于简报、文件、通讯、刊物、调查报告、书面通知等。

书面沟通的优点在于:具有准确性、权威性,比较真实,不受时间、地点限制;信息可以长期保存;便于察看,反复核对,便于查阅,减少因一再传递、解释所造成的失真。书面沟通的缺点是:不易随时修改,有时文字冗长不便于阅读,比较费时。

2. 口头沟通

口头沟通就是指运用口头表达的方式来进行信息的传递和交流。这种沟通常见于会议、会谈、对话、演说、报告、电话联系、市场访问、街头宣传等。

口头沟通的优点在于:比较灵活,简便易行,速度快,有亲切感;双方可以自由交换意见,便于双向沟通;在交谈时可借助于手势、体态、表情来表达思想,有利于对方更好地理解信息。口头沟通的缺点是:人数众多的大群体无法直接对话,口头沟通后保留的信息较少。

3. 非语言沟通

非语言,通常是由人体发出的或与人体有关的信息符号,借助于非语言符号传递信息的过程和行为就是非语言沟通。这种形式一般表现为动态体语系统(如表情、肢体语言等);目光语言系统(眼神、眼色);辅助语言(语气、音调、音质、音量、快慢、节奏等)以及静态体语系统(如服饰、身体距离)。非语言传播能够丰富语言沟通内容,增强语言沟通的内容,非语言符号具有以下特点:一种非语言形式往往可以传递多种不同意义的信息;不同的非语言可以传递相同或相似的信息;矛盾的语言和非语言有时可能同时出现,它更多、更真实地隐含了人们内在意图和动机。

在人们面对面的沟通中,来自言语符号的社交意义不会超过35%,换言之,65%是以非语言信息符号传达的。尽管如此,非语言不能独立发送信息,它通常作为语言的辅助内容。只有在极个别的情况下,才能单独发送一些简单的信息。

(三)单向沟通和双向沟通

按沟通中传受双方的相互作用分,沟通可以分为单向沟通和双向沟通。

1. 单向沟通

单向沟通是指信息的发送者和接受者的位置不变的沟通方式。这种沟通方式的特点是:信息传递速度快,信息的权威性高但准确性较差,并且较难把握沟通的实际效果,有时还容易使受者产生抗拒心理。

2. 双向沟通

双向沟通是指信息的传受双方位置不断变化的沟通方式。这种沟通的特点是:信息有反馈,准确性较高,受者有参与感,有助于传受双方的意见沟通和建立双方的感情。但对于传者而言,心理压力可能较大,要求也较高。这种传播的速度较慢,比较费时。

在上下级之间进行双向沟通时,领导者要特别注意心理差距对沟通的影响。由于上下级的地位差异,往往容易形成心理巨大性和心理微小性,从而给双方造成心理上的不平衡。对领导者而言,要做到平易近人,兼听则明。

三、沟通障碍及其改善

沟通的障碍主要源于沟通中的噪音,我们可以从三个基本方面来分析沟通的障碍,即沟通的过程要素、组织的管理体制以及传受双方在沟通中相互作用。

(一) 沟通过程的障碍

沟通过程的障碍,主要由于传受双方的问题以及媒介和渠道的选择。

1. 传者的问题及其改善

(1) 传者方面的问题。主要表现在以下几方面。

① 表达不清。信息编码不准确。

② 信息传送不全。信息传递不及时或不适时,传者忽视了信息沟通中时间的意义。

③ 传者有时缩简信息,使得信息变得模糊不清。

④ 惰性。管理工作中常常发生管理者不去传递必要的信息,其理由可能是"无关紧要"或"谁都知道"等。

(2) 传者方面的改善。传者方面的改善主要可以从以下方面着手。

① 把自己置于受者的位置。作为传者,要想使沟通达到效果,就必须要熟悉受者。当传递信息的用词、态度和时机不恰当时,沟通的效果就会大大地减弱。

② 选择最佳的信息沟通媒介。如前所述,书面沟通和口头沟通各有优缺点,可以根据不同的场合、不同的情况区别使用。当然,也可以把各种媒介综合起来使用。另外,还要注意使用非言语媒介。

③ 发送信息要准确、及时。无论是向下沟通还是向上沟通,都要注意使编码准确无误和传递信息及时、适时,并注意减少传递环节,缩短传递渠道,避免信息在传递过程中大量丢失。

④ 成为受者,倾听反馈。传者发出信息后,应该改变角色,成为反馈的收者。传者应该通过反馈来确定信息是否被接受和理解。这种反馈可能是口头和书面形式的,也可能是行为表现。如果反馈结果表明信息接受有误,传者就必须调整沟通过程。

⑤ 改进工作作风。领导者要改进工作作风,学会分析信息的价值,并设身处地地考虑不同对象对信息的需求。

2. 受者的问题及其改善

(1) 受者的问题。受者方面的问题主要表现在以下几方面。

① 忽视信息。人们处在众多的信息和刺激之中,必然会忽视其中某些信息。例如在执行上级政策和指示时,下属有时会突出某些方面而忽视另外一些方面。

② 信息译码不准确。受者如果对传者的编码不熟悉,就有可能误解信息,甚至朝着截然相反的方向去理解。

③ 拒绝接受信息。有时受者注意到并理解了信息,但就是拒绝接受它。例如有些领导拒绝接受批评意见。此时,受者的心理障碍就成了信息沟通的重要障碍。另外,对传者缺乏信任也是信息沟通的障碍之一。

(2) 受者方面的改善。受者方面的改善主要可以从以下几方面着手。

① 积极倾听。对传来的信息有足够的注意,尽量听懂全部意思,不只是理解信息的内容,还要吃透非言语媒介所传递的含义,这样才能充分理解传者的观点。

② 要求甚解。对不熟悉的言词不要望文生义,不可自作主张地臆断。

③ 摆脱心理障碍。尤其是领导者不能只听顺耳话而听不得逆耳话,否则,将得不到真正的信息。

3. 媒介和信道的问题及其改善

(1) 媒介和信道方面的问题。在媒介和信道选择方面存在的问题有这样四个方面。

① 媒介选择不当。例如有些重要的事情用口头传达的效果可能会不太理想。因为受者会认为口说无凭而不重视信息。

② 几种媒介相互冲突。例如言语媒介和非言语媒介的矛盾。

③ 沟通渠道过长,中间环节过多,信息在传递过程中歪曲、走样。

④ 信息渠道本身的物理性问题。

(2) 媒介与渠道方面的改善。在选择沟通媒介和渠道时应该注意以下方面的要求。

① 考虑对象的特征。力求沟通形式的标准化,做到文字规范,使用的语言要适合沟通对象的特点和要求。

② 考虑信息内容的特征。在选择媒介和渠道时要充分考虑主题内容的特点和媒介渠道的特点。

③ 考虑信息传递的效果和效益。尽量减少层次，使信息一步到位。

④ 考虑渠道的物理特点，注意技术维护。

(二) 组织管理体制的障碍

管理沟通中的障碍，除了上述沟通过程中技术性和技巧性因素以外，组织自身的管理体制在很大程度上影响了沟通的有效性。

1. 管理体制的障碍

管理体制的障碍集中表现在以下几个方面。

(1) 权责划分不合理。从纵向权力与责任的分配来看，表现在高度集中的权责体系、过度分散的权责体系或上下级之间权责划分不清；从横向权力与责任的分配来看，表现在各部门之间的权责划分不清，权责重叠，或权责失衡等。权责划分的不合理，容易造成上下沟通和部门沟通中的矛盾与冲突，或互相扯皮、或推卸责任、或争功诿过，最终带来管理的混乱。

(2) 层级设置太多、部门划分过细。层级设置太多会造成不同的管理机构层层截留权力，从而导致"上情下达、下情上达"的困难。部门划分太细，会形成权力过于分散，最终形成部门之间的沟通障碍。

(3) 人员配备不合理。由于分工不明确，从而造成岗位责任交叉，在具体工作中引发矛盾和冲突，分工不明确还会造成人员责任心不强，最终会导致人员缺乏沟通协调观念，不与他人配合，逃避责任等等。

(4) 沟通渠道不健全。组织内部缺乏制度化的沟通，沟通网络不健全，势必造成组织内非正式沟通盛行，小道消息蔓延，从而给管理沟通带来干扰。

2. 管理体制方面的改善

克服管理体制方面的障碍主要是要理顺管理体制，具体来说有以下四个方面的要求。

(1) 完善权力责任体系。在组织内，应正确把握管理体制中的权责集中与分散的限度，防止高度集中或过分分散，要明确各管理层次及管理部门的职责范围,并依此授予相应的权力。

(2) 精简机构,简政放权。从纵向来看,要减少管理层次,减少中间环节,确保组织沟通渠道的畅通;从横向来看,要缩小管理幅度,减少职权交叉,对各部门之间的不可避免的权力交叉,则应明确主次关系。

(3) 明确岗位责任。建立严格的监督、考核、奖罚、升降等制度,组织内的每个人员都应有特定明确的职务、权力和责任,各司其职,各行其权,事事有人负责。

(4) 建立健全组织内的沟通渠道。必须建立制度化的沟通渠道,健全组织内的沟通网络。一般来说,可以围绕着以下几方面完善和健全组织的沟通制度:健全信息的发布系统,完善会议制度;力行巡回管理;完善员工的建议制度等。

(三) 沟通中的相互作用障碍

人与人之间的信息沟通总是在一定的心理状态(自我状态)下进行的,但是个体在与他人沟通时所表现的心理状态,可能并不是他人所期望的,这种心理状态的差异是造成沟通的心理障碍。另外,这种心理状态又不是固定的,往往会由一种状态转变为另一种心理状态,一个人如果没有确切地了解他人在沟通中所处的心理状态,就不能作出适当的反应,从而造成沟通中的冲突。

1. 沟通中的相互作用分析

(1) 三种心理状态。相互作用分析也称为交流分析,它是由贝尼尔在《大众的游戏》一书中提出来的。这种理论认为一个人的个性有三种自我状态构成:父母自我状态、成人自我状态和儿童自我状态。这三种自我状态指的是不同的心理状态,与年龄没有关系。

① 父母自我状态。父母自我状态的个性特征是权威和优越感,通常表现出统治人的、训斥人的、命令责骂式的以及其他权势作风。当"父母"成分占据个人个性结构的优势时,其行为往往表现为:独断专行,滥用权威,以命令的口吻、权威的架势训斥人。这种人在沟通中惯用的语气是"你应该……""你不能……"等等。

② 成人自我状态。成人自我状态的个性特征是客观和理智,当"成人"成分占据个人个性结构的优势时,其行为往往表现为:待人接

物冷静、理智,尊重他人。沟通中总是避免权威的架势,这种人讲起话来总是"我的看法是……""我是这样想的……"等等。

③ 儿童自我状态。儿童自我状态的个性特征是服从、任性和冲动。当"儿童"成分占据个人个性结构的优势时,其行为往往表现为:无主见、任性、喜怒无常、易冲动、感情用事。这种人惯用的语式是"我不知道……""我猜想……"等等。

(2) 相互作用的三种类型。上述三种自我状态同时不同程度地存在于人的个性之中,蕴藏在人的潜意识中,在一定条件下,它们会不自觉地表露出来。人在沟通中的相互作用包括信息的相互作用和心理的相互作用。相互作用有三种类型:互感性沟通、交叉性沟通和隐含性沟通。

① 互感性沟通。互感性沟通是一种符合正常人际关系的自然状态下的反应,沟通的双方表现出对方所预期的自我状态,因此,这种沟通中的相互作用是平行的。沟通双方都以成人状态出现,即相互作用的形式是"成人刺激—成人反应",是一种最佳的沟通方式,沟通双方没有心理障碍。不过,一个人在与他人沟通时并非一定处于成人自我状态之中,也可以以其他心理状态进行沟通,但只要是对方所预期的反应,它们之间的相互作用就是平行的,就属于互感性沟通。

② 交叉性沟通。如果在沟通中没有表现出适当的预期的反应,也就是说双方都没有以对方所预期的自我状态出现,双方心理上的相互作用是交叉式的,这时,沟通过程就会出现中断,甚至出现争吵和冲突。

③ 隐含性沟通。这是一种最复杂的相互作用方式,传者没有把真实的观点明白地表达出来,而是隐含在社交客套之中。在隐含性沟通中,双方虽然没有正面的冲突,但双方在相互试探、揣摩中进行交流,沟通的障碍隐含在相互的客套中,也很难达到沟通的目的。

2. 相互作用的改善

了解相互作用分析的原理,有助于提高沟通效果和改善人际关系。

(1) 了解他人的心理状态。人在沟通中的相互作用不仅包括信息的相互作用,而且存在着心理的相互作用,因为,人们总是处在某种心理状态下进行沟通的。领导与下属沟通时,必须确切地了解对方在沟通中所处的心理状态,以便做出适当的预期的反应。同时,只有确切了解了他人的心理状态,才能调整自我的心理状态并引导对方的心理状态,使双方沟通中平行地相互作用,最大限度地减少双方相互作用的障碍,取得预期的沟通效果。

(2)确立成人自我状态。各级管理者和领导者应该确立成人自我状态,同时也应鼓励他人确立成人自我状态。一般来说,"成人刺激—成人反应"是最佳的相互作用方式,其次是由"成人状态"参与的任何沟通方式。在推行各种改革措施时,领导者要以平等的态度、商量的口吻,尊重下属的意见,使他们感到自己有一种参与感和自主感。尽量少用"你应该……""你必须……"这一类父母自我状态的架势与口吻,避免引起他人的儿童自我状态而增加各种阻力。

第五节 冲突管理

一、关于冲突的基本观点

冲突是两个或两个以上的社会单元在目标上互不相容或相互排斥,从而产生心理上或行为上的矛盾。冲突包括组织内的群际冲突和人际冲突。

任何组织都会存在着冲突,所不同的只是冲突的程度有高低之分而已。冲突是客观存在的、不可避免的现象。冲突本身并不危险,危险的是处理不当。对于领导者来说,识别冲突的来源并采取相应的管理对策,是保证组织有效、有序运行的关键。

(一)传统的冲突观

传统观点往往把冲突理解为暴力、破坏、无理取闹一类的东西,冲突被看成只有坏处,而无好处。冲突意味着意见分歧和对抗,只会给组织造成不和,损害人际关系,影响组织目标的实现,从而给组织带来破坏性恶果。

(二)现代的冲突观

现代观点认为,冲突并非全是坏事,有破坏性的冲突,也有建设性的冲突,不能一概而论。和谐、平静、安稳并不一定能给组织带来好的效果,相反,某些冲突的存在反而有利于推动组织的健康发展,能够鼓励人们进取,刺激创造革新,促使人们去开辟解决问题的新办法和新途径。因此,一个组织,既要限制破坏性的冲突,又要促进建设性的冲突。总之,对冲突应该具体分析、区别对待。

二、冲突的根源和类型

(一) 冲突的根源

罗宾斯认为组织内部冲突的来源有三方面:沟通因素、结构因素和个体行为因素。

1. 沟通因素

大多数冲突是因为组织沟通状况不良。完善的沟通可以使受讯者把发讯者的信息理解得毫无差错。虽然由不成功的沟通引起的冲突不同于本质上对立的冲突,但它仍然有着强大的影响力。

2. 结构因素

结构性因素包括以下六个方面的内容。

(1) 规模。规模越大,分工越多,层次越多,信息在传递过程中就越易歪曲。

(2) 参与。有关研究表明:当下属参与程度越高,冲突水平也越高。原因可能是参与越多,个体差异也越大。而且,参与决策并不等于所有参与者所提建议必被采纳。如建议不被采纳,下属无权把自己的想法付诸实施。由于扩大参与所引起的冲突并非都是有害的,如果这种冲突可以增加群体的绩效,则应该鼓励存在。

(3) 直线机构和参谋机构。冲突的一个经常性的来源是组织中直线机构和参谋机构之间的矛盾。直线机构和参谋机构的职能不同、目标不同,成员的价值观和背景不同,因此它们之间常有冲突。

(4) 奖酬制度。如果一方多得报酬必然使得另一方少得报酬,就很容易引起冲突。

(5) 资源相依性。在使用组织的资源上,群体之间往往发生冲突。如果有足够的奖金和其他资源(如空间、设备、材料),冲突就不会产生。

但组织往往又不能有如此丰富的资源。因此,各群体之间为了资源的分配往往产生冲突,导致协作的不良。

(6) 权力。组织中权力的分布也是冲突的来源。如果一个群体感到自己的权力过小,而另一个群体权力过大,它可能会对现状提出挑战。

3. 个体因素

个体之间的个性差异也是冲突的来源。人的气质和性格方面的差异以及价值观和知觉方式的不同,可能导致与他人的冲突。

(二) 冲突的类型

1. 建设性冲突和破坏性冲突

从冲突对组织的绩效来分析,有建设性冲突和破坏性冲突。建设性冲突,是指在目标一致的基础上,由于看法、方法不一致而产生的冲突,它的发生和结果,对组织有积极意义。这种冲突是对事不对人,没有恶意,不伤感情,一般通过分析讨论、民主集中就可解决。破坏性冲突,是指目标不一致,各自为了自己或小团队的利益,采取错误的态度与方法发生的冲突。这类冲突,大多是对人,冲突激化时进行人身攻击,对组织会造成不良后果。对建设性冲突与破坏性冲突,很难准确划分。同时,由于事物都有一个由量变到质变的过程,所以这两类冲突,在量变阶段,其特点都不明显,而且两类冲突又是可以互相转化的。

2. 现实性冲突和非现实性冲突

从冲突的性质来分析,有现实性冲突和非现实性冲突。现实性冲突,指某种需求得不到满足或对其他参与者所作的评估而引发的冲突,其目的在于追求尚没有得到的利益。这种现实性冲突只是获得特定目标结果的手段。非现实性冲突,指在组织关系中,个体(或群体)为发泄、释放自身紧张情绪而同其他方发生的冲突。这种冲突的对抗选择并不直接依赖于引起争端问题的相关因素,也不以获得某种利益结果为目标取向,它是纯情感(情绪性)的。

三、对冲突的管理

（一）冲突管理的原则

组织在冲突管理时可以按以下原则进行。

1. 识别难以阻止和不必阻止的冲突现象

一般来说，组织外部环境突变导致的冲突是难以避免和控制的；以组织内部资源的争夺为目的的部门冲突难以避免，但可以控制；组织内部各部门因技术分工而产生部门间的职能成见常引发矛盾冲突，它也难以避免，可以不予控制；由组织管理人员认知上的差异以及相互间情感引发的冲突，不必控制。

2. 以控制现实性冲突为主要管理目标

现实性冲突是组织内部的各部门为有效实现本部门的职责而争夺组织资源的一种活动，它的发生与发展对组织目标的实现和组织运行的秩序及效率是极其有害的，应该时刻予以关注、引导和控制。而非现实性冲突是组织成员因各方面的态度、情感矛盾而产生的，只要它的目标不针对组织的根本价值观和目标，其影响和作用总是有限的，同时它又能够缓解组织成员的精神压力，起到一种维护组织结构的作用。因此对非现实性冲突，只要在管理活动中抑制它的情感攻击强度并不使它指向组织目标，就可以在少投入资源的情况下控制它的范围和后果。

3. 确立一个适宜的冲突水平

要想成功处理冲突，还应确立一个适宜的冲突水平，然后选择一个减少冲突的策略。在任何情况下，都有一个最佳的冲突水平存在。冲突水平过高，可能导致混乱，而冲突水平过低，则将导致缺乏创新意识和低绩效。

（二）冲突管理的方法

1. 对破坏性冲突的处理

冲突的管理主要是减少破坏性的有害的冲突。处理有害冲突的传统方法主要有以下几种。

（1）协商。当两个部门发生冲突时，由双方派出代表通过协商的办法解决。协商解决，要求冲突双方都能顾全大局，互相做出让步。

(2) 妥协。这是解决冲突常用的方法。当协商不能解决问题时，由上级领导出面当仲裁人。仲裁人采取妥协的办法，让每一方都得到部分的满足。采用这种办法时，仲裁者要有权威性。

(3) 第三者裁判。这指的是由权威人士仲裁，靠法规来解决；或者由冲突双方的共同上级来裁决。要求双方按"下级服从上级"的原则执行决定。这种权威解决法容易带来后遗症。

(4) 拖延。冲突的双方都不去寻求解决的方法，拖延时间，任其发展，以期等待环境的变化来解决分歧。这是解决冲突的一种微妙而又常常没有结果的方法。

(5) 不予理睬。这是拖延方法的变种。这种不予理睬的方法不但不能解决问题，有时还会使冲突加剧。

(6) 和平共处。这种办法是冲突各方本着求同存异的精神，和平共处，避免把意见分歧公开化。这样做，虽不能消除分歧，但可以避免冲突的激化。

(7) 压制。建立一定法规，或以上级命令，限制冲突，它虽可收效于一时，但并没有消除冲突的根源。

(8) 转移目标。寻找一个外部竞争者，使冲突双方的注意力转向外部的竞争者。

(9) 教育。如通过讨论冲突的得失，使双方了解冲突所带来的后果，帮助他们改变思想和行为。

(10) 重组群体。有时一个群体内冲突严重而又长期解决不了，干脆解散，加以重组。

2. 对建设性冲突的利用

在冲突程度不够强烈的地方，管理者可以有意识地引起冲突。例如在那些需要有创造性和直率讨论的场合，为了避免群体意识，就需要引起冲突。一般来说，在下列情形下，确实需要有一定程度的冲突存在：人员流动率低；缺乏创新；缺乏竞争意识；严重的群体意识和不合理的凝聚力；变革遇到阻力。引起冲突的方法主要有下面几种。

(1) 委任态度开明的管理者。在有些组织，反对意见往往被高度专制的管理者所压制，因此，选派开明的管理者可以在一定程度上克服这种现象。

(2) 鼓励竞争。通过增加工资、奖金，对个人和集体进行激励，这样可以增进竞争。而适当的竞争则可以导致积极意义的冲突。

(3) 重新编组。变换班组成员、调动人事及改变沟通路线都可以在组织中引起冲突。而且，重新编组后，新成员的价值观和思维方式也可能对群体原来的陈规陋习形成挑战。

 本章小结

领导是管理的重要职能之一，一个组织成功与否、绩效高低与领导行为有着密切的关系。领导者实施领导的基础是权力，树立正确的权力观，是领导者有效运用权力的前提。

中外许多管理学家、思想家、实业家从不同的角度探讨如何提高领导的效能问题，这些理论形成了丰富多彩的领导理论。大体上将各种领导理论概括为三部分：领导特质理论、领导行为理论和领导权变理论。所有这些研究都是在研究影响领导有效性的因素以及为此应该采取的措施。了解这些理论观点，为我们在管理实践中如何去实现有效的领导提供了理论指导。

领导是管理的重要职能，这就意味着，所有管理者都在不同的层面、不同的程度上发挥着领导的职能。比如一家公司的顶峰领导层，它的正职领导就是这家公司的首席领导者，而首席领导者的副手，则是他们分管领域的领导者，下属主管则是部门的领导者。很显然，处于不同层次的领导者，他们的工作职责和发挥领导作用的大小和领域是不同的。作为不同层次的领导者，他们的共同之处在于都主要是对人的领导。如何调动和发挥人的积极性、主动性和创造性领导的主要职能，这个问题就是激励。激励既是领导的主要职能，也是领导艺术水平的重要体现；对于领导者来说，沟通是领导者激励下属、实现领导职能的基本途径；但凡有人的地方，就会有冲突的存在。领导者识别冲突的来源并采取相应的管理对策，这是保证组织有效、有序运行的关键。激励、沟通、冲突管理都是围绕着对人的管理来进行的,而领导就是对人的领导。

 ## 关键概念

领导;激励;强化;挫折;沟通;冲突

 ## 基本问题

1. 领导者应该树立什么样的权力观?
2. 领导权变论的基本观点是什么?
3. 试述激励的基本过程和激励理论的主要类型。如何提高激励的有效性?
4. 马斯洛需要层次理论的主要观点是什么?
5. 双因素理论的主要观点是什么?
6. 期望理论的主要观点是什么?
7. 公平理论的主要观点是什么? 如何做到激励公平性?
8. 沟通障碍的主要来源有哪些? 如何克服沟通障碍?
9. 冲突管理的原则和方法有哪些?

 ## 讨论与交流

1. 你比较欣赏和能够接受的领导方式(领导风格)是哪一种? 请说明你的理由。
2. 有一个足球教练认为:"金钱只能使队员骄傲自满,捆住他们的腿,使他们不能扑下去救球,或者给队员传球。"你认为足球教练的观点说明了什么问题,个中的原因是什么?

3. 许多领导者一直困惑不解,为什么组织所设计的人事政策和福利制度总是不能提高员工的激励水平?为什么奖金会失灵?如何提高奖金的效用?

第6章

控　　制

 知识点睛

　　内部控制是一个公司的防汛系统,它必须在大洪水来临之前建好并做好准备。

——理查德·贝克哈德

本章导读

列宁是著名的马克思主义者,无产阶级革命家、政治家、思想家、理论家,他所说的"信任固然好,监控更重要",揭示了在管理工作中,信任下属是必须的,但信任应该以控制为前提。

麻省理工学院斯隆管理学院教授理查德·贝克哈德把控制比喻为防汛系统,必须在大洪水来临之前建好并做好准备,形象地说明了组织控制制度和控制系统建设的重要性,说明了预先控制的重要性。

在现代组织管理中,控制是必不可少的。这是由组织环境的不确定性、组织活动的复杂性以及管理失误的不可避免性所决定的。所谓控制,就是组织在动态变化环境中,通过检查、监督、纠偏等管理活动,使组织计划与实际运作保持动态适应,以确保组织目标和为此而制定的各种计划得以实现。控制的定义告诉我们:控制的目的就是确保组织的各项活动都能按照预定的计划进行、使计划与实际运作保持动态适应。因此,控制工作既要能够按照既定的计划标准来衡量和纠正计划执行中的偏差,也要能够在必要时修改计划,以使计划更加适合于实际情况。

第一节 控制的基本原理

一、管理控制的对象

不同学科,对控制的解释存在一定的差异,比如会计学讲的是会计控制,通过财务绩效目标来引导组织行为;审计学讲的是审计控制,是为了减轻审计责任和降低审计风险。从公司的治理角度,控制既包括了所有者对经营者的激励与约束,也包括了经营者对企业战略、业务流程和财务活动进行监控。在管理学的研究中,人们认为控制是管理的一项基本职能。管理控制的内容是全面。从控制的层次来看,有战略控制、流程与任务控制;从控制的要素来看,有人员控制、资金控制、信息控制等;从控制活动的职能来看,有运营控制、风险控制、内部审计和绩效控制等。罗宾斯将控制的对象归纳为以下五个方面。

(一) 人员

管理者是通过他人的工作来实现其为组织所设定的目标的。因此,为了保证组织目标的实现,就必须对组织内部的人员进行控制。对人员控制最常用也是最简单的方法就是直接巡视和系统化评估员工的表现。在管理现场直接巡视员工,发现问题可以马上进行纠正。通过对员工进行系统化评估,利用强化原理,对绩效好的员工应予以奖励,使其维持表现或表现得更好;对绩效差的员工,管理者就应采取相应的措施,纠正出现的行为偏差。

(二) 财务

财务控制是对组织财务活动施加影响或调节,以便实现计划所规定的财务目标。财务控制的主要内容是财务预算、审计和财务报表分析。预算是为完成计划和目标,对财务方面所提出的要求,属于事先控制;审计是对财务和会计计划进行检查,查找其中存在的问题,财务和会计审计属于事后控制;财务报表分析是采用一定的方法,以财务报表为分析对象,从中找出存在的问题,判断组织经营状况的一种财务控制方法。财务报表是财务信息的主要载体,包括资产负债表、损益表和现金流量表。

(三) 作业

依照系统论"输入—转换—输出"的观点,作业就是指从原材料、劳动力等资源到最终产品和服务的转换过程。组织中的作业质量决定了组织产品和服务的质量。作业控制就是通过对作业过程的控制来评价并提高作业的效率和效果,从而提升组织产品和服务的质量。组织中典型的作业控制有:生产现场控制、产品质量控制、原材料采购控制、库存控制等。

(四) 信息

信息时代赋予信息在组织中更高、更重要的地位和角色,不精确的、不完整的、不及时的信息都将大大降低组织效率。因此,在现代组织中对信息进行科学的控制显得尤为重要。对信息的控制就是要建立一个管理信息系统,使它能及时地为管理者提供充分的、准确的、有用的信息。

(五) 绩效

组织绩效是组织上层管理者的控制对象,但对组织绩效关注的并不仅仅只有组织内部的管理人员,还包括组织外部的其他组织和人员,如政府机构中的税务部门、贷款银行、供应商、潜在的投资者以及证券分析人员等。要有效实施对组织绩效的控制,关键在于科学地评价、衡量组织绩效。但在实际工作中,很难用单一的指标来衡量一个组织的绩效,生产率、利润、产量、市场占有率、成长性等都是衡量组织整体绩效的重要指标。组织的选择依据取决于组织的目标取向,即要根据组织完成目标的实际情况并按照目标所设置的标准来衡量组织绩效。

二、管理控制的特征

(一) 目的性

管理控制的目的在于提高组织活动中各职能工作的效果,促使管理系统更有效地实现预期的目标。管理控制无论是着眼于纠正执行中的偏差还是适应环境的变化,都是紧紧地围绕组织目标进行的。控制工作的意义在于监督,但是管理控制的目的不仅仅在于监督,更重要的是指导和帮助,通过监督,制定纠正偏差的计划,帮助员工分析偏差产生的原因,指导他们采取纠正措施。这样,既能达到控制的目的,又能提高员工的工作能力和自我控制能力。

(二) 整体性

控制的整体性有两方面的含义。首先,管理控制覆盖组织活动的各个方面,管理控制把整个组织活动作为一个整体来看待,使各方面的控制能协调一致,从而达到管理系统的整体优化。其次,管理控制应该成为组织全体成员的职责,而不仅仅是管理者的职责,要使全体成员参与到控制工作中来。

(三) 动态性

管理控制的形式之一是跟踪控制,其标准和方法都是随着外部环境和内部条件的变化而变化的。同时,控制系统应该具有适应变化的灵活性,即使面临计划的变动,控制工作也能发挥它的作用。所以,管理控制应该是动态演化的控制,这根本不同于机械控制中的程序控制。管理控制的动态性特征,可以保证和提高控制工作的有效性和灵活性。

(四) 人本性

组织的各项活动都要靠人来完成,各项控制活动也要靠人去执行。人,不仅仅是控制的重要对象,也是控制活动的主体。管理控制不可忽视人性因素。管理控制应该成为提高员工工作能力的工具。只有当员工认识到纠正偏差的必要性并具备纠正能力时,偏差才会真正被纠正。因此,管理控制应该对事不对人。

三、管理控制的类型

基础管理学更多地从控制方式的角度考察控制的类别。各种控制方式之间并不是相互排斥的。为了有效地实现控制目的,在实际的管理工作中,往往是交叉运用多种控制方式的。

(一) 前馈控制、同期控制和反馈控制

根据控制的时点不同,控制可以分为前馈控制、同期控制和反馈控制。

1. 前馈控制

前馈控制是指通过观察情况、收集整理信息、掌握规律、预测趋势，正确预计未来可能出现的问题，提前采取措施，将可能发生的偏差消除在萌芽状态中，为避免未来可能出现的问题而事先采取的措施。

前馈控制也叫预先控制，就是把管理问题消灭在发生之前，即防患于未然。只有当管理者能够对即将出现的偏差有所觉察并及时预先提出某些措施时，才能进行有效的控制。其具体做法是对输入系统的各种要素进行控制，把输入系统的各种要素与预先确定的标准进行比较。如果输入系统的各种要素与预先确定的标准相符，则让其输入系统；如果不相符合，则调整输入的要素。因此，前馈控制的任务就是使投入的资源，包括人、财、物和信息必须在数量和质量上符合计划目标的要求。在管理控制活动中，前馈控制的内容包括对人力资源、原材料、资金等的前馈控制。比如，对人力资源控制就是保证人力资源在数量和素质方面有能力完成指派的任务，并控制机构臃肿、人浮于事的现象；对原料质量控制，就是根据抽样统计不合格率决定来接受或退货，根据库存理论控制库存储备量等。

（1）前馈控制的优点。前馈控制是控制的最高境界。与反馈控制相比较，前馈控制的最大特点是能够防患于未然。由于前馈控制进行于工作开始之前，因此可以避免反馈控制对已铸成的差错无能为力的弊端。与同期控制相比较，由于是在工作开始之前针对某项计划行动所依赖的条件进行控制，不是针对具体人员，因而不易造成对立面的冲突，易于被下属接受并付诸实施。

（2）前馈控制的困难。前馈控制的困难在于：首先，前馈控制的一个关键就是要预先确定输入系统各种要素的标准和要求，这个标准和要求是根据组织自身或同行业过去的经验来确定的。而如果这些经验对今后的工作无效的话，那么按照这些经验所确定的输入系统的要素就不能保证系统的有效运转，控制的目标也就不可能实现。其次，前馈控制要求根据对系统未来运行情况的估计来确定系统所需要输入的要素，如果系统未来的运行情况不能预先估计，或所进行的估计是不准确的，则按这种估计向系统输入的各种要素就不能满足系统运行的需要，也就不可能实现有效的控制。

2. 同期控制

同期控制就是通过对系统运行过程中的情况进行监督和调整来实现控制。实质上,同期控制是在某项活动和工作过程中,管理者在现场对正在进行的活动或行为给予必要的指导和监督,以保证活动和行为按照规定的程序和要求进行,因此,同期控制也叫现场控制,其特点是在行动过程中,一旦发生偏差,马上予以纠正,目的就是要保证本次活动尽可能少发生偏差,改进本次而非下一次活动的质量。

(1) 同期控制的优劣。同期控制的优点主要在于:有指导职能,可提高工作能力及自我控制能力,减少事后控制可能造成的损失。同期控制的缺点在于:受管理者时间、精力、能力的制约较大;比较适用于简单劳动,对设计、创作等复杂劳动,难以运用;容易在控制者和被控制者之间形成对立。

(2) 同期控制的条件。要进行有效可行的同期控制,必须满足以下四个必要条件。

① 较高素养的管理人员。同期控制较多地被企业组织运用于对生产经营活动现场的控制,由基层管理者执行。同期控制的效果更多地取决于现场管理者的个人素质、指导方式以及下属对这些指导的理解程度等因素,因此它对管理者的要求较高。

② 适当的授权。在进行同期控制时,一旦管理人员发现问题,必须迅速发出控制指令,保证下面的工作顺利进行。如果主管人员对现场出现的问题没有权力进行处理而要请示上级主管部门,等候上级的处理意见答复下来,那么就可能造成某一方面控制工作的临时中断,使计划实施过程受阻。因此,负担同期控制责任的管理人员应当拥有相应的职权。

③ 逐级控制。一般而言,同期控制是上级管理者对下级人员的直接控制。一个组织中,可能同时存在多个管理层级,因此,由最熟悉第一手情况的直接主管者实施同期控制是最为有效的,同时也可避免多头控制和越级管理。

④ 倾听下属人员的意见。同期控制中涉及的问题大多是细节性

的,操作性较强,管理人员根据计划制定的目标实施控制时,应多听取下属直接执行人员的意见和建议,注意吸收他们直接执行工作的特有经验,从而提高控制工作的科学性和完备性。

3. 反馈控制

反馈控制是分析以前工作的执行结果,将它与控制标准相比较,发现偏差所在并找出原因,拟定纠正措施以防止偏差发展或继续存在。反馈控制实质上是一种把组织系统运行的结果返送到组织系统的输入端,与组织预定的计划标准进行比较,找出实际与计划之间的差异,并采取措施纠正的控制方法。它的注意力集中于结果及其与标准的比较之上,矫正效果形成于事后的活动,因此也被称为事后控制。由于这种控制所依据的是时滞信息,其目的仅仅在于避免已发生的不良后果继续发展并以此作为改进下次行动的依据,达到吃一堑,长一智的效果。反馈控制方法可广泛运用于标准成本分析、财务报告分析、质量控制分析、工作人员和部门的业绩评定等。

(1) 反馈控制的优劣。从一个比较长的时期看,采用反馈控制的方法,能使组织运行中的目标差不断地缩小。因此,反馈控制能够发现问题、防止事态恶化、实现良性循环、不断提高业绩。但从一个控制周期看,采用反馈控制的方法却使组织系统对运转偏差的纠正滞后了一个周期,这正是反馈控制最大的弊端,即它只能在事后发挥作用。类似于亡羊补牢,对已经发生的偏差及其危害无补救作用。

(2) 提高反馈控制的有效性。反馈控制的有效性,可以通过两方面来加以提高。一是增强人员的责任感,二是合理运用现代科学技术。现代化探测、反馈技术的运用,可以大大提高反馈控制的效率。两者比较,增强人员的责任感具有根本性的意义。在具体实施的时候应该避免以下三种情况。

① 避免反馈失真。反馈的信息要准确可靠,如果反馈信息不能反映实际偏离量,会对控制主体发生误导,进一步的控制措施可能起相反的作用。

② 避免反馈滞后。一般情况下,反馈调节的对象总是处于不断变化之中,要使一个反馈调节有效,反馈调节的速度必须快于被控对象变

化的速度,否则就会在调节中出现振荡现象,从一个极端走向另一个极端,非但达不到控制的目的,反而增加了新的干扰因素。

③ 避免矫枉过正。反馈控制中的调节不能过度。反馈控制为了使受控对象回到所期望的状态,有时要向与造成偏差的相反方向施加作用,调节的幅度是一个极其敏感的问题。如果控制主体在接收到反馈信息后做出过度的调节,就会造成反馈过度,使被控对象的行为在所期望的状态左右摇摆,发生振荡现象。

(二) 集中控制、分散控制和分层控制

根据控制的方式不同,控制可以分为集中控制、分散控制和分层控制。

1. 集中控制

集中控制是指在组织中建立一个相对稳定的控制中心,由控制中心对组织内外的各种信息进行统一的加工处理,发现问题并提出问题的解决方案。在集中控制中,信息处理、偏差监测、纠偏措施的制定都是由控制中心统一完成的,因此集中控制能够保证组织的整体一致性,有利于实现整体的最优控制。但由于各种信息和行动方案都由控制中心统一管理,如果组织的规模较大,这种控制方式的缺点就显露出来了,如官僚主义、组织反应迟钝、下层管理人员缺乏积极性等,甚至由于决策延误时机导致整个组织陷入瘫痪。遇到这种风险的情况,适宜采用分散控制。企业组织中的生产指挥部、中央调度室属于典型的集中控制。一般来说,规模较小的、需要保持上下高度一致的组织宜采用集中控制的方式。

2. 分散控制

分散控制是指将组织管理系统分为若干相对独立的子系统,每一个子系统独立地实施内部直接控制。分散控制对整个组织集中处理信息的要求相对较小,容易实现。其优点主要表现在:反馈环节少,反应快、时滞短、控制效率高、应变能力强,即使个别控制环节出现问题,也不会导致整个系统的混乱。分散控制的最大缺点就是各分散系统的相互协调困难,从而难以保证各分散系统的目标与组织总目标的一致性,甚至会导致整体失控。分散控制适用于系统组织较松散的部门。

3. 分层控制

分层控制是指将管理组织分为不同的层级，各个层级在服从整个目标的基础上，相对独立地开展控制活动。分层控制是一种把集中控制和分散控制结合起来的控制方式。分层控制的特点是：各个层级都具有相对独立的控制能力和控制条件，能对层级内部子系统实施独立的直接的控制；整个管理系统分为若干层次，层次内部实施直接的控制，而上一层次的控制机构对下一层次的控制机构只能实施间接的指导性控制。

（三）直接控制和间接控制

根据控制时对管理者的素质要求不同，控制可以分为直接控制和间接控制。

1. 直接控制

直接控制是指通过对管理者的选择和培养，使其能成为合格的管理者，在管理过程中不犯或少犯错误，从而直接地实现控制。采用直接控制的一个前提条件是：合格的管理者可以不犯错误或少犯错误。这种控制方式把控制的重点放在对管理者的选择与培养上，使管理者都能成为合格的管理者。但是，直接控制的这种假设前提并不能经常成立，所以采用直接控制的方式并不能确保对组织的有效控制，因而在控制过程中还要采用间接控制的方法。

2. 间接控制

间接控制是对管理者管理的结果进行检查和监督，分析管理者在管理过程中出现偏差的原因，然后采取措施来纠正偏差的一种控制方式。与直接控制把控制的重点放在对管理者的选择与培养上不同，间接控制把控制的重点放在对管理者管理活动的结果的监督与调整上。对于组织来说，不能只采用直接控制而不采用间接控制，因为即使是合格的管理者仍然会犯错误。但也不能只采用间接控制而不采用直接控制，因为通过对管理人员的选择与培养使他们在管理过程中少出差错，可以减少组织资源的损失与浪费。

四、控制职能与其他管理职能的关系

管理工作本质上就是由计划、组织、领导、控制等职能构成的一个不断循环的过程,而正是控制职能加强了各个管理职能之间的相互依存关系,并使之成为有机的整体。虽然管理活动在组织框架体中表现出"计划－组织－领导－控制"这样的逻辑顺序,但在实际工作中,控制职能开始于计划并贯穿于组织管理工作的全过程。虽然控制职能在整个管理系统中是作为一个独立的职能发挥作用的,但我们又不能过分强调它的独立作用,它与其他管理职能之间存在着密切的关系,并使管理成为一个完整的过程,控制职能的发挥实际上也是管理其他各项职能的再运作过程。

(一)控制职能与计划职能的关系

计划是控制的基础,控制要根据计划所确定的标准来进行,通过控制使计划的执行结果与预定的计划相符合;控制则为计划提供反馈信息,使计划的制定能更有利于组织目标的实现。这样就存在着一个计划→控制→计划的循环。

(二)控制职能与组织职能的关系

组织职能为控制职能的发挥提供了必要的人员配备和组织机构,也为组织的控制提供了信息系统,而控制职能则通过对计划执行过程中产生偏差的原因进行分析,对由于组织职能的原因造成的偏差采取措施进行纠正,如调整组织结构,重新确定组织中的权责关系和工作关系等。

(三)控制职能与领导职能的关系

领导职能的发挥影响到组织控制系统的建立和控制工作的质量。相应地,控制职能的发挥又有利于改进领导者的领导工作,提高领导者的工作效率。要特别指出的是,组织内所有人的工作都应该得到监控,以确保其能符合组织的方向和目标,因此,领导工作也应该得到监控。如果领导游离于组织监控系统之外,结果常常会酿成很多重大问题。

第二节 控制的过程

在管理实践中,存在着对不同控制对象进行的不同的控制活动。虽然控制的对象各有不同,控制工作的具体要求也各不一样,但控制工作的过程基本是一致的。控制的基本过程一般包括四个步骤:确定控制标准;衡量实际工作;分析衡量结果;采取管理行动。

一、制定控制标准

管理者实施控制的第一步就是制定控制工作所需要的标准,作为共同遵守的衡量的尺度和比较的基础。

（一）制定控制标准的要求

1. 简洁明确

控制职能一般是在计划确定之后发挥作用的,但是不能完全用计划来代替标准进行控制。在一个组织中,各层次、各部门单位都有其计划,也就是说,计划是各种各样的,各种计划的详尽程度和复杂程度也不尽相同。如果直接用计划作为控制标准并对全部计划内容进行控制的话,会使控制工作因缺乏规范化而导致混乱。因此必须根据计划的要求,制订具体的控制标准,控制标准力求简洁明确,既方便理解,又易于衡量。

2. 数量适度

目标的多样性决定了组织目标指标的多元性。每一个目标指标都可以转换成一个标准,因此控制标准也是多元的。控制标准的多元性,并不是一个事物存在多元标准,而是因为目标的多元性直接导致了标准的多元性。这就要求控制工作不能依赖单一标准,不管这一标准所反映的目标有多重要。控制标准又不能太多,太多了会阻碍创新并增加了工作成本。因此,控制标准的数量要适度。

3. 突出关键

控制的最终目的并停留在对控制客体进行全面而细致的评价,而是要通过评价发现偏差并纠正偏差,从而保证计划目标的实现。计划内容和活动状况是复杂和细微的,控制工作既不可能也无必要对整个计划和活动的细枝末节都来确定标准、加以控制,在实践中往往选择影响整个计划的关键指标,对关键指标制定适宜的评价数值作为控制标准。

4. 切实可行

控制标准的切实可行,有两方面的要求。第一,标准应该是具有可衡量性的,使标准能够实际发挥检验的作用,为此必须注意标准的定量化,对于一些难以用数量表示的定性标准,如行为标准,也应该尽可能把它们转化为定量指标,以提高其可衡量性。第二,标准的高低要适当,应该符合实际的需要,符合事物发展的客观规律。

(二)制定控制标准的方法

1. 统计方法

统计方法是根据组织的历史数据记录或是对比同类组织的水平,应用统计学方法确定的标准。最常用的统计标准如平均值、极大值或极小值。这种方法常用于拟定与组织的经营活动和经济效益有关的标准。与统计方法相应的标准称为统计标准。

2. 工程方法

工程方法是以准确的技术参数和实测的数据为基础制定标准的方法。这种方法的应用可以追溯到科学管理时期泰勒的工时研究。这种方法主要用于生产定额标准的制定上。与工程方法相应的标准称为工程标准。

3. 经验估算法

经验估算法是管理人员凭借个人丰富的实践经验所确定的标准,一般是作为以上两种方法的补充。这种方法基本的程序是:先根据统计法或工程法确定初步的标准,再根据管理人员的经验进行适当的调整,使制定的标准更加符合实际的需要。与经验估算法相应的标准称为经验标准。

(三)常用的控制标准

标准的种类有多种类型,如实物标准与价值标准、成本标准与收益标准、历史标准与计划标准等等。所有标准可以分为定性标准和定量标准两大类。定量标准主要有实物标准、价值标准、时间标准等；定性标准主要是关于服务质量、组织形象、行为准则等方面的标准。在实际工作中，为了保持控制的准确性，标准应尽量数字化和定量化。定量标准是大多数组织控制标准的主要表现形式，其中最常用的标准有时间标准、生产率标准、质量标准和成本标准。组织所有活动都可以按照这四种标准进行控制。这四种标准反映了一项工作在其数量、质量、时间及成本之间的内在联系。

1. 时间标准

对每一项工作的衡量都必须有具体的时间幅度。时间标准是指完成一定工作所需花费的时间限度，如工时定额、产品是否按期完成生产并如期交货等。

2. 生产率标准

生产率标准是指在规定时间里所完成的工作量，如产品的产量是否达到数量的标准以及单位时间产量等。

3. 消耗标准

消耗标准是成本标准，指完成一定的工作所需的有关消耗，如单位产品的直接成本和间接成本、原材料成本、工时成本、单位时间的人工成本、单位销售额的销售费用等。

4. 质量标准

质量标准是指工作应达到的要求，或是产品或劳务应达到的品质要求，如原材料的规格、产品合格率等。

二、衡量实际工作

衡量实际工作就是采集实际工作的数据，了解和掌握工作的实际情况，旨在将实际工作和控制标准进行比较，对工作做出客观的评价，从中发现偏差，为进一步采取控制措施提供全面准确的信息。在获取有关实际工作绩效方面的信息时，需要考虑以下三个问题。

（一）衡量什么

衡量什么就是确定衡量对象，也就是控制点的问题。事实上，这个问题在衡量工作之前就已经得到解决,因为管理人员在确定控制标准时,计量对象、计算方法以及统计口径等标准也相应地被确定下来了。所以,要衡量的就是实际工作中与已制定的标准所对应的要素。要在计划实施步骤中选择一些关键点作为控制点,这个关键一般是计划实施过程中起决定作用的点,或者是容易出偏差的点、起转折作用的点、变化大不易掌控的点、有示范意义的点。

(二) 如何衡量

如何衡量就是选择衡量方法。选择什么方法衡量,应根据具体情况分析。

1. 获取控制信息的方法

计划的执行情况和问题处理的信息一般通过以下方式取得。

(1) 直接观察。直接观察是一种非常有效,同时也是无法替代的衡量方法。如通过走动管理,可以获得常被其他衡量方法所忽略的信息。

(2) 统计报告。统计报告是指将在实际工作中采集到的数据以一定的统计方法进行加工处理后而得到的报告,它不仅可以提供文字、图形、图表以及管理者所需要的各种数据,还可以清楚有效地显示出各种数据之间的关系。

(3) 汇报。包括口头汇报和书面汇报,这两种方法共同的优点是快捷方便,而且能够得到立即的反馈。相比较而言,书面报告要比口头报告来得更加正式和精确全面,而且也更加易于分类存档和查找。

(4) 抽样检查。通过随机抽取一部分工作进行深入细致的检查,以此来推测全部工作的质量。这种方法最典型的应用是产品质量检验,对一些日常事务性工作的检查来说,这种方法非常有效。

2. 控制信息的质量问题

衡量工作是整个控制过程的基础性工作,而获得合乎要求的信息又是整个衡量工作的关键。在运用上述方法获取控制信息时,要特别注意所获取信息的质量问题,信息质量主要体现在以下几个方面。

(1) 真实性。即所获取的用以衡量工作的信息应能客观地反映现实,这是对其最根本的要求。

（2）及时性。即信息的加工、检索和传递要及时。过分拖延的信息将会使衡量工作失去意义，从而影响整个控制工作的进行。

（3）全面性。即要求信息在真实性的基础上还要保证其完整性，不能因为遗漏重要信息而造成误导。

（4）适用性。即应根据不同管理部门的不同要求而向它们提供不同种类、范围、内容的信息。

（三）间隔多长时间进行衡量

间隔多长时间进行衡量就是衡量的频度。频繁衡量，不仅会增加控制成本，而且也会影响正常的工作以及控制对象的工作态度，相反，如果衡量的次数过少，则会导致可能的偏差不能得到及时的发现和纠正。以什么样的频度、在什么样的时间节点对某种活动的绩效进行衡量，这取决于实际工作活动的性质和特点。确定适宜的衡量频度和时间节点所需考虑的主要因素是计划规定的进度和结点。

三、分析衡量结果

分析衡量结果就是把实际工作情况与控制标准进行比较，找出实际业绩与控制标准之间的差异，并分析其结果，为进一步采取管理行动作好准备。

（一）确定可允许的偏差范围

比较的结果无非有两种，一种是存在偏差，另一种是不存在偏差。在实际工作中，偏差总是在所难免的，管理人员需要确定一个可以接受的偏差范围。如果实际业绩是在这个偏差范围之内的就可以不认为是出现了偏差；如果实际业绩超出了这个偏差范围，那么我们就可以认为它确实发生了偏差。

（二）分析偏差的原因

偏差可能有两种情况：一种是正偏差，即实际结果比控制标准完成得还好；另一种是负偏差，即实际结果没有达到标准。不管哪一种偏差出现，管理者都需要分析其原因。

正偏差未必是工作者努力的结果，其背后可能隐藏着一些负面的因素：如可能是某段时间某特殊事件作用的结果，纯属运气好；也可能是原来的计划标准定得太低。由于这些负面因素的存在,就不能将实际业绩作为正偏差来对待。

如果实际业绩出现负偏差,就更有进一步分析原因的必要,因为搞清原因是采取相应行动的基础。在实际工作中,分析原因常常采用因素分析法,即找出控制过程中影响计划执行进程的全部因素或主要因素,再分别分析它们对计划执行的影响方向和影响力度。一般来说,原因不外乎三个方面:一是计划本身问题,这是因为在制定计划时不切实际,计划或标准制定得过高或者过于保守;二是计划实施中的问题,这是计划执行者在实施中出现的问题,如一线员工的懈怠、管理人员组织不力等;三是外部环境原因,这是由于外部环境发生重大变化而致使计划目标无法实现,如宏观经济的调整、消费者需求的转变、供应商的变故、不可抗力的发生等等。

四、采取管理行动

采取管理行动是控制过程的最终实现环节,它的结果也是其他管理工作与下一个控制工作的连接点,使整个控制呈现出循环不断的过程。采取管理行动就是纠正偏差。纠正偏差的方法主要有两种:一是改进工作,二是修订标准。

(一)改进工作

通过分析衡量结果,找出偏差出现的原因。如果是由于实施过程中,由于组织自身原因或者计划执行者原因造成的,就应该立即采取纠正行动。纠正的范围可以涉及组织中的任何管理行动,如重申规章制度、明确责任、处罚责任者、加强员工培训、调整组织结构、改组领导班子等等。

在采取行动纠正偏差的时候,要特别注意不能仅仅纠正偏差的结果,而更要重视纠正偏差的原因,也就是说,不应只满足于"救火式"的纠正行动,而忽视从事物的原因出发,采取彻底纠正行动并杜绝偏差的再次发生。在实际工作中,对偏差进行细致分析,并花一些时间,在源头上纠正实际工作业绩与控制标准之间的偏差是非常有益的。

(二) 修订标准

工作中的偏差也可能来自不现实的标准，这种情况的发生可能是由于原先计划工作的失误，将标准订得太高或太低，也有可能是由于环境的变化，致使计划中的某些重要条件发生了变化。这种情况下的纠偏措施就是调整计划标准和控制标准。在做出修订标准决定的时候一定要谨慎，防止出现被下级用来为不佳的工作绩效作开脱的现象；另外，经常变动的标准也会给管理工作带来不稳定。所以，只有在确认标准的确不符合控制的要求时，才能做出修正的决定。随意更改将失去计划的意义，当然也谈不上有效控制了。

第三节 管理控制的原则和要求

为了确保控制工作顺利开展并取得预期的成效，控制工作必须遵循一些基本原则，并特别注意满足几个方面的条件。

一、管理控制的原则

(一) 重点原则

控制不仅要注意偏差，而且要注意不同偏差的重要程度。管理者应该控制那些对组织行为有战略性影响的因素，即有效的控制应针对关键项目，控制的重点应放在容易出现偏差的地方，或放在偏差可能造成很大危害的地方。抓住活动过程中的关键和重点进行局部的和重点的控制。由于组织和部门的多样化、被控制对象的多样化以及计划实施环境的多变性，几乎不存在选择关键项目和重点环节的普遍原则，但也有规律可循。通常来说，关键指标和例外情况是管理控制的重点。

1. 关键指标

良好的控制必须具有明确的目的，不能为控制而控制。无论什么性质的工作都可能包含多重目标，其中总有一两个是关键的，管理者要在众多的目标中，选择关键的、反映工作本质和需要控制的目标指标加以控制。

2. 例外情况

为了提高效率,管理者应重点针对事先未能充分预测而实际发生了的例外情况进行控制。例外情况的出现,由于缺乏准备而易于措手不及,造成很大的影响,甚至是严重的后果。因此,管理者应集中精力迅速而专门地加以对付。但单纯地注意例外之处是不够的,某些例外可能影响不大,有些则可能影响很大,因此管理者所关心的应当是那些需要特别注意的、出现概率大或者后果严重的例外事件,而把其他问题交给下属去处理。

(二)客观性原则

控制工作应该排除管理者主观因素的干扰,这是客观性原则的基本要求。在整个控制过程中最易引起主观因素介入的是绩效衡量阶段,尤其是对人的绩效进行衡量更是如此。要尽力保证客观性,管理者应该注意:第一,尽量采用客观的衡量方法,用定量的方法记录并评估绩效,把定性的内容具体化;第二,要从组织目标的角度来观察问题,在绩效衡量上要确保信息可靠,无论是控制标准的制定、实际业绩的评估、存在差异的分析和控制措施的运用,管理者都应该避免主观主义;第三,要克服和避免认知偏差。认知偏差往往是习惯性思维造成的,具体的表现有晕轮效应、首因效应和近因效应,这三种心理效应的作用,将使管理者对控制对象的绩效缺乏客观的评价或衡量。

晕轮效应是一种以点代面的效应。人们往往习惯于把人的某一方面的优点推及这个人的其他方面,这很容易引起判断上的主观性,造成评价上的偏差。首因效应是指人们往往把第一印象看得更加重要,以至于影响今后对人的评价。近因效应是指一个人最近的行为表现往往能左右人们对他的评价。比如说每到临近进行绩效评估的期间,员工表现得很好,往往会得到一个好的评价(尽管他前段时间工作可能表现得很差)。管理者应严防上述三种心理效应在评价工作中出现,如果缺乏对绩效的客观的评价或衡量,就不可能有正确的控制。

(三)及时性原则

控制不仅要客观准确,而且要及时,一旦丧失时机,即使提供再准确的信息也是毫无用处的。及时性原则有两方面的含义:一是高效率,要求及时地提供控制所需的准确信息,避免时过境迁,使控制失去应有的效果;二是预见性,纠偏措施的安排应有一定的预见性,要估计可能发生的变化,使纠偏的措施与已变化了的情况相适应。

当然,及时不等于快速,及时是指当决策者需要时,控制系统能适时地提供必要的信息。组织环境越复杂、越动荡,决策就越需要及时的控制信息。要尽可能地采用前馈控制方式或预防性控制措施,一旦发生偏差,就对以后的情况进行预测,使控制措施针对未来,以避免时滞问题。

(四)灵活性原则

几乎没有处于绝对稳定环境而不需要适应性的组织,即使是高度机械式的组织结构,也需要随时间和条件的变化而调整其控制方式。因此,控制系统应该具有足够的灵活性适应各种变化,或利用各种新的机会。

控制的灵活性原则要求制定多种应付变化的方案和留有一定的后备力量,并采取多种灵活的控制方式和方法来达到控制的目的。控制应保证在发生某些未能预测到的事件发生的情况下(如环境突变、计划疏忽等),控制仍然有效。行之有效的方法是保持控制方案的弹性,并制定若干替代方案。控制应当从实现目标出发,采用各种控制方式达到控制目的,不能过分依赖常规的控制方式,如预算、监督、检查、报告等,它们虽然都是比较有效的控制工具,但它们也都有一定的不完善之处。数据、报告、预算有时会同实际情况有很大的差别,过分依赖它们有时会导致指挥失误、控制失灵,例如根据销售预测制定的相应预算中的定额会因实际销售量大大高于或低于预测数而失去控制意义。因此也要采用一些能随机应变的控制方式和方法,如弹性预算、跟踪控制等。

(五)经济性原则

控制是一项需要投入大量人力、物力和财力的活动。是否进行控制,控制到什么程度,都涉及费用问题。因此必须考虑控制的经济性,要把控制所需的费用与控制所产生的效果进行经济上的比较。为了使成本最低,管理者应该尝试使用能产生期望结果的最少量的控制。

控制的经济性原则有以下两方面的基本要求:一是要求实行有选

择的控制,全面周详的控制不仅是不必要的,也是不可能的,要正确而精心地选择控制点,太多会不经济,太少会失去控制;二是要求努力降低控制的各种耗费,改进控制方法和手段,以最少的成本查出偏离计划的现实或潜在的原因。花费少而效率高的控制系统是有效的控制系统。

二、控制的要求

(一) 加强控制系统建设

加强控制系统建设是有效开展管理控制的前提,前提条件愈充分,对控制过程的影响愈大,控制工作也就越有效。加强控制系统的建设具体包括以下三个方面的要求。

1. 提高控制系统的计划性

控制工作的任务是保证计划能够按照预期的目标进行,所以没有计划的控制系统是不可能有效开展控制工作的。计划的正确性是控制工作取得成效的前提。必须有一个科学合理、切实可行的计划。计划越明确、越完整,所涉及的控制就越能反映这样的计划,控制系统就越能有效地为主管人员服务,控制过程也就越有效。

2. 加强控制系统的组织性

一个组织若没有专门的控制机构,而由各部门自行监督、自行控制,就难以防止出现各部门出于自身利益或本位主义的考虑而弄虚作假等种种人为因素造成的无序状况。因此,控制机构越健全、相应的规章制度越完善,协调机制越明确,控制工作越能取得预期的效果。为此,组织必须建立精简、高效的控制机构,配备合格的专控人员;建立明确的控制责任制;建立控制过程中的协调机制,形成有机的控制系统。

3. 完善控制系统的反馈性

控制工作中的一个重要环节就是要将计划执行情况及时反馈给管理者,将控制的结果及时反馈给控制对象,信息反馈的速度与准确性直接影响到控制指令的正确性与纠正偏差措施的及时性、准确性。因此,必须建立和完善组织内部的信息体系,保证信息上下沟通顺畅,做到控制工作能够得到充分及时的反馈;必须设计好信息反馈渠道,明确与控制工作有关的人员在信息传递过程中的任务和职责,事先规定好信息的传递程序、收集方法和时间等要求。

(二) 树立现代控制观念

传统的控制观念将被控者置于被支配的地位。现代控制观念则认为:控制者与被控制者之间是平等的,控制者的权威只有为被控制者所接受和承认,才有意义。现代控制观念同时十分重视反馈。反馈是现代控制的特征之一。建立反馈观念,重视反馈思想,不仅如上所述要在控制系统上建立现代反馈机制,更重要的是在实施控制的过程中让被控制者畅所欲言,敢讲、愿讲真话,全面及时地反映真实情况。

(三) 面向未来发展

控制工作既要保证当前目标的实现,又必须着眼于组织的长远发展。为此,控制工作必须着重注意如下几点:第一,组织在控制过程中,必须有效地协调好当前目标和长远目标之间的关系;第二,控制过程中必须做好有关的记录、存档等工作,为今后的各项工作提供有益的借鉴;第三,控制工作应当从自身的工作出发,立足于组织的长期发展,向其他部门和人员提出有益的意见、建议。

(四) 对监控人员实施监控

组织内所有人的工作都应该得到监控,以确保其能符合组织的目标和要求,因此,监控工作和监控人员也应该得到监控。但在实际工作中,由于监控者一般都居于组织的领导地位,而且都拥有相当的权力,对他们往往缺乏必要的监控机制,如果他们游离于组织监控系统之外,结果常常会酿成很多重大问题。另外,对于一般操作人员来说,他们更倾向于隐瞒工作的偏差和失误,如果监控人员失察,存在的偏差问题会不断扩大。因此,为了提高控制工作的有效性,必须加强对监控人员实施监控。除了建立健全组织监控系统之外,还可以运用下列举措:运用外部力量介入监控过程;发动群众对监控人员实施监控;适时组织管理人员交流;对监控人员的违纪违规行为进行惩处。

本章小结

在管理学的研究中,人们认为管理的基本职能是计划、组织、领导和控制。管理工作本质上就是由计划、组织、领导、控制等职能构成的一个不断循环的过程,而正是控制职能加强了各个管理职能之间的相互依存关系,并使之成为有机的整体。

控制职能贯穿于组织管理工作的全过程,控制的具体内容涉及组织的方方面面。作为基础课的管理学概论,本章只阐述控制的基本原理、一般过程以及普遍的原则和要求。在管理实践中,存在着对不同控制对象的不同的控制活动,虽然控制的对象、方式各有不同,但控制工作的基本过程和必须遵循的原则和要求是一致的。

 ## 关键概念

控制;前馈控制;分层控制

 ## 基本问题

1. 比较前馈控制、同期控制和反馈控制各自的优劣,并思考为什么现代管理要优先运用前馈控制、同期控制的方法?
2. 试述控制职能与其他管理职能的关系。
3. 试述控制的基本过程。
4. 试述控制的基本原则和要求。
5. 在管理控制中,如何寻找控制的关键点?

讨论与交流

1. 请你以所在的单位为例,或调查一家你所熟悉的单位,了解说明以下问题:(1)该组织建立了哪些控制制度?(2)该组织采用的控制方式有哪些?(3)该组织经常采用的控制标准有哪些?

2. 以你工作的实际经验和体会说明:控制会限制人的工作积极性和创造性吗?

参考文献

1. 芮明杰,《管理学：现代的观点》,上海人民出版社1999年版
2. 刘熙瑞、张康之,《现代管理学》,高等教育出版社2000年版
3. 陈传明等,《管理学原理》,机械工业出版社2007年版
4. 斯蒂芬·P·罗宾斯,《管理学》,中国人民大学出版社1997年版
5. 哈罗德·孔茨、海因茨·韦里克,《管理学》(第十版),经济科学出版社1998年版
6. 刘汴生,《管理学》,科学出版社2006年版
7. 袁蔚等,《人力资源管理教程》,复旦大学出版社2006年版
8. 周晓虹,《公共管理学概论》,中央广播电视大学出版社2003年版
9. 苏勇,《当代西方管理学流派》,复旦大学出版社2007年版
10. 孙彤,《组织行为学教程》,高等教育出版社1997年版
11. 徐联仓,《组织行为学》,中央广播电视大学出版社1993年版
12. 胡君辰、杨永康,《组织行为学》,复旦大学出版社2002年版

图书在版编目(CIP)数据

管理学教程/杨加陆,袁蔚,林东华编著.—3 版.—上海:复旦大学出版社,
2016.10(2025.1 重印)
ISBN 978-7-309-12490-3

Ⅰ.管… Ⅱ.①杨…②袁…③林… Ⅲ.管理学 Ⅳ.C93

中国版本图书馆 CIP 数据核字(2016)第 188231 号

管理学教程(第三版)
杨加陆 袁 蔚 林东华 编著
责任编辑/谢同君

复旦大学出版社有限公司出版发行
上海市国权路 579 号 邮编:200433
网址:fupnet@fudanpress.com http://www.fudanpress.com
门市零售:86-21-65102580 团体订购:86-21-65104505
出版部电话:86-21-65642845
江苏句容市排印厂

开本 787 毫米×960 毫米 1/16 印张 18 字数 246 千字
2025 年 1 月第 3 版第 14 次印刷
印数 53 301—5 7310

ISBN 978-7-309-12490-3/C·335
定价:46.00 元

如有印装质量问题,请向复旦大学出版社有限公司出版部调换。
版权所有 侵权必究